초딩 손주와 우당탕탕

초딩 손주와 우당탕탕

초판 1쇄 인쇄 2017년 09월 30일
지은이 한판암
펴낸이 이승훈
펴낸곳 해드림출판사
주 소 서울 영등포구 경인로82길 3-4(문래동1가 39)
센터플러스빌딩 1004호(우편07371)
전 화 02-2612-5552
팩 스 02-2688-5568
E-mail jlee5059@hanmail.net

등록번호 제87-2007-000011호
등록일자 2007년 5월 4일

* 책 값은 표지에 있습니다
* 잘못된 책은 바꿔드립니다

ISBN 979-11-5634-225-0

올해의 마무리 등산

어린 손주와 처음 걸었을 때는 걷는 시간보다 구경하거나 쉬는 시간이 더 많아 5시간 이상이 소요되었다.
정상에서 되돌아오는 길엔 다리가 아파 걷지 못한다고 엄살을 피워 중간 중간에 업고 내려오기를 되풀이했다.
그 이후에도 서너 차례는 야단법석을 떨며 따라 다니더니 어느 때부터인가 제 스스로 걷는 강한 적응력을 보여 신통방통했다.

맑고 밝은 정신과 영혼의 더덜이 없는 생생한 증적

초딩 손주와 우당탕탕

한판암 지음

해드림출판사

펴내는 글

· 유소년의 뜨락 소묘

유진이는 태어나면서부터 우리 내외와 함께 살아오고 있다. 그런 손주의 유치원 끝 무렵부터 입때까지 유소년의 뜨락을 가꾸고 채색하며 마음과 눈길이 머물던 순간들을 그림에서 소묘하는 자세로 큰 흐름과 얼개를 생생하게 적바림한 흔적이다.

디지털 원주민(digital natives)인 젊은 제 부모 품에 둥지를 틀었다면 동영상이나 SNS(social network service) 따위의 첨단 기법으로 아이의 성장 과정을 속속들이 꼼꼼하게 기록으로 남겼으리라. 하지만 아날로그 문화가 뼛속까지 파고들어 디지털 이주민(digital immigrant)에 가까운 세대인 나는 나름대로 익숙한 수단으로 손주의 유년시절 자취를 모을 요량으로 짬짬이 정리했던 내용이 이번에 묶어내려는 글들이다. 선보일 하나하나의 내용은 크게 보면 유진이의 소소한 일상의 모습을 더덜이 없이 드러내는 민낯으로 할아버지라는 거울을 통해 투영되는 진면목의 단면일 게다.

일반적으로 낟 글을 모아 책으로 엮을 경우 주제나 성격 같은 특징을 중심으로 갈래짓는 게 상례이다. 하지만 여기서는 글을 쓴 날짜에 따라 일정한 분량으로 나누어 편집하기로 했다. 그쪽이 아이가 성장하면서 무엇을 접하고 배우면서 어떻게 변화 되어 가는지 또렷하게 비춰볼 첩경이라고 판단되기 때문이다. 이 같은 원칙을 바탕으로 2013년 9월 21일부터 2015년 8월 8일까지 쓴 글 73개를 담기로 했다. 그러고 보니 이는 4년 전에 간행했던 '8년의 숨가쁜 동행'과 금년 초에 출간한 '은발 할아버지의 손주 양육기'에 이어 손주에 대한 세 번째로 펴내는 책이다.

초등학교에 갓 입학한 풋내기 손주와 서두르며 진동한동 세월의 징검돌을 정신없이 건넌 흔적이라는 맥락에서 책 이름을 '초딩 손주와 우당탕탕'으로 짓기로 했다. 그런데 일흔셋의 홀수 개 작품으로 엮은 까닭은 손주에 대한 글쓰기가 앞으로 계속 이어져 부족한 부분을 채워갈 진행형 과제라는 다짐의 피력이다. 그리고 책의 구성은 여섯 무더기로 갈라 글을 앉혔다. 그 첫 번째에 '줄탁동시 철학의 터득', 두 번째에 '새내기의 여름방학', 세 번째에 '손주의 첫 시험', 네 번째에 '올해의 마무리 등산', 다섯 번째에 '봄 마중', 여섯 번째에 '손주가 주는 용돈'이라고 패찰(牌札)에 새겼다.

무엇 하나 내세우거나 들춰낼 남다른 구석을 찾을 길 없는 평범한 조손이 동행하는 삶의 얘기지만 맑고 밝은 정신과 영혼의 더덜이 없는 생생한 증적이라고 자부한다. 따라서 이 책은 고삐 풀린 망아지 같이 나부대는 손주와 덜컹거리면서 하루해를 여닫으며 살아가는 일상의 고백이며 적바림이다. 아울러 철부지 손주의 성장 과정에서 마주하는 낯선 세상사를 할아비라는 프리즘을 투과해 비춰지는 진솔한 모습이기도 하다. 끝으로 까치둥지처럼 엉성한 할아비의 품에서 곧고 바르게 쑥쑥 자라는 유진이가 더더욱 믿음직하고 사랑스러우며 고맙다.

정유(丁酉)의 신춘영일(新春寧日)

한판암

차 례

펴내는 글 · 유소년의 뜨락 소묘

I 줄탁동시 철학의 터득

손주의 태권도 타령 14
이름 모를 게잡이 18
몸도 튼튼 마음도 튼튼 22
수두 27
마음이 아프다 31
베스트 프랜드 36
손주와 등산 40
유진의 유치원 졸업 45
손주의 초등학교 입학 50
줄탁동시 철학의 터득 55
개벽의 초입 엿보기 60
씽씽카 65

Ⅱ 새내기의 여름방학

초등학교 새내기 72
유진이의 하루 77
공개수업 81
손주의 무릎 부상 86
유진이 성향 91
손주의 재능 96
2380 101
줄넘기와 인라인스케이트 106
새내기의 여름방학 110
독서과제 114
계곡 물놀이 119
에어컨 123

Ⅲ 손주의 첫 시험

손주와 청량산 130
개학 135
밤 따기 139
아내의 나들이와 손주 143
선고의 기제사 147
동메달 151
손주의 첫 시험 155
젖니 빼기 160
손주의 옷차림새 163
가을 운동회 167
다이노포스 총 171
빼빼로 데이 175

Ⅳ 올해의 마무리 등산

피구 182

학예회 186

시제와 유진이 190

내가 만약 대통령이 되면 194

서설과 유진이 198

기말 학력평가 202

혼이 없는 장난감 206

일기 쓰기 210

그 길이 네 길 214

받아쓰기 218

올해의 마무리 등산 222

컴퓨터 기초 225

V 봄 마중

겨울방학 232
동근이 235
요괴워치 239
선행학습 242
설날에 손주와 등산 246
통합교과 250
신 학년 부적응 증상 254
까치집 258
잠자리에서 기상 262
봄 마중 266
학부모 상담 269
우정의 밤 273

Ⅵ 손주가 주는 용돈

실내화 280

손주가 주는 용돈 284

현장 체험학습 288

유진이의 여덟 번째 생일 292

선택적 복지와 급식비 296

단기방학 300

특별한 레고 선물 304

손주의 카네이션 선물 308

딸기농장 체험 312

태권도 승품 심사 315

손주의 오월 319

2학년의 여름방학 323

마산 연안 크루즈 327

I

줄탁동시 철학의 터득

손주의 태권도 타령

일곱 살 손주를 제 부모 대신 기르고 있다. 아이가 지난해 봄 무렵부터 입에 달고 살며 일구월심으로 고대하던 태권도장에 등록해 시도 때도 없이 히죽거리며 신바람이 났다. 이번 시월부터 매주 세 차례(월·수·금) 도장에 나간다. 해당 요일 정해진 시간에 태권도장의 차량으로 유치원 앞에서 데리고 가서 운동이 끝나면 곧바로 귀가시켜 주어 오가는 문제로 신경 쓸 일이 없다.

거개의 제 또래 동무들이 지난해부터 태권도를 배우는 관계로 몹시 배우고 싶어 강한 집착을 보이며 안달복달했다. 하지만 두 발 자전거를 타고 달리는 과정이 먼저이지 싶어 태권도를 주워섬기는 간절한 희망 사항을 잠정적으로 유보했었다. 그 대신 그동안 세발자전거에서 두 발 자전거로 진화했고, 줄넘기를 통달했는가 하면 훌라후프는 전문가를 뺨칠 만큼 운동의 바탕이 되는 기초를 다지며 갈고 닦았다. 결국 '서두르지 않고 때를 기다린다.'는 뜻의 이일대로(以逸待勞)의 심정이었다. 그런데 이제는 인라인스케이트나 태권도 같은 활동적인 운동으로 눈을 돌려도 성장에 무리가 따르지 않을 것이라는 판단에서 태권도에 입문시켰다.

두 번째 도장에 나가던 날 도복을 받아 왔다. 그로부터 일주일 가까이 매일 도복을 입어보고 다시 벗어놓기를 수없이 반복하는 모습에서 어린 시절 나를 빼닮은 판박이로 투영되었다. 그 옛날 6·25전쟁으로 어렵던 시절 부모님이 추석이나 설빔을 사 오면 진득하게 기다리지 못하고 입어보기를 되풀이하다가 머리맡에 가지런하게 개켜놓고 잠자리에 들었던 추억 얘기다.

진한 사랑땜을 유난스럽게 해대더니 두 주일째인 이제는 광적으로 집요했던 애정에서 다소 식어지면서 심드렁해진 모양새이다. 하지만 태권도라면 자다가도 벌떡 일어날 만큼 열정적이다. 어제(10월 6일) 유치원의 체육대회를 하고 오늘은 휴식 중이다. 그런데 오후 새참 무렵엔 꼭 운동을 하겠다고 단단히 벼르는 관계로 시간이 되면 꼼짝없이 도장까지 모셔다 줘야 할 모양이다.

손주의 성격은 여성적으로 여린가 하면 감성적이다. 친구들과 놀이터에서 어울리는 모양을 몰래 지켜보면 자발적으로 놀이나 장난을 청하거나 대거리를 주도하는 경우는 퍽 드물다. 또한, 패거리 또래들이 놀이나 장난을 걸어오면 겨우 응대하는 성격으로 소극적인 면모가 두드러진 아이다. 그렇다고 어눌하다거나 어딘가 모자라는 뜻은 아니다. 아무리 '주먹은 마음을 이기지 못한다.' 고 하여 권불승심(拳不勝心)이라고 하지만 정반대의 성격이라면 좋겠다. 왜냐하면, 어쩌다 발생하는 사달에서 시비나 드잡이를 유발하는 경우가 거의 없으며 매가리 없이 당하는 을(乙)에 가깝기 때문이다.

나는 운동에는 등신이다. 아마도 숨을 쉬는 호흡도 운동이라면 남에게 뒤처져 허우적대며 꼴찌로 밀려나서 허둥댈 숙맥이다. 이 때문에 운동을 잘하는 사람은 나와는 다른 우수 인자가 유전된 뛰어난 사람이라고 여겨 선망의 대상으로 치부해왔다. 게다가 성격까지도 당차지 못한 까닭에 여러 가지 측면에서 손해를 보는 경우가 흔했다. 그래서 손주는 나를 닮지 말고 어느 정도는 공격적이고 활달한 성격으로 변화되었으면 좋겠다. 이런 이유에서 '소 잃고 외양간 고친다.'는 실마치구(失馬治廐)격의 어리석음을 범하지 않을 요량에서 강인한 수련이 전제되는 태권도를 통해 성격을 바꿀 동기가 부여되었으면 좋겠다.

현재 상황으로는 손주에게 태권도를 비롯한 운동선수가 되길 바라지 않기에 일주일 내내 도장에 보내는 일은 없을 것이다. 하지만 '티끌이 모이면 태산이 된다.'는 뜻으로 적진성산(積塵成山)이라고 하지 않던가! 기왕 시작한 운동으로서 초등학교 졸업할 때까지 시켜 일정한 수준에 이르게 해볼 요량이다. 이 수련 기간을 통해서 건강의 바탕을 다지면서 남자아이로서 씩씩하고 바른 품성이 길러졌으면 좋겠다. 앞에서 잠깐 언급했지만, 피동적이며 감성적인 성격에서 다소 공격적으로 거친 모습을 띠더라도 활달한 남아의 기질로 진화하는 변곡점으로서 태권도가 역할을 했으면 싶다.

손주가 비록 가녀리고 심약해 보여도 고집과 끈기는 가히 황소고집을 능가하는 질긴 면을 가져 무슨 일이든지 끝장을 봐야 직성이 풀리는 성격으로 영특하다. 이 같은 관점에서 아마도 몇 년 납작 엎드려 갈고 닦으면 기대 이상의 결실을 거둘 것이라는 욕심이 결코 허황된 꿈이 아닐지도 모른다. 아직 태권도가 무엇인지도 모르는 주제에 장식장을 하나 사달라는 희망 사항이 새로 생겼다. 태권도에서 금메달 따면 보관할 장식장을 미리 마련해야 한다는 황당한 꿈을 꾸는 징황을 적극적으로 두호(斗護)하고픈 마음은 아니라도 나름대로 무척 행복해 뵌다.*

원래 꿈은 희망을 잉태하고, 희망은 진솔하고 지고지순한 노력을 낳아 기대 이상의 걸출한 결실을 거두는 동기를 부여하기도 한다. 이런 맥락에서 나무라거나 시답잖게 여기지 않고 내년 봄엔 번듯한 장식장을 손주 방에 떡하니 들여 놓아줄 참이다. 고운 꿈이 영롱하게 수놓아지며 씩씩한 어린이답게 무럭무럭 자라길 염원하면서 말이다.

2013년 10월 7일 월요일

* 태권도장에 처음 등록해서는 흰 띠이더니 그 후 노란 띠와 노초 띠(노란색과 초록)를 거쳐서 2015년 5월 9일 국가 공인 1품 승급심사에 합격하며 현재 공인 1품(No. 21669706)이다. 한편, 태권도를 총괄하는 국기원 홈페이지에 2015년 11월 28일 현재 1품-4품 소지자가 4,145,351명임을 게시하고 있다.

이름 모를 게잡이

연이어지는 추석 연휴가 지겨워 징징대며 불뚝거리는 일곱 살배기 손주의 생떼를 잠재울 요량이었다. 바람을 쐬면서 기회가 주어지면 덤으로 게를 잡아 보려고 나선 길인데 썰물로 드러난 갯벌에서 행운을 만났다. 오롯이 속살을 드러낸 썰렁한 갯벌에 별 기대 없이 발을 내디뎠다. 그것은 분명 횡재였다. 밑져야 본전이지 하는 마음으로 물이 찰랑거리는 언저리에 다가갔더니 이름 모를 작은 게들이* 분주하게 꿈틀거렸다. 손주가 흥분해 갈팡질팡 뛰고 엎어지면서 게를 움켜쥐며 연신 환호하는 꼴이 무척 행복해 보였다.

추석 이튿날 오후에 여느 날처럼 별다른 채비 없이 손주를 데리고 나들이에 나섰다. 가포 매립지에 개통한 나들목인 율구교를 이용하여 진해 쪽을 향해 마창대교로 진입했다. 마산만을 가로지르는 대교를 건너 요금정산소를 지나 직진하다가 귀산동 나들목으로 나서면 자연스레 해안가에 다다른다. 바닷가 이르러 첫 번째 만나는 작은 어촌마을 초입의 언저리에 썰물로 민낯과 속살을 고스란히 드러낸 갯벌이 눈에 들어왔다. 앞선 나들이객들이 자유롭게 낚시를 하거나 조개를 캐기도 해서 나와 손주도 망설임 없이 곧바로 갯벌로 들어섰다.

결코 녹목구어(緣木求魚) 식의 무모함 아니었다. 무심코 언뜻 보면 생명을 잃은 갯벌 같은데 가까이서 살펴보니 살아서 불끈불끈 용트림하고 있었다. 낚시에는 고만고만한 고기들이 낚였고 갯벌에서는 태곳적부터 살아왔을 법한 다양한 작은 게와 소라들이 꿈틀거리는 꼴이 치열한 삶의 터전임을 웅변했다. 또한, 논밭의 둑이나 주택의 담이 떠오르게 하는 돌무더기나 어설픈 나무 말뚝이 눈길을 끌었다.

띄엄띄엄 박은 말뚝이나 듬성듬성 징검다리처럼 쌓은 엉성한 돌무더기를 경계로 나뉜 크고 작은 논밭 뙈기 같은 갯벌마다 임자가 따로 있었다. 그곳은 씨조개인 종패(種貝)를 뿌리고 양식하는 곳으로 주인이 바지락을 캐거나 큰 돌을 추려서 버리는 모습은 영락없이 전답을 가꾸는 일의 판박이였다. 한편, 바지락 밭인데도 불구하고 탐방객들의 출입을 자유롭게 함으로써 갯벌을 거닐거나 낚시하는 과정에서 발생할 갈등의 소지를 애초에 배제시키고 있었다.

물이 빠진 갯벌을 정신없이 오가며 게와 고동 잡기에 푹 빠졌던 손주가 심드렁한 낌새를 보였다. 그래서 바지락을 캐는 할머니 옆으로 다가가서 다소곳한 자세로 구경했다. 얼마 동안이나 지났을까? 할머니가 얼추 어른 주먹 크기의 조개 두 개를 손주 손에 쥐어주면서 집에 가서 삶아 먹으라고 했다. 당황하여 어찌할 바를 모르고 허둥대는 아이에게 고맙다는 인사를 드리고 받도록 일렀다. 날씨가 무더워 손주가 땀을 흘리며 무리하는 것 같아 서둘러 집에 돌아가자고 의중을 살폈다. 그럴 수 없다며 어깃장을 부림으로써 결국은 손톱도 들어가지 않는 모양새였다.

푸대접이 아니었건만 성에 차지 않아 툴툴대는 손주에게 구차할 정도로 통사정하여 어렵사리 귀가하는 쪽으로 가닥을 잡았다. 해변을 따라 구불구불한 도로에는 낚시 나온 차량이 줄줄이 주차해 끝없는 노상 주차장을 방불케 했다. 차 사이를 곡예 하듯이 서행하다가 경관이 수려한 곳에 수시로 내려 구경시켰다. 그러면서 두산중공업 옆을 지나 봉암대교를 거쳐서 수출자유지역 앞길을 따라 귀가했다.

손주 녀석은 불만이 가득한지 돌아오는 차 안에서 토라진 채 얼굴을 펴지 않았다. 이유가 어디에 있든 달다고 삼키고 쓰다고 뱉을 감탄고토(甘呑苦吐)의 문제 아니기에 내일도 게 잡으러 가겠다는 확답을 할밖에 도리가 없었다. 그런 확답을 들은 뒤에 겨우 배시시 웃음 띤 얼굴로 돌아왔다.

예로부터 '한 번 약속은 꼭 지킨다.'는 뜻으로 계포일락(季布一諾)이라 이르지 않던가! 어제의 떨떠름한 약속으로 오늘도 갯벌에 가서 조개를 캐고 게와 고동을 잡도록 안내와 호위를 하면서 연거푸 이틀 동안 아랫것 노릇을 톡톡히 하며 찬조 출연을 했다. 한 번으로 족하련만 고래 심줄을 빼닮은 옹고집에 백기를 들고도 볼멘소리가 저절로 터져 나왔다. 그래도 어제와 다르게 뙤약볕에 대비할 요량으로 모자와 시원한 물을 준비해 그나마 다행이었다. 게와 고동을 징그러울 정도로 많이 잡아서 플라스틱 통에 담았다가 바로 방생토록 했다. 거의 두 시간 이상을 노닐다가 집에 돌아가자고 재촉해도 흡족했는지 지나칠 만큼 너그럽게 받아들였다.

서너 해 전부터 집 옆에 있는 바닷가 선착장을 무시로 오가거나 다른 곳의 바닷가를 꽤 여러 번 다녔어도 별다른 요청이 없었다. 그런데 최근 집 옆 서항 선착장에 갔다가 우연히 물속에서 꼼지락 거리는 거무스름한 모습의 아주 작은 게를 발견하고 어떻게든지 그들을 꼭 잡아야겠다고 생떼를 썼다.

물속으로 들어가 잡아달라고 억지를 부리거나 매미를 잡는 포충망을 가지고 가서 잡자는 묘책을 들이대며 궁지로 내몰기도 했다. 이런 때문에 다른 대안을 궁리하여 욕구충족을 시켜줘야 할 처지가 되었었다. 옴짝달싹 못 할 궁색한 구석으로 몰려 편편치 않았다. 그런데 이틀에 걸쳐 아이의 요청을 깔끔하게 해결해 알토란같이 옹골진 시간이었다. 비록 먹을 수 없고 이름도 모르는 하찮은 게와 고동일망정 집적 잡아 세세하게 살필 경험을 쌓도록 한 교육의 장이었기에 뿌듯하고 더 할 수 없이 맞춤한 연휴의 나들이였다.

문학공간, 2014년 1월호(통권 290호), 2014년 1월 1일
(2013년 9월 21일 토요일)

* 게(crab) : 게를 '창자가 없는 신사'라는 뜻으로 무장공자(無腸公子)라고도 부른다. 그리고 '용왕님 앞에서도 기개를 잃지 않고 옆걸음질 치는 무사'라는 의미로 횡행개사(横行介士)라고 호칭하기도 한다. 한편, 게의 딱딱한 껍데기는 갑옷, 뾰족한 집게는 창을 상징한다는 설도 있다.

몸도 튼튼
마음도 튼튼

시월 초엿새. 유진이가 오매불망 손꼽아 기다리던 유치원의 운동회 날이다. 신의 시샘이었을까? 오락가락하는 비 소식으로 갈팡질팡 헤매다가 어렵사리 열리는데도 구름이 뒤덮인 하늘은 잔뜩 찌푸렸다. 하지만 이런 날씨가 햇볕의 부담을 덜어줘 전화위복인 꼴이었다.

드넓은 운동장은 노랑 체육복을 차려입은 천방지축인 꼬마들의 자유분방한 놀이터였다. 그들은 갓 피어난 샛노란 개나리나 이제 막 알에서 부화된 노랑 병아리를 빼닮아 이른 봄에 땅속에서 새싹을 내민 야들야들하고 싱그러운 풀잎을 연상하리만큼 풋풋한 천사들이었다. 한편, 세종 누리의 둥지인 초록 언덕, 들꽃 내음, 밝은 햇살, 노란 꽃잎, 맑은 샘물, 연두 풀잎, 은빛 이슬, 하얀 구름 등에 곱게 뿌리를 내린 악동이며 천사들로서, 오늘을 위해 갈고 닦은 신체활동을 부모님이나 어른들께 뽐낼 마당에 전(廛)을 편 셈이다.

오늘 운동회에서 펼쳐질 내용이 궁금해 제20회 가족 운동회 프로그램을 두루 살폈다. 내용은 어린이들의 지능이나 신체적 발달을 고려한 전문가적인 식견을 전제로 구성했음을 엿볼 수 있었다. 5세는 무용(쌀보리 송), 달리기, 게임(카드 뒤집기)이었다. 한편, 6세는 게임(큰 공 굴리기), 무용(빠빠빠), 장애물 릴레이가 배정되어 있었다. 그리고 7세는 게임(풍선 세우기), 체조, 무용(we are the one), 릴레이였다. 물론 모든 어린이가 공통으로 참여하는 다양한 종목과 부모님이나 할아버지와 할머니도 동참하는 양념까지 맛깔스럽게 곁들여진 화합과 소통을 겨냥한 풍요로운 상차림의 가족 잔치였다.

열 한 시 무렵 개회를 하려 했으나 중요한 역할을 할 몇이 도착하지 않아 다소 지연된다는 사회자의 안내에 어느 누구도 못 마땅해 하거나 불평 없이 너그러운 분위기였다. 지각한 아이들은 뒤늦게 도착하고도 미안한 기색이 전혀 없었을 뿐 아니라 지나칠 만큼 천연덕스럽게 행동하여 지휘를 담당한 선생님을 당혹스럽게 만드는 해프닝과 함께 운동회 막이 올랐다.

선생님의 안내와 지휘에 따라 달리고 굴리고 춤을 추는 앙증맞은 왕자와 공주의 모습에 어른들은 마냥 흐뭇하고 행복한 표정이 역력했다. 기계의 톱니가 빈틈없이 맞물려 돌아가는 듯한 수나로운 진행은 헌신적인 선생님들의 사랑과 정성의 결실이 분명하다. 그럼에도 불구하고 어른들은 고마움을 깡그리 잊은 채, 그 순간 자기 아이의 영특함에 푹 빠져 허우적대는 어릿한 부모의 두꺼운 민낯을 보이지 않았는지 돌이켜 볼 일이다.

뜀틀을 뛰어넘다가 개구리처럼 얼굴을 매트에 철퍼덕 박으며 넙죽 넘어지거나 엉덩방아를 찧고 민망한 표정이 되어 싱긋 웃음을 머금으며 툴툴 털고 일어서는 모습이 더할 수 없이 귀여웠다. 그런가 하면 달리기를 하다가 제 부모를 발견하는 순간부터 속도를 줄이거나 릴레이에서 바통(baton)을 넘겨 줄 생각을 않고 꾸물대며 우물쭈물하다가 뒤 따르던 친구에게 추월당해도 희희낙락하는 천진성은 벙긋한 웃음을 자아내게 만들었다. 한편, 장애물 경기에서 평행봉이나 그물 밑을 지나갈 때 앞사람이 빠져나가는 곳을 피해 옆으로 가면 된다. 그런데도 친구가 빠져나갈 때까지 차례를 기다리는 어처구니없는 행동도 밉지 않고 되레 예쁘게 투영되었다.

참으로 순진무구한 희망동이들을 보며 영영 세파에 찌들지 않은 맑고 고운 영혼을 간직했으면 좋겠다 싶었다. 아마도 릴레이 때였을 게다. 원래 운동장에 만들어 둔 타원형 트랙이 지나치게 길어 아이들에게 무리라고 판단하여 부모님이 운동장에 들어와 임시로 원래보다 작게 트랙을 만들었다. 그리고 아이들은 어른들이 만든 트랙을 따라 달리라고 일렀다. 그런데 웬일인지 한 아이가 원래 만들어진 큰 트랙을 따라 달리면서 끝날 때까지 모두가 한결같이 앞선 어린이 판박이처럼 달렸다. 아이들에게 한 번 각인된 원칙을 깨는 게 그리 어렵다는 사실을 방증하는 예가 아닐까? 사리에 어긋나는 변칙이나 술수를 모르는 아이들의 영혼이 끝내 변치 않는다면 한결 맑고 밝은 사회로 승화될 터인데.

운동장에서 누구나 같았을 부모의 마음을 읽었다. 6세의 달리기였지 싶다. 자기의 가냘픈 딸이 달리기에서 앞서 달리는 아이에 비해 느리다고 느꼈는지 건장한 30대 아비가 트랙 안쪽을 달리며 아이에게 빨리 따라오라고 손을 흔들며 달렸다. 하지만 아이는 아비의 기대에 이르지 못하고 헉헉대자 지켜보면 엄마는 아이의 이름을 연호하며 가족이 하나가 되어 방방 뛰기도 했다. 만일 허용된다면 아비는 아이를 둘러업고 달려도 직성이 풀리지 않았으리라는 게 아비의 진솔한 참모습이리라.

이런 경우가 교육의 힘일 것이다. 모든 아이들은 자기들의 차례가 아니면 유치원에 비해 바다 같이 넓고 넓은 운동장 어디에서 놀아도 자유였다. 이 때문에 흙장난을 하거나 친구들과 이리저리 떼 지어 몰려다니기도 하고 부모에게 다가와 음료수나 주전부리로 헛헛함을 달래기도 했다. 하지만 '몇 세 어린이'는 '다음에 무엇을 위해 개선문 앞으로 모이세요.'라는 안내 방송이 나오면 신통방통하게 어김없이 모였다. 마치 숲속 사방에 흩어져 있는 꺼벙이(꿩 병아리)들에게 어미인 까투리가 신호를 보내면 단박에 알아듣고 곧바로 한 곳으로 모여드는 현상을 빼닮았다.

이는 결국 유치원에서 개구쟁이들을 맡아 시나브로 지도하며 어엿한 사람으로 만들고 있음을 나타내는 증좌였다. 흔히들 '깃털이 쌓이면 배를 가라앉힌다.'고 하여 적우침주(積羽沈舟)라고 이르지 않던가? 이 같은 맥락에서 고삐 풀린 망아지 꼴인 아이들을 고운 성품의 천사이자 왕자이며 공주로 곱디곱게 다듬어 주신 선생님들께 겉치레에 지나지 않을지라도 고마움의 말씀을 정중하게 전하고 싶다.

이제는 초등학교에서도 학부모와 함께 하는 운동회가 없어진 것으로 전해 들었다. 그러므로 아이들이 생을 통해 유일하게 경험하는 운동회일지도 모른다. 아름다운 추억으로 자리매김 되어

면 훗날 어린 시절을 회상할 보고에 차곡차곡 곱게 쟁여졌으면 좋겠다. 60여 년 전쯤 내가 초등학교에 다니며 처음 경험했던 운동회의 생경한 경험은 아직도 추억의 곳간에 영롱한 색깔로 갈무리되어있다. 아마도 그즈음 운동회 슬로건(slogan)이 '마음도 튼튼 몸도 튼튼'이었던 것으로 아른아른 회억(回憶)된다.

좋은문학, 2013-(통권 제59호)

(2013년 10월 6일 일요일(세종유치원 운동회 날))

수두

일곱 살 박이 유진이가 수두(chicken pox)에 전염되었다. 며칠째 유치원과 태권도장에 결석하며 꼼짝없이 집에 갇혀 지겹고 답답해 안절부절 좌충우돌이다. 의학에 문외한인 처지에서 생각할 때 궁금증을 풀길 없었다. 확신이 서지 않고 긴가민가해서 수두 백신 접종 여부를 명확히 확인하고 싶은 마음에 '소아건강수첩(child health record)'을 꺼내 들고 꼼꼼하게 살폈다.

소아건강수첩에는 매년 초가을에 접종하는 독감 백신을 위시하여 열 한 개 영역의 백신을 모두 35회 접종한 것으로 깨알 같은 글씨로 빼곡하게 기록되어 있었다. 이들 모두는 단골로 다니던 소아과 병원에서 지정하는 시기를 정확히 맞춰 접종했다는 증좌이다. 거기에는 수두 백신을 접종한 날짜(2008년 5월 29일)가 명확히 기록되었다. 백신 접종의 효험인지 모르지만 가볍게 앓으며 치유가 무척 빨라서 확진을 받은 지 닷새째인 오늘(11월 17일)의 상태는 전신에 뾰루지처럼 돋아났던 붉은 발진(發疹) 증상이 몇 개를 제외하고 거의 흔적을 감춰 정상에 가까워 밀린 숙제를 끝내가는 것 같아 마음이 홀가분하다.

지지난 목요일과 금요일(11월 8~9일) 유치원에서 고추장 명산지인 순창지역으로 졸업여행을 다녀온 뒤 월요일 아침에 옷을 갈아입힐 때였다. 다리와 등에 무언가에 물린 것처럼 빨갛게 돋은 발진이 나타나 대충 약을 발라주고 집 안 구석구석을 샅샅이 살펴봐도 모기나 다른 해충의 흔적을 찾지 못했다. 다음 날인 화요일에도 추가로 발진이 발견되었는데도 불구하고 주마간산 격으로 얼렁뚱땅 살피며 어물쩍 넘기는 어리석음을 범했다.

데면데면 무관심하게 이틀을 보내고 난 수요일(11월 13일) 아침이었다. 제 할머니가 샤워를 시키고 나오다가 놀란 속내를 곧바로 드러내며 아이를 병원에 데리고 가야겠다고 했다. 내심으로 걱정을 하며 찬찬히 살펴보니 뾰루지처럼 빨갛게 돋아난 발진이 전신에 어지럽게 자리 잡고 있었다. 유치원에 알리고 단골 어린이 병원을 찾았다. '소 잃고 외양간 고친다.'는 망양보뢰(亡羊補牢)의 어리석음을 범하지 않기 위해서도 적절한 대응이 필요했다.

손주의 상태를 눈으로 확인한 의사는 한 치의 망설임도 없이 대뜸 수두라고 알려주었다. 몇 년 전 손주에게 수두 백신을 접종한 의사지만 당황해서 묻지 못했다. 백신을 접종해도 수두에 걸리느냐고 말이다. 주사는 없었고 발진 부위에 바르는 분홍색 약과 복용할 약을 처방 받아가지고 집에 와서 아이의 옷을 벗기고 발진 부위마다 약을 바르고 복용시켰다. 약을 바른 모습이 마치 앙증맞은 장난감 인형의 전신에 분홍의 얼룩무늬를 불규칙하게 그려놓은 듯 묘한 느낌이었다.

병원을 다녀온 첫날인 수요일 저녁엔 약간의 열이 있어 해열제를 한 번 투약했다. 그 이후에는 자글거리거나* 특이한 증상이 전혀 없었다. 다른 아이들에게 전염 가능성이 높기 때문에 계속 집에서 머물며 주야장천 비슷한 놀이를 하는 옹색한 처지로 몰려 끌탕을 쳐도 묘책이 떠오르지 않아 낭패스럽다. 물론 법정(法定) 전염병은 반드시 격리해 치료하는 게 맞는다고 했다.

한편, 치료 사흘째인 금요일(11월 15일) 다시 병원에 들러 며칠분의 약을 추가로 처방받아와 열심히 복용하며 환부에 꼬박꼬박 약을 발라 지금은 얼추 완벽한 마무리 단계에 이르렀다. 내일(11월 18일)인 월요일은 정상적인 일상으로 돌아가도 아무런 문제가 없어 보일 만큼 쾌청한 상태로 손주의 컨디션도 전혀 문제가 없어 보인다. 그것도 병이라고 얼굴이 핼쑥해져 안쓰럽다.

'목이 말라야 우물을 판다.'는 의미로 갈이천정(渴而穿井)이라 했던가! 답답해 자료를 들춰봤다. 수두는 누구에게나 전염될 수 있지만 호발(好發) 연령은 5~9세로서 늦가을과 초봄에 주로 발생한다고 했다. 전염성이 강해서 환자와 접촉하면 영락없이 감염된다는 경고를 하고 있다. 한편, 수두는 2~3주간의 잠복기를 거치면 미열, 두통, 근육통이 유발되며 피부에 발진이 생겼다가 물집으로 변한 뒤에는 가피(痂皮 : 딱지)로 변해 떨어진다는 설명이다. 그러고 보면 손주의 경우는 몇 주일 전에 유치원 친구 누군가에게서 전염되었지 싶다. 왜냐하면, 유치원 이외에서는 또래의 아이들을 가까이 대했던 적이 없다는 이유에서이다.

유진이가 병원에 가던 첫날부터 볼모로 잡혀 옴짝달싹하지 못하는 처지가 되었기에 따지고 보면 희생양이 되어 덤터기를 쓴 셈이다. 아내와 함께 손주를 데리고 병원을 오가거나 아내가 밖에 일을 보러 나갈라치면 돌봐야 하기 때문이었다. 또한, 아내가 집을 비울 때면 점심을 챙겨 줘야 하고 간간이 약을 바르고 투약하는 병시중도 외면할 수 없었다. 게다가 유진이의 놀이 친구 역할을 하면서 자질구레한 시중을 들어줘야 했다. 결국, 지난 수요일부터 오늘까지 매일 다니던 등산도 잠정적으로 중단하고 수두를 앓는 유진에게 붙들려 있는 꼴이다.

생후 달포 남짓 지날 무렵부터 조부모인 우리와 함께 살아왔다. 그동안 감기가 심해서 애간장을 태우며 고초를 겪기도 했었다. 또한, 어린이집에서 장난감 위에 넘어져 발목뼈에 실금이 생겨서 깁스를 하는 촌극을 벌이기도 했던 전과(前科)가 있다. 하지만 얼을 뺄 정도의 상황에 이르러 촌각을 다투며 응급실을 찾는 야단법석을 떨거나 탈이 나서 입원했던 적이 없어 다행이었고 그 점이 무척 고마웠다. 앞으로도 험한 꼴 당하지 않고 건강하며 튼실하게 자라주었으면 더 할 수 없는 행복의 선물이 될 게다.

2013년 11월 17일 일요일

* 자글거리다 : 어린아이가 아파서 열이 자꾸 나며 몸이 달아오르다.

마음이 아프다

일곱 살배기 손주가 '가슴이 아프다.'라는 말을 자주 한다. 웃으며 귓등으로 흘리듯이 넘기는 척하지만 진정 무엇을 의미하는 표현인지 궁금할 뿐 아니라 때로는 아릿하고 가슴이 먹먹해진다. 그럴 경우 진정한 아이의 마음 상태를 알아보고 싶어 위로의 말을 건네며 그 이유가 뭔지 조곤조곤 물어보면 자기도 '왜 마음이 아픈지.' 알 수 없다는 어처구니없는 대답이다. 그렇다고 어른들의 관심을 끌기 위한 얼토당토않은 행위가 아닌 게 분명하다. 왜냐하면 서툰 연기이거나 어정쩡하게 계산된 행동이 아닌 것 같다. 그 아픔을 진하게 온몸으로 앓으면서 어렵게 고비를 넘기며 버거워 허우적거리는 꼴이 그를 방증한다.

실제로 어떤 경우에 '마음이 아프다.'고 하는지를 곱씹으며 그 원인이나 이유를 유추해 본다. 그동안 정황을 미루어 짐작할 때 대충 이런 경우와 연관이 있지 싶다. 구름이 잔뜩 낀 우울한 기분이 드는 날씨, 어딘가에 놀러 가자 거나 하자고 제안하고도 뜻을 이루지 못해 무안해진 경우, 무언가에 대해 야단을 맞거나 지청구를 들었던 경우 등과 같이 알량한 체면이나 자존심이 상한 뒤끝의 저기압 상태에서 주로 나타난다. 그렇다고 그런 행동 뒤에 곧바로 나타나지 않는다. 적어도 몇 시간 뒤에 앞의 행동을 거의 잊어갈 무렵에 뚱딴지같이 스멀스멀 고개를 들고 얼굴을 내미는 증상이다.

어제 일요일 초저녁이었다. 어울려 장난감 놀이를 하자는 제안을 해왔다. 흔쾌히 받아주지 않고 못 들은 척 무시한 채 방에 들어와 컴퓨터 작업을 마치고 9시가 지나서 거실로 나왔다. 제 제안을 깡그리 무시했다고 길길이 불만을 토로해 얼마간 지시하는 대로 충실하게 따르며 놀았다. 조금 시간이 지나면서 심드렁하고 내 역할이 애매해져 그를 핑계로 소파에 걸터앉아 텔레비전을 시청했다. 그렇게 얼마나 지났을까? 도둑고양이 모양으로 슬그머니 품으로 파고들며 '마음이 아프다.'고 울먹였다. 서둘러 보듬어 안고서 다독였다. 그때 녀석이 한마디 던졌다.

'할아버지!'
'나 말이야, 병원에 가야겠어.'
'왜?'
'내 마음을 꺼내서 아픈 곳을 수술해서 잘라내려고.'

참으로 어이가 없고 기가 막힐 아이디어였다. 병원에 가서 마음을 꺼내 아픈 부위를 도려내는 수술을 통해서 치료를 한다는 기상천외한 묘책이 어떻게 그 찰나에 떠올랐을까? 다양한 예를 들어가며 마음이 아픈 경우는 수술로 다스릴 수 없음을 이해시키려고 낑낑대며 엉뚱한 발상의 잘못을 이해시켜야 했다. 그랬더니 내 손을 제 가슴에 갔다 댔다.

'할아버지!'

'내 가슴이 콩닥콩닥 뛰지!'

'누구나 가슴은 뛰는데!'라고 말하며 녀석의 손을 끌어당겨 내 가슴에 댔다. 하지만 아이는 단호했다.

'나도 알아!'

'지금 내 가슴은 빨리 달렸을 때처럼 쿵쾅쿵쾅 뛰잖아!'

그러고 보니 정상이 아닌 듯했다. 심장이 튼튼한 아이이기에 꼭 보듬어 안고 갖가지 얘기를 나누며 안정을 찾도록 어르고 달랬다. 그리고 눈치를 채지 못하도록 꼬드기며 에둘러 그 증상의 원인을 캐보려 시도했지만, 끝끝내 시원한 대답을 들을 수 없었다. 의사들이 원인을 밝혀낼 수 없는 발열을 불명열(不明熱)이라고 한다. 유진이도 이와 유사한 증상으로 치부해도 되는 걸까? 하도 막막해서 내 말에 위안을 받았으면 좋겠다는 절절한 심정으로 두루뭉술하게 얘기를 들려주었다. 너도 마음이 아플 때가 있지만 '어른들에게는 아픈 경우가 흔하단다.'라고. 하지만 내 참뜻이 왜곡되지 않고 올곧게 전해졌을지 가늠할 길은 어디에도 없었다.

평소에 손주 녀석이 사용하는 어휘나 단어가 상상을 초월하는 경우가 더러 있었다. 소위 글을 쓰는 내가 무심코 듣다가 저런 표현은 상당히 시적이거나 시의 적절하여 그대로 옮겼으면 좋겠다는 생각을 했던 적이 숱했다. 표현 감각이나 순간적인 상황을 그려내는 능력이 특출한 감성적인 기질 때문일까? 같은 상황일지라도 다른 아이들이 묘사하는 기지와 능력을 뛰어넘는 연유로 주위에서 지켜보는 사람을 더욱더 동감하게 만들게다.

마음이 아프다고 끌탕을 치던 손주와 잠자리에 들었다. 나란히 누우며 옆자리의 기색을 살폈더니 소리를 내지 않으려고 애써 숨을 죽이며 훌쩍거리고 있었다.

'손주의 손을 꼭 잡았다.'

그리고 물었다. '왜 그러니?'

'마음이 아파서.'

'왜 아픈데?'(앞서 거실에서 했던 질문을 되풀이했다)

'왜 아픈지, 나도 몰라.'

깜깜한 잠자리지만 더없이 맞춤한 분위기라서 집요하게 캐물어 봐도 이유는 없다며 자기도 자기 마음을 모른다고 했다. 무단히 그냥 '마음이 아프다.'고 했다. 아무리 어르고 달래며 구슬려 봐도 끝내 미궁을 벗어날 길이 없었다. 그래서 앞으로 마음이 아플 때는 혼자 끙끙 앓지 말고 곧바로 솔직하게 얘기하라고 일러두었다. 그리고 얘기하면 언제든지 배민(排悶)을 돕겠노라고 단단히 다짐을 했다.

지금 당장 '마음이 아픈데, 어떻게 해주면 좋겠느냐.'고 의중을 살며시 떠봤다. 힐링(healing) 처방을 내놨다. 잠들기 전에 옛날 얘기를 해주면 좋겠다는 주문이었다. 머쓱한 기분인데도 얼추 반

시간 넘게 몇 가지의 얘기를 각색해 가며 연이어 들려주었더니 소리 없이 꿈나라에 이르는 길목의 무지개다리를 건너갔다. 손주에 대해 신경을 쓰며 이야기를 하다가 뒤숭숭해진 마음엔 '마음이 아프다.'라는 말로 온통 채워졌다. 그런 때문에 '가시를 등에 지고 있는 것' 같은 망자재배(芒刺在背)의 상황을 벗어날 길 없었다. 정신이 말똥말똥해져 끝없이 고상고상 전전반측(輾轉反側)대다가 새벽녘에 이르러 어렵사리 잠과 동행할 수 있었다.

풀무문학, 제3집, 2014년 3월 7일

(2013년 12월 2일 월요일)

베스트 프랜드

사전에서 '가깝게 오래 사귄 사람.'으로 정의하는 친구에 대한 얘기이다. 어디에서 주워들었는지 유진이가 베스트 프랜드(best friend)라는 말을 자주 입에 올린다. 녀석이 망설임 없이 첫 손가락으로 꼽는 이인동심(二人同心)의 절친이 동근(權東根)이다. 옆에서 손주의 일거수일투족을 지켜봐 온 내 눈에도 틀림없는 진솔한 자기 고백이라고 여겨진다.

두 아이의 인연에는 짧지 않은 세월의 흔적과 앙금이 켜켜이 쌓여있다. 여남은 명이 동문수학하던 같은 어린이집을 두세 해 함께 다닌 뒤에 유치원에서도 같은 반에서 두 해째 함께 생활해온 사이이기에 어느덧 다섯 해 가까운 세월을 밀고 당기며 동행하고 있다. 또한, 같은 아파트의 이웃한 옆 동(棟)에 살면서 수시로 서로의 집을 오가며 놀다가 때가 되면 스스럼없이 식사를 함께 하는 막역지우로써 각별한 인연이다. 게다가 얼마 전부터 같은 태권도장에 적을 두고 같은 사부의 지도를 받으며 수련하는 도반이기도 하다.

두 아이가 오랫동안 친구 관계를 유지하는 이면에는 비슷한 취향이나 성격이 뒷받침하지 싶다. 둘 다 외향적이며 직선적인 성격과는 거리가 멀다. 나름대로 합리적이며 유순한 품성을 지녀 다투거나 공격적인 모습을 보이는 경우가 거의 없고 서로의 의견이 귀나는* 일이 없다. 늘 대화를 통해 조정하고 양보하면서 상생과 공존을 위한 철칙을 깨는 일이 없어 믿음이 여퉈지면서 자연스럽게 만만한 관계로 자리 잡았지 싶다. 결국 초록동색(草綠同色)이나 유유상종(類類相從)을 자연스럽게 떠올리는 동무의 사귐이다.

동근이 가족은 부모와 두 살 터울의 여동생인 나은이가 있다. 이들 자매는 유진이와 죽이 잘 맞고 감성이나 심성 코드를 위시해서 외양적인 성향도 얼추 엇비슷하다. 그래서 시시비비를 가리기 위한 물리적인 다툼이나 정신적인 갈등의 골이 깊어지는 경우가 거의 없어 의견 조율이 원만하게 이루어진다. 한편, 동근이 부모도 유진이를 항상 따뜻하게 대해 주는 관계로 부담 없이 동근네 집을 드나들며 시나브로 끈끈한 선린관계를 쌓아가고 있다.

천방지축의 악동들이지만 피차 완전하게 믿는 이인동심(二人同心)인 때문인지 상대에 대해 아까운 게 없는가 보다. 유진이 얘기이다. 이따금 만나는 어른들이 쥐어 주는 용돈에 대해 욕심을 부릴만한 시기이기도 한 나이이다. 그런데 동근이 한 테 주겠다고 만원을 훨씬 넘는 팽이나 장난감도 거침없이 사다가 주저하지 않고 선뜩 건네기도 한다. 그 점은 동근이도 오십보백보이다. 동근이가 건네는 선물이 그 사실을 말해준다.

유진이라는 요술 프리즘을 통해 내 친구들을 투영시켜본다. 됨됨이나 그릇에 비해 내게는 '마음에서 마음으로 전하는' 심심상인(心心相印)의 과분한 친구들이 늘 주위에서 그림자처럼 지켜준다. 그러므로 친구에 대한 복은 무던히도 많이 타고났지 싶다. 초등학교 시절의 친구로 신실한 삶의 표상으로 죽마고우인 L, 문학에 눈을 뜨게 다양한 책을 제공했던 중학교 친구인 S, 의리의 화신인 고등학교 친구 K, 대학과 대학원에서 삶을 논하며 정신적 지주 역할을 해준 K와 L이 대표적인 그들이다. 그런데도 내게 베스트 프랜드를 하나만 고르라면 엄청 고민해야 할 것 같다.

보통 사람들은 친구라면 그 대상이 사람으로 한정되는 정서가 보편적인 경향이다. 하지만 자연의 이치를 꿰뚫고 도통한 철인이나 대문호들은 친구를 하늘과 땅을 아우르는 개념으로 정의하는가 보다. 고산 윤선도는 오우가(五友歌)에서 친구를 이렇게 읊고 있다.

내 벗이 몇이나 하니 수석(水石)과 송죽(松竹)이라
동산에 달(月)이 오르니 긔 더욱 반갑고야
두어라 이 다섯 밖에 또 더하여 무엇하리

하늘의 이치에 달통하고 사고(思考)에 막힘이 없었던 대문호의 삶이나 정신세계에서는 하늘과 땅을 두루 아울렀던 것 같다. 그런 때문에 물(水)과 돌(石), 솔(松)과 죽(竹) 그리고 달(月)이라고 거리낌 없이 설파했지 싶다. 신선 같은 고고한 성품과 맑은 영혼의 오롯한 자태가 그려지는 사유의 세계를 지배하는 무애의 경지가 또렷이 떠올라 무척 부럽다.

친구란 자신의 민낯이나 숨겨진 속내를 숨김없이 고스란히 비추는 거울이다. 따라서 친구를 보면 그 사람의 숨겨진 진면목을 더덜이 없이 짚어 낼 수 있다. 그리고 넓은 세상으로 뻗어 나가기 위한 가장 확실한 창(窓)이며 지름길이다. 따라서 자신의 외연(外延)을 넓히기 위한 길목 역할을 하는 벗은 누구에게나 참으로 귀중한 자산이며 동반자이다. 이런 맥락에서 어린 손주가 드넓고 호락호락하지 않은 세상을 살아가면서 살뜰하게 동행할 친구들과 진정한 지란지교(芝蘭之交)를 이뤘으면 좋겠다.

오늘날에도 친구 관계의 본보기로 회자되는 조선 시대의 오성(이항복)과 한음(이덕형) 사이에 주고받던 인간적인 교류 수준에 이르기는 어려울지 모른다. 비록 그에 견줄 수 없을지라도 정이 많고 감성적이며 합리적인 행동을 선호하는 손주가 동근이 같이 마음을 주고받을 친구를 많이 사귀어 든든한 울타리를 슬기롭게 만들어 나가기를 기원한다. 진솔한 우정을 통해서 넉넉하고 따스한 마음으로 세상을 보듬고 선연을 여퉈나가는 삶이라면 떳떳하고 보람되리라는 믿음과 희망을 활짝 꽃피우기 위하여 말이다.

2013년 12월 3일 화요일

* 귀나다 : 의견이 서로 빗나가서 틀어지다.

손주와 등산

얼떨결에 일곱 살인 손주와 왕복 10킬로미터 안팎의 등산을 다녀왔다. 집을 나서 정상에 갔다가 돌아오는데 대략 3시간 반 쯤 소용되었으며 산 높이는 232미터로 험한 노정은 아니었다. 하지만 중간에 크고 작은 깔딱 고개가 세 개나 떡 버티고 있어 어린아이에게는 무리가 따랐지 싶다. 그렇지만 어쩌다가 아이의 완강한 청에 슬기롭게 대처하지 못하고 무리해서 다녀왔는데도 믿기지 않고 신기하기만 하다.

거의 매일 다니던 등산인데 이사 준비를 하면서 자질구레한 걸림돌이 돌출해 잠정적으로 중단했었다. 지난주 토요일 이사를 마치고 곧바로 다시 등산에 나설 작정이었는데 불청객인 감기 몸살로 차일피일 미루게 되었다. 어제도 몸살이 심해 단골 병원에 들려 주사를 맞고 며칠 분의 약을 처방받아와 복용 중이다.

이사 온 이튿날이었던가 보다. 등산로 나들목에 터 잡은 아파트로 이사를 왔기에 유진이도 등산을 시작했으면 좋겠다는 얘기를 우스갯소리처럼 했었다. 그 말을 곧바른 약속으로 여겼던 손주는 내 몸살감기는 아랑곳하지 않고 언제 등산 갈 거냐고 끈질기게 묻기를 되풀이했다. 그렇게 채근하다가 어제(25일) 아침에는 곧바로 등산을 가자고 성화를 부렸다. 하지만 비가 내려 불가능하다는 사실을 깨닫고 자진하여 포기하는 촌극을 벌이며 머쓱해지기도 했다.

오늘 아침 제 할머니보다 일찍 잠자리에서 일어나 눈을 비비며 거실로 나온 손주는 다짜고짜 몇 시에 등산 가느냐고 물었다. 날씨도 정확히 모를 뿐 아니라 나의 감기 때문에 명쾌한 대답을 유보 할밖에 묘수가 없었다. 엉거주춤한 상태로 머뭇거리다가 구렁이 담 넘어 가는 식으로 나중에라고 대거리했다.

그게, 언제인데?

응!

'아침 먹고'

라고 되는대로 응대했다.

늦은 아침 식사를 마치고 등산 채비를 할 때만 해도 대충 십여 분 정도 걷다 보면 춥다면서 집으로 돌아가자고 야단법석을 떨 것으로 예상하고 그것에 맞게 시나리오를 짰다. 현관을 나서 아파트 단지 뒷문을 빠져나가 등산로 입구에 이르는 꽤나 가파른 산비탈을 오를 무렵까지 바람이 차가울 뿐 아니라 기온이 꽤나 낮아 웅크리게 만들었다. 그런 이유에서 조금 가다가 포기를 선언할 것이라는 생각이 정확하게 아귀가 맞아떨어지는 듯했다.

등산로 입구 5백미터 언저리에 세워진 정자에 이르면서 손주 녀석은 산의 정상을 가려면 포장된 임도(林道)로 가면 안 된다는 주장을 거듭하며 꾸역꾸역 산길로 접어들었다. 결코, 아이가 한 번도 가보지 않은 미답의 길인데 동물적인 감각이 발동했던가 보다. 그 등산로의 초입이 초보자에겐 녹록치 않은 첫 번째 깔딱 고개인 꼴인데 거침없이 가파른 길로 치고 올라갔다. 고집을 꺾을 길 없어 묵묵히 따라가다가 두 번째 깔딱 고개를 지나서 중간에 있는 작은 정상에서 마산 시내 일부를 보여주고 귀가할 요량으로 목표를 수정했다.

애초에는 첫 번째와 두 번째 깔딱 고개에서 주저앉을 것이라고 예상했다. 하지만 현실에서는 나보다 한발 앞서 겅중겅중 뛰며 중간의 작은 봉우리에 다다랐다. 사방으로 시야가 차단되어 조각 거울로 세상을 보는 것 같은 갈증이 가시지 않기 때문인지 툴툴거렸다. 하지만 빼곡한 나무숲에 눈이 휘둥그레진 채 천국이라는 표현을 여러 번 내뱉었다. 그러면서 입때까지 왜 자기를 데리고 오지 않았느냐며 비난성 언사를 따발총 쏘듯이 퍼부었다. 한 동안 잠자코 사방을 두리번거리다가 세 번째 깔딱 고개의 꼭대기에 고압송전탑이 자리한 쪽을 가리키며 저기에 올라가면 잘 보이느냐고 물었다.

둘러댈 말이 궁색하여 그렇다고 대답했더니 또 거기에 가서 사방을 굽어보겠다며 뒤도 돌아보지 않고 휘적휘적 등산로를 따라 산마루로 향했다. 다소곳이 뒤를 따르다가 혹시나 해서 피곤하면 돌아가자고 은근슬쩍 의중의 떠봐도 어림도 없다는 듯이 단호했다. 세 번째 깔딱 고개는 어른들도 호흡이 헝클어지면 된비알의 중간에 놓인 벤치에 앉아 숨을 고르는 고약한 길이다. 하지만 손주는 거침없이 내달아 꼭대기에 도착해 시가지와 마산 내만(內灣)과 마창대교를 굽어보면서 눈 아래에 펼쳐진 정경이 신비롭다며 연신 무언가를 중얼거렸다.

송전탑이 있는 중간의 산마루에서 넉넉하게 쉬었다가 집에 돌아가자고 꼬드기며 심기를 살폈다. 그런데 불쑥 또 질문을 했다. 여기가 이 산의 정상이냐고? 조금 더 가야 한다고 했더니 기필코 끝까지 간다며 막무가내로 뻗댔다. 여기서부터 정상까지는 산꼭대기인 뫼등의 능선을 따라가는 평탄한 노정이다. 게다가 어른 걸음으로 20분 안쪽이기에 무리가 없어 보여 묵묵히 아이의 의견에 따르기로 했다. 능선 길의 나무숲 아래 낙엽이 수북하게 쌓인 길을 천천히 걸으며 입을 다물지 못하고 감탄을 쏟아내면서 별천지라고 읊어댔다. 그런가 하면 다른 별에 온 기분이라는 등 자연에 대한 느낌을 실타래가 술술 풀리듯 색다른 표현을 해대는 꼴이 무척 기특했다.

정상의 언덕에 자리한 육각(六角) 정자의 툇마루에 걸터앉아서 마산 외만(外灣)의 수많은 섬과 진해 일원 그리고 덕동 하수종말처리장을 하나하나 가리키며 조곤조곤 설명을 해줬다. 아울러 제 아비가 군 생활을 했던 진해 쪽의 부대를 가리켰더니 무척 신기해 수다스럽게 이것저것 묻기도 했다.

정상에서 실컷 노닐며 간단한 운동을 하다가 시들해져 올라왔던 길을 되짚어 하산했다. 오가는 길에서 어린이가 산에 오르는 모습이 기특하게 보였던가 보다. 아홉 번인가 등산객들로부터 '어린아이가 산에 오는 게 장하다.'는 칭찬을 받으며 기분은 상종가였지 싶다.

산에 오를 때는 한 번인가 쉬었을 뿐인데 하산하는 과정에서는 노작지근했는지 네 번이나 쉬어야 했다. 충동적인 등산인 까닭에 손주가 먹을 물이나 주전부리를 전혀 챙기지 못해 목이 말랐고 배가 엄청 고팠던 모양이다. 하산 도중에 몇 번인가 배가 고프다고 하소연했다. 그래서 할머니에게 서둘러 점심 준비해 집에 도착 즉시 점심을 먹도록 해 달라는 전화를 했다.

어린 손주의 첫 등산 치고는 무리가 따르는 무모한 경험이 분명했다. 하지만 순항을 거듭하여 정상을 정복하고 연착륙을 했기에 대박을 터뜨린 셈이다. 그렇지만 호오(好惡)를 떠나서 꼬맹이의 완강한 주장을 핑계로 슬기롭게 대처하지 못하고 부화뇌동한 꼴이기에 과연 나잇값을 한 걸까 라는 의문이 가시지 않았다. 그래도 오늘 얼렁뚱땅 물꼬를 튼 셈이니 봄에 초등학교를 입학하고 날씨가 따스해지면 듬성듬성 등산하러 다니도록 유도해 볼 요량이다.

등산처럼 몸과 마음을 튼튼하게 만드는 탁월한 운동도 없지 싶다. 오는 길에 호기롭게 얘기했다. 앞으로는 '할아버지 등산에 저도 매일 따라나서겠다.'고 말이다. 그 생각이 작심삼일의 헛된 다짐이나 허튼소리가 아닌 다부진 각오였으면 좋으련만.*

2014년 1월 26일 일요일

* 유진이는 첫 등산 이후 2017년 4월 현재까지 무려 92번이나 청량산 정상을 다녀왔다.

유진의 유치원 졸업

유진이가 두 해 거듭해서 다니던 유치원을 오늘(2월 22일) 졸업했다. 우수(雨水)를 지난 지 겨우 사흘째인데 완연한 봄 날씨다. 개구쟁이 코흘리개가 처음 유치원 문을 들어설 초입 시절 몹시도 두려워 잔뜩 움츠리던 모습이 떠오른다. 다행히 지난달 중순께까지 살던 아파트가 유치원 옆에 자리해 조석으로 조손이 손을 잡고 걸어서 오갔던 두 해의 감회가 무척 각별하다.

따지고 보면 태어나 달포 지날 무렵부터 함께 살아온 손주이기에 자연스럽게 지난 일곱 해에 대한 돌아봄이다. 제 부모와 떨어져 조부모인 우리 내외와 동행했던 세월 동안 커다란 굴곡이나 어려움 없이 밝고 맑게 자라준 게 무척 고맙고 보람으로 여겨진다. 물론 또래의 아이들이 겪게 마련인 성장통에 해당하는 감기나 소소한 사고는 통과의례처럼 치렀다.

입때까지 조손이 동행하며 가능한 자연에 동화하여 그 이치를 스스로 깨우치고 친해지기를 소망하며 그런 쪽으로 이끌었다. 그런 이유에서 봄부터 늦가을까지 공원을 찾아 나무와 꽃을 익히며 계절에 따른 변화를 시나브로 터득시키려고 의도적으로 애를 썼다. 그런가 하면 공원이나 주위에 자생하는 곤충을 잡거나 관찰하는 놀이를 수없이 되풀이시켰다. 매미나 잠자리 혹은 나비에 대해 제법 정통했음은 물론이고 잡아서 손에 쥐고 살피는 걸 즐기고 있다. 그뿐이 아니다. 여치와 베짱이, 사마귀와 벼메뚜기, 귀뚜라미와 거미도 거리낌 없이 잡는 정도로 장족의 발전을 했다. 게다가 먼저 살던 아파트 부근의 바닷가에도 수시로 찾아가서 게나 갈매기와 바다 속을 살피는 다양한 체험을 통해서 자연을 이해하고 가까워지는 쪽으로 변화를 겨냥했었다.

아이에게 한글이나 숫자 개념을 가르치기 시작한 것은 유치원 입학 이후였다. 그 이전까지는 주로 공원이나 바닷가에 가서 자연과 어울리며 깨우치는 놀이였다. 유치원에 입학하고 한참 뒤에 주위 또래의 아이들을 보니 한결같이 한글을 줄줄 읽고 숫자를 멋지게 헤아려 화들짝 놀라 헐레벌떡 시작했다. 그렇게 뒤늦게 출발했는데도 얼추 제 또래들과 어깨를 나란히 할 지경이 되었다. 능통하지 못해도 동화책을 제법 그럴듯하게 읽어대고 동무들처럼 덧셈이나 뺄셈의 문리를 터득해 앞가림을 한다.

열흘 전쯤에 수술했던 백내장의 치료를 위해서 오늘 아침 일찍 병원에 들렀다가 급히 발길을 재촉해 졸업식장으로 갔다. 오호통재라! 졸업식 시작 예정시간보다 10여 분 늦게 도착해 식장에는 들어가지 못하고 무료하게 밖에서 서성거렸다. 거의 한 시간 가까이 지났을 무렵에 아내가 전화를 했다. 유진이가 찾는다며 건물 안으로 들어오라면서 입구로 마중을 나왔다. 엉거주춤 따라

들어가 손주와 눈을 마주치는 순간 녀석의 얼굴엔 환한 미소가 번졌다.

공식적인 졸업식에 이어 뒷마무리를 하고 밖으로 나와 승용차에 도착해 이런저런 얘기를 나눴다. 입을 함박만 하게 헤벌리고 맹꽁징꽁 얘기를 쏟아내는 꼴이 마냥 행복하고 한껏 기분이 고조되어 있었다. 제 짐 꾸러미를 두서없이 마구 들쑤셔 오늘 받은 증서와 상장을 찾아내어 내 눈앞에 연신 들여 밀기 바빴다. 그러면서 으스대는 꼴이 천하를 평정한 옥골선풍(玉骨仙風) 개선장군의 당당함이 엿보였다.

먼저 졸업증서와 개근상 상장을 비롯하여 성격이나 특징을 감안해 수상하는 것으로 여겨지는 밝은 미소상 상장이 눈에 띄었다. 한편, 태권도 관장이 주는 모범 어린이상 상장과 기념 메달도 있었다. 그리고 한자교육진흥회에서 수여하는 우수상과 한자 실력급수 7급 합격증도 포함되어 있었다. 오늘 졸업식에서 여섯 개에 이르는 증서나 상장을 받았기 때문인지 평소 기분이 좋으면 즐겨 쓰는 상투어(常套語)인 '내 생애 최고의 날.'이라는 말을 거리낌 없이 해댔다.

한자 얘기이다. 유치원에서 랩(rap) 가사 읊어대듯이 한자 공부를 시키는 것을 알고 초보적인 내용을 가르치기 시작한 지 두 해 가까이 되었다. 필순(筆順)을 가르치면서 획수(劃數)를 하나 둘 헤아리며 쓰는 연습을 되풀이했다. 이 과정에서 추가로 훈(訓 : 뜻)과 음(音 : 소리)도 매번 큰소리로 말하도록 일렀더니 정확히 따라왔을 뿐 아니라 학습 진도도 예상보다 훨씬 빨랐다. 요즈음은 내가 한자를 쓰다가 필순이 틀리면 옆에서 훈을 보거나 시어머니처럼 잔소리를 하는 중뿔난 모습을 보이기도 한다.

지금 대략 200자 이상 필순에 따라 정확히 쓰고 읽을 만큼 진전했다. 이는 학습 효과를 말해주는 확고한 증좌이다. 지난해(2013년) 한자 실력급수 8급 시험에 합격했다는 사실이다. 그리고 올해(2014년)에는 며칠 전에 한자 실력급수 7급 시험에 응시해 합격했다. 일상에서 쓰이는 단어의 상당량이 한자를 바탕으로 생성되었다는 점을 감안해 초등학교 3학년까지는 한자 실력급수 6급과 5급을 취득할 수 있도록 공을 들여 지도해 볼 참이다.

유치원을 다니던 두 해 동안 보살펴 주신 선생님들께 고맙다는 인사를 드리고 싶다. 천방지축의 야생마 같은 독불장군들을 어엿한 어린이로 갈고 다듬어 초등학교에 진학 할 수 있는 끌끌한 재목으로 다듬어 주신 은혜에 대한 고마움 말이다. 그런데 특히 두 해 동안 담임을 맡으셨던 홍민정 선생님은 특별히 고맙고 죄송하다.

다른 아이들에 비해 사랑과 관심이 더 많이 필요한 아이를 늘 따스하게 품에 안고 다독여 주심을 어찌 잊으리오. 특히 지난해 섣달에 결혼해 신혼인데도 불구하고 지난 토요일(2월 15일)엔 유진이를 데리고 가서 요즈음 공전의 히트를 치며 상영되고 있는 만화영화 '겨울왕국'을 보여주셨다. 그런 따스한 사랑의 베풂에 대해 보답이 막연해 유구무언일 따름일지라도 면구스럽고 무척 고맙다.

오늘 졸업식을 마친 뒤에 손주를 데리고 멋들어진 레스토랑을 찾아가 좋아하는 스파게티를 먹으며 축하해 주었다. 식사를 끝내고 건물 옥상에 꾸며진 작은 인공 숲에 나가 따스한 양광을 즐기며 매화꽃망울이 잔뜩 부풀어 있는 모습에서 훈풍이 남쪽 바다를 건너와 봄을 재촉하고 있음을 직감했다. 유진이는 불과 열흘 뒤면 초등학교에 입학해 또 다른 낯선 세상과 조우할 것이다. 잔풀나기*의 훈풍처럼 따사롭고 축복이 충만한 세상에서 꿈과 희망의 날개를 활짝 펴고 훨훨 비상할 청청한 내일이 도래하길 간절히 기원한다.

2014년 2월 22일 토요일

* 잔풀나기 : 잔풀이 싹 트는 때라는 뜻으로 '봄철'을 이르는 말.

손주의 초등학교 입학

학교를 생각한다. 잔풀나기의 길목 삼월의 첫 월요일(3월 3일) 유진이가 초등학교에 입학함으로써 새로운 세상을 향해 꿈과 희망의 나래를 펼치고 비상을 시작했다. 태어나 여태까지 가정이라는 온실 속의 작은 둥지를 세상 전부로 알아왔던 아이다. 그런데 이제 끝없이 넓고 높은 미지의 세상에 대해서 학교를 통해 터득하고 지식을 연마하여 점진적으로 앎을 넓혀 나갈 것이다.

친구를 사귀고 세상을 살아가는데 소용되는 알토란같은 지식이나 도리를 배우고 익히면서 하늘의 섭리나 자연의 이치를 깨우치며 공존과 상생의 지혜를 일깨워줄 교육의 장이다. 입학하는 모든 어린이는 아직 가다듬거나 정제되지 않았어도 무궁무진한 가능성을 지닌 보배로운 원석 같은 존재이다. 그러므로 학교라는 용광로를 통해서 바르고 씩씩하며 슬기로운 천사로 거듭 태어나 저마다의 아우라가 뚜렷한 내일의 주인공으로 무럭무럭 성장해 나가리라.

갓 태어난 아이와 동거하기 시작한 게 불과 얼마 전 같은데 어느 결에 여덟 살에 이르러 초등학생이라니 신기하고 감사하다. 우유를 먹이고 기저귀를 갈아주다가 어린이집을 거쳐서 유치원에 적을 두었던 지난 몇 해의 일들이 주마등처럼 회상되었다. 그런 지난날은 오늘의 멋진 환희를 맛보기 위한 통과의례였을까? 미답의 세상을 접하는 아이의 해맑은 민낯에 마냥 행복한 미소가 활짝 피어났다.

새로운 세상에 대한 설렘과 두려움은 애나 어른 다른 바 없나 보다. 유치원과 전혀 다른 학교 환경에 대한 막연한 불안감은 말끔히 씻어 줄 요량에서 입학 이전에 두세 번 학교에 데리고 가서 이것저것 구경시키며 나름대로 설명해 주었었다. 학교에 관심이 없는 듯 딴청을 부리다가도 이따금 궁금한 문제를 에둘러 물어대며 의문이나 불안을 해소하려 애쓰는 모양새가 왠지 더욱 귀여웠다.

초등학교임에도 자질구레한 준비물에 다소 신경이 쓰였다. 우선 가방과 보조 가방은 지난 크리스마스에 산타할아버지(?)가 선물한 것으로 가름키로 했다. 그리고 책상과 책장은 지난주에 구입했다. 평생을 책상 앞에 머물던 책상물림으로 간서치(看書痴)의 어릿한 사촌쯤 되는 내 것보다도 훨씬 멋있고 고급스럽다. 한편, 지난 금요일 문방구에 가서 종류별로 필요한 노트를 골고루 장만했다. 그 외에 필통을 비롯한 색연필이나 크레파스는 유치원 친구들에게 생일에 선물로 받아 쟁여 두었던 것을 그냥 쓰기로 했다. 마지막으로 입학 전날 제 할머니와 백화점에 가서 운동화 두 켤레와 실내화를 사는 것으로 대미를 장식했다.

손주가 입학하는 학교는 지난날 마산 국군통합병원이 자리했던 곳이 대단위 아파트 단지로 바뀌면서 개교(마산 신월초등학교: 1998년 개교)하여 역사가 일천한 학교이다. 하지만 등하굣길에 위험이 전혀 없는 조용한 배움터이다. 아파트 주민 자녀를 대상으로 하는 학교로서 한 학년이 다섯 혹은 여섯 반으로 편성되었다. 그리고 한 반은 스물다섯에서 스물아홉 명으로 편성되어 있었다.

6·25전쟁 무렵에 내가 초등학교에 입학할 당시와 견주면 상전벽해의 변화를 절감한다. 한동안 우리 교육계를 냉소적으로 조롱했던 얘기이다. 19세기 학교시설에서, 20세기 교사가, 21세기 아이들을 교육하는 게 우리의 교육 현주소라고. 이러한 조소가 옛 얘기가 된 작금의 환경은 디지털 원주민(digital native)인 어린이들 취향에 걸맞게 진화된 현실이 눈부시기도 했다.

입학 며칠 전에 학교 홈페이지에 1학년 반 배정표를 위시해서 담임 배정표와 교실 배치도를 상세히 공지함으로써 학부모에게 긴요한 사항을 일목요연하게 제공하고 있었다. 따라서 입학 전에 손주가 1학년 2반 16번이며, 담임선생님 성함이 김지민이라는 사실까지 꿸 수 있는 정도였다. 입학 관련 내용을 살피다가 전산 시스템을 좀 더 살필 요량에서 몇 가지 기능에 시험적으로 접속해 봤다. 전달사항이나 숙제까지도 매일 담임선생님이 게시판에 올리고 있었다. 그 외에도 방과 후 학습이나 돌봄 교실 같은 부수적인 알림까지도 통째로 고지한 사실을 파악하고 인터넷·스마트폰 문화(wired culture)가 활짝 피어나고 있음을 실감했다.

신입생들은 9시 30분까지 배정된 교실에 입실토록 미리 고지한 결과이지 싶다. 지정된 시간이 되기도 전에 스물아홉 명의 어린 천사들이 눈망울을 또랑또랑 굴리며 몰려들었다. 서른에도 이르지 못하는 천사들인데도 생김새만큼이나 옷차림과 하는 짓이 사뭇 달랐다. 이는 개성으로 비춰져 눈에 거슬리거나 밉지 않았으며 되레 귀엽고 사랑스러웠다.

그런데 왁달박달*한 지경은 아니라도 웅성대며 쉴 새 없이 눈길을 돌리면서 또래의 낯선 친구나 동행한 어른들을 곁눈질하는 모습이 불안과 설렘을 무언으로 웅변했다. 그렇게 낯섦에 적응하려는 물밑 움직임이 한창일 무렵에 죄다 강당인 청량관(青凉館)으로 옮겨가서 입학식을 했다.

예나 지금이나 학교의 공식 행사인 입학이나 졸업식은 고리타분한 형식과 틀을 깨기 어려운 원초적인 과제일까? 이제 겨우 여덟 살에 이르는 코흘리개들을 줄지어 세워놓고 국민의례나 애국가 제창을 비롯하여 교장 선생님의 낯선 환영사가 얼마나 잘 전달될 것인지 아리송하고 헷갈렸다.

게다가 천방지축의 입학생부터 연로한 학부형까지 모두가 식이 끝날 때까지 서 있을 수밖에 선택의 여지가 없는 열악한 식장 환경이었다. 이는 어떤 형태로든지 개선해야 할 케케묵은 후진적 과제가 분명했다. 이런 사고는 몽땅 절대 강자인 학교라는 갑(甲)을 위한 편의주의 소산이다. 그러므로 상대적으로 약자에 처한 학부모나 학동인 을(乙)을 위한 대접이 아니지 싶었다. 이는 '따끔한 충고와 비판'을 뜻하는 정문일침(頂門一鍼)의 심정으로 하는 얘기이다.

한편, 각 반에서 담임선생님에 의해서 진행되는 오리엔테이션은 디지털 시대의 어린들 눈높이에 맞춰 다양한 방식으로 유연하게 꾸몄으면 하는 아쉬움이 컸다. 따라서 오늘의 문화적 성향이나 특징을 살려서 호기심을 불러일으킬 수 있도록 진행할 방법을 진지하게 고민해볼 필요가 있었다.

학교라는 소통과 배움의 창을 통해 날갯짓하며 날아오르려는 손주에게 갈망한다. 기왕이면 더 높고 넓은 무한한 푸른 세상을 향해 힘차게 도약하여 바르고 당당하게 성장해 달라고 말이다. 유진아! 학교는 끝없는 배움의 둥지로서 지식과 지혜를 쌓으며 공존과 상생의 이치를 깨우치고 고고한 품성의 기틀을 갈고 닦는 수련의 장이란다. 아울러 물이 높은 곳에서 낮은 곳으로 흐르듯이 순리에 따라 푸르른 창공을 거침없이 훨훨 날거나 아름다운 세상을 맘껏 향유할 자유는 오롯이 너희들 몫의 선물이란다.

한맥문학, 2014년 5월호, 통권 284호, 2014년 4월 25일
(2014년 3월 3일 월요일)

* 왁달박달 : 행동이 단정하지 못하고 조심성이 없이 수선스러운 모양

줄탁동시 철학의 터득

어떻게 살아야 할까. 지난주 초등학교에 입학한 손주가 아직은 학교가 낯설고 변화된 환경에 심적 갈등으로 적응에 불협화음이 심한 모양새이다. 학교생활 두 주째를 맞는 월요일부터 감기 몸살과 고열이 발생해 감기약에 더해서 해열제를 투약해도 차도가 없이 호된 신고식을 치르고 있다. 오늘 새벽에도 고열이 심해 약을 먹여 학교에 보냈는데도 좌불안석이다. 그제와 어제는 수인사도 건네지 않아 생면부지인 담임선생님께 특별히 살펴봐 달라는 메모를 아이 편에 보냈었다.

하지만 오늘은 그마저도 면구스러워서 생략했다. 연이어 며칠 메모를 보내는 게 까칠한 돌출행동으로 비칠지도 모른다는 객쩍은 생각 때문이었다. 그래서 상태가 심해지면 선생님께 말씀을 드리고 보건실에 가라고 일러서 등교시켰다.* 누군가에게 자기 의사를 정확히 표현하는 능력도 교육이 겨냥하는 중요한 덕목이 아니던가?

졸지에 생경한 환경으로 내몰린 학교생활이 꽤나 신기하고 낯설기 짝이 없는가 보다. 학교에서 보고 겪었던 잡다한 얘기 보따리를 발간적복(發奸摘伏)하며 주저리주저리 옮기기도 한다. 그 모양새를 넘겨다보면 때로는 꽤나 당황스럽기도 했던 흔적을 더덜이 없이 온새미로 드러내기도 했다. 새로 입학해 중구난방으로 나부대는 천방지축을 위한 배려인지 당국에서 무상으로 지급한 교재는 첫날부터 몽땅 학교 사물함에 두고 다닌다. 그래서 어떤 교과목이 있으며, 어떤 내용을 배우는지 알 길이 없고 아직 수업 시간표가 발표되지 않아 더더욱 궁금하다. 때문에 눈 감고 코끼리 다리 일부를 겨우 더듬는 격인 주제에 가당치도 않게 그 실체를 어림해서 어렴풋이 단정하고 있다.

지식을 습득하고 진리를 깨우쳐 가는 것은 배움의 전당인 학교가 존재하는 이유 전부일지 모른다. 이런 목표 달성을 위해 학교는 올바른 방법과 수단을 동원하여 지고지선(至高至善)의 가치선을 추구한다. 그래도 그 길을 올곧게 따르면서 지식을 습득하고 진리를 터득해 은은한 향(香)* 같은 품성의 도야는 전적으로 학생 자신의 아람치이다. 이런 관점에서 손주가 진정으로 줄탁동시(啐啄同時)의 이치를 제대로 깨우치는 희열을 누릴 수 있다면 더 할 수 없는 축복이리라.

줄탁은 중국의 송나라 시절 선불교의 대표적 선문답서인 벽암록(碧巖錄) 제16칙에 나오는 말이다. 원래는 줄탁동기(啐啄同機)라는 사자성어로서 예로부터 중국에서 사용되었다. 그런데 송나라 시절 임제종(林濟宗)이 공안집(公案集(話頭集))인 벽암록에 공안으로 수록하면서, 불가의 중요한 공안 즉, 화두로 자리 잡았으며, 이를 줄여서 줄탁이라고도 했다.

병아리가 부화를 시작하면 일정한 시간 내에 달걀껍질을 깨고 밖으로 나와야 질식하지 않고 생명을 얻는다는 얘기이다. 이런 이치에 부합한 자연스러운 행위가 줄탁동시이다. 부화란(孵化卵) 속에 있는 병아리가 껍질을 깨고 밖으로 나오려고 연약한 부리로 죽을힘을 다해 쪼아대는 행위가 줄(啐 : 쪼을 줄)이다. 이 때 어미 닭이 병아리가 쪼아대는 소리를 알아채고 바깥에서 부리로 달걀껍질을 쪼아 깨트리는 행위를 탁(啄 : 쪼을 탁)이라고 한다.

이 숭엄한 찰나에 아귀를 맞춰야 할 원칙은 새 생명인 병아리가 온전하게 탄생하려면 줄과 탁이 동시에 이루어져야 한다는 사실이다. 그러나 어린 병아리와 어미 닭이 동시에 정성을 다해 껍질을 쪼지만 어미는 어디까지나 도우미에 머문다. 결국, 어미 닭은 병아리를 세상 밖으로 나오도록 결정적인 역할을 하는 게 아니다. 실제로 알을 깨고 광명천지로 나오는 것은 여리기 그지없는 병아리 자신의 의지와 노력이 낳은 값진 결실에 따른 보상이며 축복인 셈이다.

달걀껍질을 쪼는 병아리는 새로운 지식을 터득하고 깨우치며 앞으로 향해 한발 한발 나아가는 제자, 어미 닭은 새로운 지식이나 세상 이치나 법도에 대한 바른길로 이끄는 스승을 상징하는 뜻으로 사용되기도 한다. 이 같은 맥락에서 두 가지의 교훈을 생각한다. 첫째로 스승은 바른 가르침이나 깨우침의 동기를 제공할 뿐이고, 실제로 제대로 배우거나 세상 이치를 터득하는 것은 오롯이 제자의 몫이라는 견해가 통상적 상식이다. 둘째로 부화된 병아리가 일정한 시간 내에 달걀껍질을 깨고 나오지 못하면 생명을 잃는다는 관점에서 배움이나 터득 그리고 깨우침에도 때가 있으며, 실기를 하면 무용지물이라는 만고진리를 웅변한다.

6·25전쟁으로 혼란과 무질서가 활개를 치던 엉망진창인 세월에 내가 경험했던 초등학교 교육에 비해 지금은 현격한 차이를 절감하는 우월한 조건과 환경이다. 어느 모로 봐도 부족함이 없을지라도 교육을 받도록 이끌고 유도하며 분위기를 조성하는 몫은 사회와 학교 그리고 가정의 역할이자 소임이다. 그렇지만 그런 여건 속에서 올곧은 자세로 지식을 터득하고 깨우치며 세상 법도나 이치를 순리대로 수용하는 역할은 오로지 수혜자의 책임이자 권리이다. 이런 까닭에서 끝없는 배움을 이어갈 유진이가 줄탁동시의 참뜻을 온새미로 깨우치는 기쁨과 환희의 날이 과연 도래할지 모르겠다. 하기야 수도자가 득도에 이르는 돈오(頓悟)의 법열에 버금갈 줄탁동시라는 화룡점정의 경지를 꿈꾸는 게 부질없는 탐욕이며 백년하청과 흡사한 집착일지 모른다.

2014년 3월 12일 수요일

* 유진이는 이 글을 쓴 당일(12일) 오후부터 사흘을 비롯하여 일주일 뒤인 화요일(18일)부터 이틀 동안 연거푸 어린이 전문병원을 찾아가서 모두 다섯 번의 링거 주사를 맞으며 치료를 받았다.

* 향(香) : 예로부터 향의 재료는 향나무(chinese juniper)를 비롯해 침향(沈香)과 매향(埋香)이 있다. 여기서 침향은 동남아 라오스 같은 아열대지방이 원산인 침향나무(aloes wood)를 베어서 땅속에 묻어 썩히거나 옻(漆 : lacquer)을 채취하는 모양으로 침향나무 줄기에 상처를 내어 흘러내린 수지(樹脂)를 모은 것이다. 침향은 고가에다가 희귀해 왕실이나 귀족들만 사용

했다. 그런 연유로 평범한 백성들은 '꿩 대신 닭'이라고 향나무를 강과 바다가 만나는 해안의 바닷물에 잠기는 흙 속에 향나무를 묻어 두었던 매향(埋香)을 사용했다. 그렇게 하면 향나무가 침향처럼 질이 향상 되리라는 믿음에서 비롯된 것이다. 그러나 아무리 장구한 세월 동안 향나무를 바닷물에 잠기는 땅속에 묻어 두어도 절대로 침향이 되지 않는다. 오늘날 제례(祭禮)나 전통 의식을 거행할 때 향나무 토막을 얇게 깎아서 향로에 넣어 향내를 피워 경건한 마음가짐을 다지기도 한다. 원래 '향을 사르는' 것은 그 옛날 종교 의식에서 유래되었다는 견해가 정설이다.

개벽의 초입 엿보기

미지의 세상에 첫발을 내디디려 한다. 손주의 초등학교 입학은 가정이라는 작은 둥지가 세상 전부로 여기던 어린 천사에게 신천지가 펼쳐지는 개벽의 아침에 견줄 수 있으리라. 이는 새로운 세상을 향한 날갯짓의 시작인 셈이다. 그렇지만 옆에 보살펴야 할 어른의 입장에서는 결코 녹록치 않은 사랑의 나눔과 베풂을 전제로 하는 짝사랑 같은 삶의 한 부문이다.

초등학교에 입학한 지 두 달 반 정도 지난 손주의 학습 준비물이 수월찮고 생활 패턴도 미세한 변화가 쌓여 이전과 견줄 계제가 아니다. 어쩌면 새하얀 도화지에 조심스레 그림을 그려가며 자기만의 고유한 색을 칠하면서 시나브로 자신의 정신적 영역을 넓혀나가려는 걸음마 같다. 하루가 다르게 변화하는 신통방통한 꼴이 마냥 대견하고 경이롭다.

요즈음 학교엔 개인마다 사물함이 있어 모든 교과서와 필수적인 준비물은 그곳에 넣어두고 하교하는 관계로 집에는 교과서가 없다. 그 때문에 아직까지 어떤 종류의 교과서에 무슨 내용을 담고 있는지 본 적이 없다. 따라서 교과서의 종류나 명칭을 알 수 없음은 물론이고 현재 어느 정도 학습을 하고 있는지 파악할 재간이 없다. 그런 문제를 해결해 볼 요량으로 별도로 교과서를 구입해 볼까 작정했지만, 그 또한, 번거로워 포기했다. 그 대신 시중에서 문제집을 구입해서 학습 내용과 진도를 어림짐작으로 유추하는 치인설몽(痴人說夢)을 거듭하고 있다.

소소해 보여도 어영부영 넘길 수 없는 게 초등학교 저학년 학습 준비물이다. 체육복, 줄넘기, 모종삽을 위시하여 학습 보조용품인 색종이, 그림물감, 붓, 색연필, 크레파스가 그 일부이다. 또한, 음악의 내용을 소화시키기 위해서는 멜로디언, 트라이앵글, 캐스터네츠, 소고, 윷가락, 탬버린 등을 빠짐없이 채비해 두어야 한다.

아울러 지난달 중순쯤부터는 학교에서 매주 두 번(화요일과 목요일) 받아쓰기 시험을 치르는데 학기 말까지 스물네 번이라니 그 또한, 골칫거리 같다. 그런데 학기 말 가까워지면 사이시옷이 들어가는 단어를 비롯해 띄어쓰기가 포함되어 상당히 어려워짐을 예고하고 있다. 과연 어떻게 적응해 가는지 그 과정을 묵묵히 지켜볼 참이다. 참으로 쑥스러운 얘기이다. 6·25전쟁 뒤끝 무렵 혼란기에 초등학교 3학년 때의 일이다. 이웃에 살던 중학생 형이 써보라며 불러주는 '받아쓰기'를 '바다쓰기'라고 또박또박 적었던 함량 미달의 웃음거리가 내게 낙인으로 남아있다. 지금 생각해도 쑥스러운 이력으로 지난날의 숨김없는 내 민낯의 편린이다.

지난 주말엔 노래(봄 인사)의 음에 맞게 박을 치며 가사를 외워 노래를 부르는 음악 숙제가 부과되었다. 나는 원래부터 음악엔 등신이라서 고스란히 아내에게 떠넘겼다. 그 노래를 한 번도 들어봤던 적이 없던 아내가 부랴부랴 악보를 찾아 오랫동안 깊은 침묵에 빠져있던 피아노로 연주하며 연습을 되풀이했다. 오호 통재라! 안타깝게도 녀석이 음치라서 한두 번 연습으로는 해결될 기미가 보이지 않았다.

층간 소음은 첨예한 이해 충돌(conflict of interest)을 불러오기 때문에 아파트에서 아른 아침이나 밤늦게 피아노를 칠 수 없다. 그래서 소리를 쉽게 조절할 수 있는 멜로디언을 차선책으로 구입해서 숙제에 응급 대응했다. 오늘 학교에서 개별적인 점검(테스트)을 한단다. 노래 중에서 한두 군데 틀리는데도 음치인 때문에 속수무책이라는 아내의 볼멘소리를 엿들으며 무척 허탈했다.

유치원에 다니던 시절 지나치게 유약한 성향 때문에 엔간히 걱정을 했었다. 그런데 섣부른 단정은 이르지만, 초등학교를 입학하면서 그런 성정이 점진적으로 나아지는 징조가 엿보여 천만다행이다. 섬세하고 여성적인 놀이 보다는 모탈샤크 팽이 놀이, 자전거 타기, 줄넘기, 태권도를 등속을 선호하며 적극성을 보이는 게 그를 방증한다. 게다가 내가 좋아하는 등산도 무척 즐기는 까닭에 동지 의식도 생겨나 하뭇하다.*

지난 정월 중순에 현재의 아파트로 이사했다. 아파트가 산(청량산 232미터)을 오가는데 맞춤한 길의 초입에 위치해 언제든지 산을 찾아 나서도 도통 부담이 없다. 물고기가 물을 만난 격이기에 특별한 일이 없는 한 매일 출근을 하듯이 2~3시간 등산을 하고 있다. 어느 날인가 등산 채비를 하고 집을 나서다가 겨우 여덟 살의 손주를 꼬드겨 동행했었다. 왕복 10킬로미터 남짓한 산의 정상을 여봐란듯이 다녀왔다.

물론 내가 평소 다니던 거리에 비해 대폭 단축하게 한 등산이었다. 하지만 중간에 어른도 헉헉대는 깔딱 고개 세 군데와 가볍지 않은 비탈길을 여럿 지나치며 산등성이를 되풀이하여 오르내리는 만만치 않은 길이었으니 첫걸음치고는 대단히 무모한 모험이었다.

첫 등정 이후 주말이면 등산의 낌새만 보여도 잽싸게 채비를 하고 따라나서려고 설쳐대는 꼴이 여간 귀여운 게 아니다. 그렇게 산행에 나섰던 손주가 어제까지 남거나 모자람 없이 꼭 열 번이나 정상을 다녀왔다. 이 또한, 남자다운 성정을 보여준다는 사실은 스모킹 건(smoking gun)* 보다도 명백한 증거가 아닐까 싶다.

따지고 보면 손주와 등산은 단순한 나들이가 아니다. 앙상한 나목과 낙엽이 전부인 이른 봄까지는 나무 자체나 낙엽이 손주의 학습 대상이었다. 나무의 생김새나 낙엽의 모양이나 색깔을 살피며 의문이 생기면 끝 모를 질문 공세가 이어진다. 또한, 덤불을 이루는 관목이나 교목의 모습을 유심히 관찰하기도 한다. 그리고 봄이 되어 새 잎사귀와 순이 돋아나며 봄꽃이 개화한 산길에서는 새로운 것이 눈에 띄는 대로 마구 물어대며 발길을 멈춰 시간이 여간 많이 소요되는 게 아니다. 얼렁뚱땅하며 건성건성 지나치는 게 없이 무척 진지하다.

다양한 곤충과 애벌레가 준동하기 시작하면 나와 손주 사이에 이야깃거리는 한결 풍부하고 분주해진다. 이 무렵 나와 손주는 딱딱한 조손 관계가 아니라 서로가 궁금한 것을 묻고 답하는 돈독한 스승과 제자에 흡사하지 않을까 싶다. 한편, 각종 애벌레와 송충이를 위시해서 곤충이 징그러워 질색을 하련만 거리낌 없이 손에 쥐고 되는대로 물어대 나를 당황케 한다.

곤충학이나 야생 조류(鳥類)를 비롯한 식물에 대해서 전문적인 식견이 넉넉하지 못하다. 그러기에 상식을 넘어서거나 지극히 전문적인 질문을 하면 아귀를 맞춰 대답하는 데 어려움을 겪는다. 그럴 경우 슬며시 꽁무니를 빼기 일쑤이며 퍼뜩 대답하지 못하고 미적댈 수밖에 없는 나를 매구같이 꿰뚫어 보지 않을까 더럭 겁이 들기도 한다. 하기야 겉치레의 박학다식보다는 소통의 진정성이 울림이 클 것이기에 한편으로는 안심을 한다.

학교라는 창을 통해 손주에게 새롭게 펼쳐질 세상은 모쪼록 보랏빛 꿈과 희망으로 풍요롭기를 기원한다. 하지만 새롭게 조우하는 세상이 아무리 아름답고 옹골질지라도 현실적으로 돌출하는 수많은 어려운 문제와 좌충우돌하며 조금씩 성장할 것이다. 이 과정에서 어려운 일에 직면할수록 '물방울이 돌에 구멍을 뚫는다.'는 뜻인 수적천석(水滴穿石)의 참된 의미를 깨우칠 수 있기를 간원한다. 그런 연유에서 학교가 진정 즐겁고 무지개 같은 영롱한 꿈이 가득한 세상으로 이끄는 참된 길라잡이가 되었으면 좋겠다.

2014년 5월 12일 월요일

* 하뭇하다 : 흡족하다
* 스모킹 건(smoking gun) : 연기가 나는 총처럼 결정적인 증거

씽씽카

유진이의 노는 모습과 관심을 가지는 놀이 기구가 세월 따라 변하고 있다.

지난 3월 초 초등학교에 입학할 무렵만 해도 태권도장을 일주일에 세 번 다니며 훌라후프와 줄넘기에 심취해 자전거에는 별 흥미가 없는 듯했다. 그로부터 두어 달 지난 지금은 과격한 운동과 스피드가 전제되는 자전거 타기 삼매경에 빠진 상태에서 또 다른 운동기구를 사달라고 들볶아 댔다.

눈여겨 살펴보니 주위의 녀석 친구들이 하나같이 씽씽카 타기에 심취해 도낏자루 썩는지 모를 지경이었다. 그게 부러워 밤낮으로 염불 외듯 졸라대 아무리 '어리석고 융통성이 없는' 각주구검(刻舟求劍)일지라도 버텨낼 재간이 없는 처지로 몰렸다. 이런 절절한 요구를 마냥 외면할 수 없어 어제는 제 할머니와 마트에 가서 사 왔다.

그동안 시나브로 제 친구들의 것을 빌려 타며 익혔던가보다. 사가지고 온 직후인 어제부터 능수능란하게 적응했다. 그렇게 신바람이 나서 친구들 틈바구니에 끼어 희희낙락이며 시간 가는 줄 모르게 주말을 보냈다.

오늘 아침 시간이었다. 이른 시간인데도 일요일을 빙자하여 밖에 나가 씽씽카를 타겠다고 안달복달 설쳐댔다. 너무 이른 시간이라서 그럴듯한 이유를 들어 학교에서 부과한 숙제를 먼저 마무리 하도록 유도했다. 그리고 함께 밖으로 나가 멀찍이 비켜서서 하는 꼴을 지켜봤다. 아파트 단지 내 찻길 중에서 오가는 차량의 소통이 뜸한 비탈길로 달려갔다.

비탈의 경사가 제법 가파른 40, 50미터 정도의 길의 윗머리로 다가갔다. 위험할 것이라고 앞뒤를 열심히 재보고 있는데, 내 의중을 비웃기라도 하듯이 씽씽카를 타고 아래쪽을 향해 거침없이 내달렸다. 아찔할 정도로 빨리 내려가는 모습을 보고 조마조마한 마음에 '어! 어!'를 되풀이하며 쩔쩔맸다. 그런데 정작 본인은 여유만만 느긋한 자세로 나를 향해 히죽거리며 능갈을 쳐 혀를 차게 만들었다.

사내 녀석의 성징을 보이는 징후일까? 현재 사는 아파트로 이사를 온 지 불과 넉 달 조금 넘었는데 그동안 절대 만만치 않은 등산을 열세 번 다녀왔다. 거의가 내가 즐겨 다니는 청량산으로 오가는데 3시간 이상 소요되고 거리로는 왕복 10킬로미터를 넘는다.

물론 이 등산로 외에도 임도(林道)와 갈마봉도 다녀왔다. 다녀온 거리나 오가는 어려움으로 치면 창량산 정상 등정과 호형호제할 정도로 호락호락한 길이 아니었으니 대단한 끈기와 적응력을 보인 셈이다. 처음 등산을 다녀온 이후 특별한 일이 없는 한 주말이면 등산에 나서는 걸 당연시 한다. 이는 사내의 성정을 곧이곧대로 드러내는 특징이리라.

호기심이나 욕심이 만만치 않은 아이다. 지난 3월 초등학교 입학 무렵부터 인라인스케이트를 입에 달고 산다. 그래도 학기 중에는 연습할 시간이 없을 뿐 아니라 아직은 자전거에 숙달하기를 바라는 마음에서 가을에 사 주기로 했었다. 하지만 여름방학이 시작되면 상대적으로 선선한 조석으로 인라인스케이트 연습이 가능할 것 같아 다음 달 중순 무렵에 사줄 참이다. 더 망설이며 좌고우면하다가는 지탄의 대상을 넘어 원성의 대상이 되어 벼랑 끝에 몰릴 상황을 고려한 결정이다.

지난 시절 제대로 경험하지 못했던 세발자전거, 훌라후프, 줄넘기, 운동(태권도와 수영), 두 발 자전거, 씽씽카, 인라인스케이트 등이 요즘 아이들의 어린 시절 필수적으로 익히고 넘어가야 할 숙제들이 아닐까? 하기야 이들은 '엄마의 정보력과 아빠의 무관심 속에 할아버지의 경제력이 아이들의 성공의 열쇠'라는 자조섞인 푸념이 설득력을 얻고 있는 세태와 어울릴 수 없는 태생적 한계가 있지 싶다.

다양한 통로와 채널, 헤아리기 어려울 만큼 우후죽순처럼 발생하는 가시적인 비주얼(visual) 문화 현상의 영향 때문일까? 요즈음 아이들은 그 옛날에 비해 한결 영리하고 조숙해져 자기 주관을 확연히 드러내는 모양새이다.

이 때문인지 특정한 사회현상이나 문화에 대하여 불완전한 상태에서 무조건 받아들이는 패스트팔로어(fast follower : 빠른 추종자) 모습을 보이기도 한다.

어찌되었던 홀로서기(going solo)가 불가능한 어린이들이 주체하기 버거울 정도로 많은 걸 경험하며 유년기 고개를 넘고 있는 현실이 얼마나 행복할까? 아날로그 시대에 어린 시절을 보내며 산과들을 헤매면서 자연을 벗 삼아 자라난 그 옛날 세대에 견줘서 말이다.

2014년 6월 1일 일요일

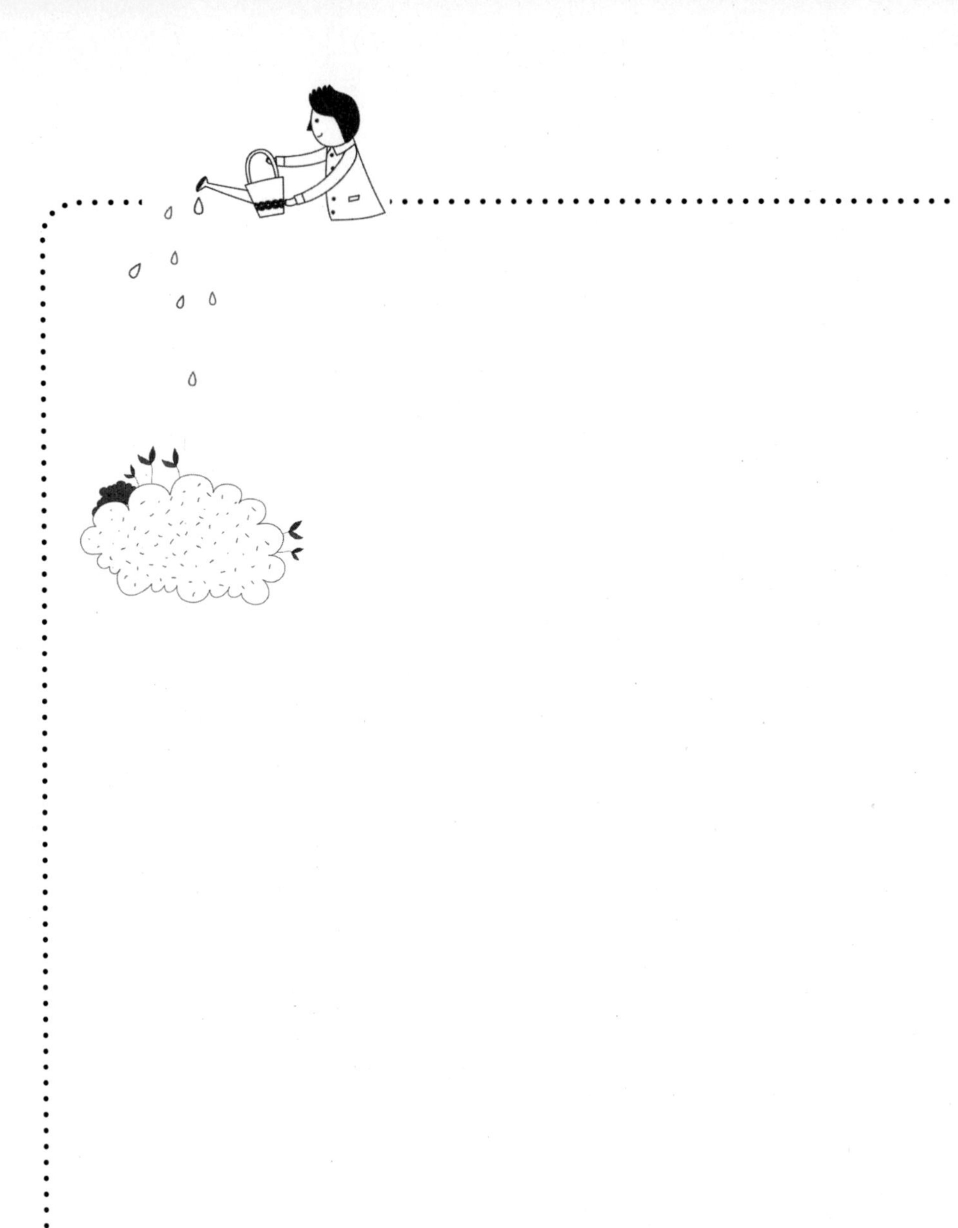

Ⅱ

새내기의 여름방학

초등학교 새내기

지금의 초등학교 교육내용을 유심히 들여다보면 기함할 지경이다. 디지털 시대의 아이들 교육은 아날로그 시대의 그것과 비교하는 자체가 무의미해 보인다. STEAM(Science(과학), Technology(기술), Engineering(공학), Art(예술), Mathematics(수학)) 교육이라고 하여 다양한 개념을 융합한 교육 방법을 채택해 이전의 교육과 현격하다. 거기다가 스토리텔링(Storytelling) 개념까지 도입하여 어리둥절했다. 스토리텔링이란 상대방에게 알리고자 하는 바를 재미있고 생생한 이야기로 설득력 있게 전달함을 목표로 채택된 기법이다.

학교 사물함에 책을 두고 등하교하기 때문에 정확히 어떤 책이 있는지 모른다. 다만 인터넷을 통해 국어 과목은 국어·국어활동, 수학은 수학·수학 익힘 등 각각 두 개의 교재가 있으며, 통합교과에는 봄·여름·가을·겨울·학교·가족·이웃·국가 등의 교재가 있음을 어림짐작하고 있다.

지난날 철수와 영희 그리고 바둑이로 상징되던 초등학교 1학년 국어에서는 기껏해야 초보적인 단어를 따라 쓰거나 읽는 게 고작이었다. 이는 19세기의 구닥다리 엉성한 교육이었지 싶다. 그렇다하더라도 지금의 교재에 수록된 동시(童詩)가 엄청 난해하고 낯설었으며, 다양한 문장을 읽고 쓸 수 있어야 간신히 친구들과 어깨를 나란히 하고 견줄 수 있어 보여 마음이 무거웠다.

사이시옷을 쓰는 나뭇가지나 비눗방울이 등장하는 데서 아연실색했다. 한편, 받아쓰기 문제에서 띄어쓰기나 문장 부호를 정확하게 표기함을 전제로 하는 '크게 웃을 수 있어', '색칠도 혼자 한 거야?', '현수야, 안녕?' 같은 문제를 접하면서 현기증이 일어 정신이 아득했다. 그리고 문장의 띄어 읽기에서 문장 부호 중에 반점(,) 뒤에는 쐐기표(∨)를 하고, 온점(.)이나 느낌표(!)와 물음표(?) 뒤에는 겹쐐기표(≚)를 해야 한다는 서릿발 같은 대목에 이르러서는 할 말을 잃었다. 설상가상으로 어떤 글의 마지막 문장 뒤에는 겹쐐기표를 붙이지 않는다고 예외 규칙을 들이대는 대목에 이르러서는 놀라 혼절할 뻔했다.

스토리텔링 개념을 도입한 수학은 단순한 숫자의 암기가 아니라 제시되는 문장의 이해와 읽기를 비롯해 다양한 기초 상식 배양을 겨냥함이 명백했다. 숫자의 모으기와 가르기 개념에서 서술되는 예시 글의 이해가 전제되어야 하는 방식이 결코 녹록치 않았다. 예를 들면 참고서에서 이런 유형의 문제가 제시되어 몹시 당혹스러웠다.

"오늘 승주 아버지 생일잔치 축하 케이크에 촛불을 밝혔다. 열 살을 나타내는 양초 네 자루와 한 살을 나타내는 양초 두 자루를 꽂아 불을 붙이고 축하 노래를 불렀다. 내년이 되면 승주 아버지 나이는 몇 살인가 답을 쓰시오." 여기서 현재 승주 아버지는 42살(40+2)이라는 답을 쉽게 구할 수 있다. 하지만 내년에 되면 한 살 더 먹기 때문에 43살(42+1)이라는 이치까지 터득하는 경우는 드물지 싶다. 여기에 내년이 되어도 생일을 지나기 전까지는 42살이라는 사실을 정확히 설명할 아이가 과연 얼마나 있을까?

통합교과에 대한 느낌이다. 학교·가족·봄·여름은 다양한 기초상식을 바탕으로 실생활에서 일상적으로 되풀이 되는 내용을 담고 있었다. 그래도 때로는 상당히 어려웠다. 우선 천방지축의 야생마 같이 내닫던 아이들이 수업시간에 조신한 자세로 선생님 말씀에 집중해야 한다고 암묵적으로 이끌고 있었다. 이 과정은 아이들에게 참아내면서 기다리는 은근한 끈기를 전제로 하기에 인내를 필요로 하리라.

통합교과 내용에 대한 소회의 편린이다. 어린아이들이 도시와 농촌 그리고 어촌과 산촌에 대한 특징을 정확히 변별하기 어렵지 싶다. 그런가 하면 봄에 씨앗을 심거나 새싹이 돋아나며 꽃이 피는 자연의 변화를 제대로 수용할 수 있었을까? 또한, 무씨와 나팔꽃 씨 같이 비슷한 씨앗의 외형적 구별은 흔히 말하는 '봉사 문고리 잡기'인 맹인직문(盲人直門) 격이었지 싶고, 식물의 한 살이(life cycle)를 이해하기 어려웠을 게다. 그런데 이 교과목에서 요구하는 개념이나 정의는 상당히 전문적인 내용을 전제로 하고 있었다. 따라서 이 과목에서 의도하는 기초적인 지식의 정립을 겨냥한다 해도 아이들이 받아들여 정확하게 이해하려면 빼어난 자질이 전제되어야 할 듯하다.

이 교과목에서 각종 놀이 방법이나 노래가 상당히 많이 등장했다. 전래동요나 놀이라는데, 전혀 들어보지 못한 생소한 게 많아 당황스러웠고 인터넷이나 참고서를 찾아봐야 해결될 내용이 숱했다. 하나의 예가 '어깨동무'라는 노래이다. 전래동요라는데 생소하기 그지없는 '자진모리장단'의 가락이라고 했다. 음악이라면 나는 원래 '낫 놓고 기역 자도 모른다.'는 목불식정(目不識丁)이 분명하다. 그런 때문에 기초 지식이 전혀 없어 인터넷을 이 잡듯이 뒤지는 야단법석을 떨며 겨우 악보를 구해 노래를 아이에게 들려줄 수 있었다.

이들 외에도 첩첩산중이다. 학교에서 교기(校技)로 정한 줄넘기는 제자리 뛰기와 달리며 뛰기의 횟수(回數)에 따라 급수(1급(양발로 뛰기 160회 이상, 구보로 뛰기 40회 이상), 2급, … 5급)가 부여된다는 안내는 절대 가볍지 않을뿐더러 얄짤없다.

아울러 독서를 권장하기 위하여 학교에서 '책날개를 달고'라는 독후감을 쓰는 기록장을 제공하고 있다. 1년 동안 독서 인증 급수를 시행하여 1급(학교에서 지정하는 필독서 30권을 포함해서 100권 이상의 독서)부터 독서량에 따라 5급까지 수여하기 때문에 시늉이라도 해야 한다. 그런데 최하위 급수인 5급마저도 녹록지 않다. 왜냐하면 '필독서 10권을 포함해서 20권 이상을 읽고' 독후감을 꼼꼼히 기록해야 하기 때문이다. 하기야 '책을 읽지 않은 사람은 말도 멋이 없다.'라고 하여 어언무미(語言無味)라고 일렀거늘 볼멘소리나 불만을 토로할 여지가 있을쏜가!

하나 같이 맹랑하고 어려워 견디기 힘든 교육환경에서도 꿋꿋하게 학교생활에 적응하며 방과 후 수업이나 학원까지 거뜬하게 소화해 내는 어린이들이 안쓰럽기도 하다. 하여튼 오늘의 교육과정이나 내용이 호락호락하지 않음에도 불구하고 슬기롭게 적응해 나가는 아이들이 여간 든든한 게 아니다. 이런 시절에 태어난 유진이도 커다란 불협화음 없이 날갯짓하며 비상하고 있어 고마울 뿐이다.

2014년 6월 4일 화요일

유진이의 하루

이즈음 우리 집 왕자님의 하루는 아침 일곱 시를 지날 무렵에 시작된다. 특별한 일이 없는 한 전날 저녁 10시경이면 어김없이 잠자리에 들기 때문에 대략 9시간가량 잠을 잔다. 그런데도 심기를 어지럽히지 않도록 깨우려면 적당히 밀고 당기는 실랑이 요령이 필요하다. 이 과정에서 신성불가침에 버금갈 정도로 유념해야 할 수칙이 있다. 어떤 경우라도 웃음을 잃지 않은 채 표정을 관리하면서 괘씸죄에 걸려들지 않도록 깨워야 태평한 아침을 맞을 수 있다는 이유에서이다.

눈치껏 서둘러 세수를 시키고 머리 손질을 마친 다음에 적어도 7시 30분경에는 식탁 앞에 앉혀야 한다. 점심과 저녁엔 아무런 문제가 없는데 유독 아침 식사는 최소한 30분 이상 굼뜨게 끼적거리기 때문에 8시경이 되어야 어렵사리 매조지할 수 있다. 숟가락을 놓기 무섭게 양치질을 시키고 옷을 입혀 등교 채비를 서둘러야 한다.

아이와 함께 천천히 걸으면 등굣길은 기껏해야 10분 안팎이면 족하다. 그런 때문에 8시 30분경에 학교 정문을 통과시키려면 8시 20분 무렵에 집을 나서야 한다. 지난 3월 입학 이후에 대부분 아파트 뒤쪽 등산로로 통하는 자그마한 쪽문으로 빠져나가 숲속의 한적한 길로 등하교한다. 사람의 내왕이 뜸한 완만한 숲속 오솔길은 가슴을 툭 터놓고 거리낌 없는 얘기를 주고받으며 걷기에 맞춤하다. 이 길의 분위기를 어린 손주가 더 즐긴다. 그런 때문에 비 오는 날이면 비포장인 때문에 질척이는데도 불구하고 그 길을 고집한다.

숲길을 걷는 시간은 매우 짧을지라도 서로를 마음을 열고 소통하는 데 엄청 유익하다. 등굣길에선 그날 학교에서 할 일을 물어보며 어떻게 대응하면 좋겠다고 조언을 하거나 사기 진작용 언사를 통해 자신감을 불어 넣기도 한다. 한편, 하굣길에서는 학교에서 먹었던 급식이라든가 겪었던 일을 복기(復棋)하듯이 하나하나 물어보며 적당히 추임새를 넣으면 의외로 신바람이 나서 우쭐대거나 방방 뛴다. 또한, 오솔길을 걸으며 여유가 있을 때는 다양한 나무나 풀에 대하여 하나하나 살피며 설명할라치면 진지하게 몰입하는 꼴은 무엇이라도 빨아들일 기세의 블랙홀을 연상시킨다.

새내기인 때문에 월요일과 수요일 및 금요일은 4교시 수업을 마치고 점심(급식)을 마친 다음에 오후 1시 10분경에, 화요일과 목요일은 5교시 수업을 마치고 오후 2시에 하교한다. 지난봄 입학한 후에 지금까지 본인이 싫다고 내친 날을 제외하고는 등하굣길은 동행하여 걸으며 도란도란 얘기를 주고받는 것을 불문율로 하고 있다. 이 방법은 서로의 마음을 주고받는 통로이자 눈높이를 맞추는 지름길이다. 아울러 느슨한 관계 때문인지 알게 모르게 존재하는 희미한 벽을 허물어준다. 이 또한, 알토란 같이 소중한 얻음이다.

하교 후 별도로 학원에 다니거나 운동하는 게 3가지가 있다. 먼저 월요일부터 금요일까지 오후 2시부터 1시간 동안 학원에 다닌다. 그리고 일주일에 사흘(월·수·금)은 오후 4시 30분부터 1시간 남짓한 시간은 태권도를 배우러 다닌다. 마지막으로 수요일 저녁 6시 무렵부터 대략 10분 정도에 걸쳐 유치원 때부터 해오던 G 학습의 한글과 수학을 공부한다. 그런데 언젠가 기회가 닿는다면 컴퓨터 자판을 두드리는 운지법(運指法 : fingering)과 수영을 추가적으로 배울 수 있도록 이끌 요량이다.*

손주의 저녁 시간 활용 모습이다. 가뭄에 콩 나듯이 학교에서 부과하는 과제는 당일에 해결토록 주지시킨다. 학원과 태권도장을 두루 가야 하는 사흘(월·수·금) 동안은 저녁 식사를 마치고 휴식을 취하다가 매일 해야 하는 G 학습, 학원 숙제, 간단한 받아쓰기와 한자 쓰기 따위를 1시간 정도 한다. 그리고 자유스럽게 놀이를 하거나 텔레비전을 시청하다가 늦어도 10시 30분에는 잠자리에 들도록 이끌고 있다. 한편, 달랑 학원만 갔다 오면 공식 일정이 종료되는 화요일과 목요일엔 저녁 식사 전후에 각각 1시간 정도를 할애하여 G 학습과 학원 숙제, 받아쓰기, 학교에서 배운 교과목(국어·수학·통합교과)의 예습과 복습 등을 적의하게 하는 습관을 기르도록 이끌고 있다.

특별히 가족 행사가 없는 한 주말을 보내는 대원칙이다. 첫째로 시내에 나가 볼일을 볼 수 있도록 배려하는 일, 둘째로 토요일이나 일요일 중에 하루는 청량산(323미터) 정상을 함께 다녀오는 등산, 셋째로 평소에 부족했던 교과목에 대한 보충학습, 넷째로 자전거나 씽씽카 등을 타고 친구들과 어울리는 놀이 등이 주된 메뉴이다. 이들 중에 제일 애착을 가지는 것은 아무라도 둘째와 넷째 항목이지 싶다.

어린이는 씩씩하고 바르며 마음껏 뛰어놀 수 있도록 환경을 만들어 주는 게 최고이다. 하지만 거개의 학부모가 내일을 위해 아이들 교육에 모두걸기를 하는 이즈음에 조부모의 옥셈 때문에 시계추를 거꾸로 돌려놓고 현실과 동떨어진 역주행을 거듭하는 어리석음을 범하는 것은 아닌지 연신 돌아보며 생각을 거듭한다.

하기야 예로부터 '사람의 모든 일은 마음먹기에 달렸다'고 하여 일체유심조(一切唯心造)라고 하지 않던가! 아이가 몸과 마음이 튼튼하고 정신이 올곧게 자라도록 최선을 다한다면 어엿한 청소년으로 우뚝 자란 늠름한 기상을 엿볼 수 있으리라는 기대를 하고 있다. 그런 까닭에서 '날마다 좋은 날'인 일일시호일(日日是好日)을 기대하며 오늘도 조손이 힘차게 손을 잡고 등굣길을 오가며 희망가를 읊조리며 흥얼댄다.

2014년 6월 6일 금요일

* 컴퓨터 교육은 1학년 2학기부터 학교에서 방과 후 수업을 신청하여 일주일에 세 차례(월·수·금) 교육받고 있다. 한편, 수영은 2015년 10월 태권도장에서 특별반을 편성하여 토요일마다 1시간씩 강습과정에 참여시켜 첫 경험을 쌓았다. 그 이후는 토요일에 제 할머니가 스무 해 이상 다니고 있는 수영장에 따라다니며 익히고 있다.

공개수업

오늘 오전(10시부터 50분 동안) 생전 처음으로 손주 학교에서 실시하는 공개수업을 참관했다. 생각해 보니 지난날 나의 두 아들이 초·중·고등학교에 다닐 때 학교를 방문했던 적이 도통 없다. 그런 까닭에 학교를 찾아가는 게 무척 설레면서도 한편으로는 엄청 낯설고 껄끄러웠다.

과목은 수학으로 더하기와 빼기 학습이었다. 스물일곱인가 하는 아이들을 네 명씩 무리 지어 일곱 모둠으로 나누어 서로 마주 보도록 자리가 배치되어 있었다. 좁은 교실의 대부분은 아이들의 책상과 의자로 채워진 상태였다. 그런 상황에서도 참관한 부모들은 교실 뒤쪽에서 어깨를 겹쳐 섰어도 공간이 모자라 나를 비롯한 몇몇은 교실이 들여다보이는 복도에 설 수밖에 도리가 없었다.

선생님의 인사에 이어 도입 부분은 교사용 컴퓨터와 대형 모니터가 주된 역할을 하고 칠판이 보조 역할을 했다. 컴퓨터로 수업 내용을 개괄적으로 요약해 모니터에 만화 형태로 나타내 아이들의 관심과 흥미를 유발시키고 있었다. 그다음엔 선생님이 칠판에 미리 적어둔 학습 전개과정을 읽어 가며 다시 공개학습 내용을 주지시켰다.

먼저 더하기 학습이었다. 모둠별로 4개의 직사각형 패널(panel)이 주어졌다. 그중에 하나의 패널에는 문제가 적혀있고, 나머지 3개는 답을 적는 패널이었다. 이를 가지고 모둠 중 1명은 발표 때 문제를 읽고, 나머지 3명은 제시되는 형태의 답을 네모(□) 속에 기재하고 발표하게 되어 있었다.

더하기와 빼기를 막론하고 STEAM(science, technology, engineering, art, mathematics) 교육에 걸맞은 문제 유형인 때문인지 그 옛날 교육과정에서 출제된 문제와 사뭇 달랐다. 예를 들면 문제 패널은 아래와 같은 유형이었다.

"유진이는 인형 3개를 가지고 있었는데, 친구 동근이가 인형 2개를 선물로 주었다. 유진이의 인형은 모두 몇 개인가?"

한편, 이 문제에 대한 답을 쓰는 패널 3개에는 각각 다음과 같은 내용이 적혀있다.

□과(와) □의 합은 □입니다.
□ 더하기 □는(은) □입니다.
□과(와) □의 합은 □와 같습니다.

위와 같이 문제가 적혀있는 패널 1개와 답을 쓰는 패널 3개가 주어지면, 모둠 중에 1명은 나중에 앞에 나가 문제를 읽는 역할을 하고, 나머지 3명은 답을 적는 패널 3개 중에서 하나를 골라 네모 속에 답을 적어 넣는다. 그리고 기다렸다가 선생님의 지시에 따라 교실 앞쪽으로 나가서 1명이 문제 패널을 읽고 나면, 나머지 3명은 차례로 자기가 작성한 답의 내용을 크게 소리 내어 읽는 것으로 역할이 종료되었다.

뺄셈 학습을 위해서는 가로세로 각각 세 칸씩인 정사각형의 표 2개(각각 3×3 = 9칸)가 인쇄된 종이 한 장씩 개개인에게 제공했다. 이 종이의 각 칸에는 0부터 5까지의 수중에 한 개씩 적혀있었다. 그리고 아이들 2명을 짝지어 커다란 주사위 2개씩 주었다.

짝지어진 두 아이(유진이와 동근이)가 서로 번갈아 가면서 2개의 주사위를 던진다. 이때 2개의 주사위에 나타난 숫자 중에서 큰 것에서 작은 것을 뺀 차에 해당하는 숫자가 주워진 첫 번째 표 9칸 중에 있다면 그 칸을 지운다. 이렇게 번갈아 가면서 2개의 주사위를 던지며 뺄셈으로 얻어진 차(差)에 해당하는 숫자가 인쇄된 칸을 지워나가다가 9칸을 모두 지워야 두 번째 표를 지울 수 있다. 그런데 첫 번째 표 9칸을 모두 지우지 않은 상태에서 이미 지운 값이 나오면 아무것도 지우지 못한 채 주사위를 던지는 권한을 친구에게 넘겨야 했다. 한편, 첫 번째 표의 9칸을 지우는 방식 그대로 두 번째 표도 모두 먼저 지우는 사람이 이기는 게임이지만 빙고 게임으로도 할 수 있었다.

이런 방식으로 덧셈과 뺄셈 학습이 종료된 후에는 다시 교사용 컴퓨터와 대형 모니터를 통해서 학습 내용을 만화 형태로 요약했다. 그런 뒤에 마무리로 뭔가를 인쇄한 문제지를 각자에게 나누어 주고 풀도록 했다. 그러나 유감스럽게도 교실 밖에 있었던 관계로 정확하게 확인할 수 없었다. 그리고 공개학습을 마쳤다. 그 옛날 내가 경험했던 초등학교 교실은 콩나물시루를 연상하리만큼 예순을 훨씬 넘는 아이들이 닥지닥지 붙어 웅성거리며 제멋대로 행동해서 저잣거리의 무질서를 방불케 했었다. 그 시절에 비하면 깨끗한 환경에서 불과 스물일곱의 천사들이 곱고 단정하게 차려입어서인지 한결같이 의젓했고 선생님 말씀에 귀 기울여 집중하는 모습이 더 할 수 없이 귀엽고 사랑스러웠다.

요즘 아이들은 임금의 지위인 남면지존(南面之尊)은 아닐지라도 외동 아니면 기껏해야 형제나 남매인 때문인지 모두가 귀공자로 대접받으면서 구김살 없이 깎은 밤톨처럼 반듯하게 자란다. 게다가 다양한 매체를 통해서 지나칠 정도로 수많은 정보를 접하고 경험해 무척 영특하고 아는 게 넘쳐 걱정할 지경이다. 이런 연유에서 웬만하면 학교에서 배우는 교과 내용은 거개가 얼추 스스로 터득할 정도가 아닐까? 때문에 갓 입학한 새내기들이 기본적인 수의 가르기와 모으기, 더하기와 빼기를 수나롭게* 푼다고 해서 천재성 운운하는 착각에서 벗어날 지혜로운 결별이 필요하지 싶다.

공개수업을 진행하며 선생님은 간간이 아이들이 일정한 범위의 틀을 벗어나지 않도록 유무형의 신호를 보내며 조화로운 수업 분위기를 이끌려고 애를 썼다. 하지만 영혼이 자유분방한 천둥벌거숭이 악동들이 곧이곧대로 따를 리 만무했다. 그들은 수업 분위기를 엉망진창으로 농단(壟斷)할 정도의 방약무인(傍若無人)의 지경은 아니지만, 경계가 엄연한 금단의 울타리를 수시로 살짝살짝 넘나들며 개선장군처럼 행동하기 일쑤였다.

덧셈을 마치고 발표할 때 큰 소리로 문제를 읽으라는데, 어깃장 부리듯이 입만 달싹여 애를 태우게 하거나, 해답 패널의 해당 네모 속에 답을 적지도 않고도 당당하기 짝이 없는 엉뚱한 아이도 있었다. 그런가 하면, 틀린 답을 다시 정정하라는데 다른 모둠의 친구를 찾아가 장난을 입찰하는 무례한 마구발방*의 친구들이 밉기보다는 마냥 귀여웠다. 게다가 선생님 말씀엔 당최 관심이 없다는 듯이 책상에 납작 엎드려 어뜩삐뜩 해찰을 하거나 낯선 어른들을 뚫어지게 응시하는 딴짓에 모두걸기를 하기도 했다. 이러한 다양한 모양새는 아무런 꾸밈없는 천진난만한 동심 세계의 민낯이라는 생각에서 실소를 금할 수 없었다. 그들은 분명 수업시간에 오그랑장사를 하고 있는 격인데도 말이다.

2014년 6월 17일 화요일

* 수나롭다 : 어려움이 없고 잘 풀린다.

* 마구발방 : 분별없이 함부로 하는 말이나 행동

손주의 무릎 부상

유진이가 무릎을 심하게 다쳤다. 자전거를 타고 아스팔트가 포장된 가파른 비탈길을 겁 없이 마구 질주를 하다가 나동그라져 오른쪽 무릎뼈 부분의 두 군데나 피부가 모두 벗겨지고 근육이 찢어지는 심한 타박상을 당했다. 어제 태권도장에서 밤색 띠로 승급했다고 한껏 기분이 고조되어 기고만장한 상태였었다. 호사다마이련가! 어슴푸레 어둠이 내려깔릴 무렵이었다. 이른 저녁식사를 하려고 할 즈음 또래 몇이 찾아왔다. 친구들의 부추김에 자의 반 타의 반의 어정쩡한 상태에서 밖에 나가 그들과 무리 지어 자전거를 타고 아파트 주위를 신나게 맴돌며 희희낙락했다.

자전거를 타는 떨거지의 우두머리는 몇 살 위의 형이고, 그 뒤에 무리를 지어 따라 달리는 축은 손주 또래의 조무래기들이었다. 자전거 타기 삼매경에 빠진 지 얼추 한 시간쯤 지났을 무렵이었다. 저녁 식사 시간이 꽤나 지연되어 밖에 나가 둘러봐도 어디를 헤매고 있는지 꽁무니도 보이지 않았다. 무슨 연유인지 외톨이로 자전거를 타고 주위를 맴돌던 손주의 친구인 은준이에게 유진이를 만나면 할아버지가 찾는다는 말을 전해 달라고 당부를 했건만 가뭇없었다.

얼마나 기다렸을까? 멀리에 아이의 모습이 나타났다. 잽싸게 손을 흔들어 내게로 오라는 수신호를 연신 날렸다. 녀석도 나를 발견하고 마뜩치 않은지 엉거주춤한 상태로 다가왔다. 그런데 어쩐지 두 어깨가 축 처진 채 풀죽은 모습이 완연했다. 직감적으로 무언가 사달이 발생했다는 느낌이었다. 가까이 다가오기를 기다렸다가 무슨 일이 있느냐고 물었다. 평소 같으면 씩씩하게 대꾸하거나 강하게 도리질했을 것이다. 하지만 머뭇거리며 난감한 순간을 애써 피하려는 행동과 어색한 표정이 숨겨진 속내를 에둘러 말했다.

진정 '즐거운 일이 다 하면 슬픈 일이 온다.'는 흥진비래(興盡悲來)가 근거가 있는 말이었던가? 동티가 난 걸까? 눈물이 그렁그렁한데도 잴잴 거리지 않고 풀 죽어 애처로운 목소리로 겨우 입을 열었다. "할아버지! 자전거 타다가 넘어져서 여기를 다쳤어." 하며 바지를 들어 올려 오른쪽 무릎을 보였다. 무릎뼈를 덮고 있는 피부의 대부분이 훌렁 벗겨지고 속살은 섬뜩할 정도로 깊이 파이고 찢어져 피가 흐르는 끔찍한 꼴이 목불인견이었다. 그것도 두 군데나 되어 기가 막혔다. 서둘러 살피면서 뼈가 골절되지 않은 것만 해도 천만다행이라고 여겨졌다. 그렇다고 하더라도 피부와 근육의 손상이 심해 무릎이 꽤나 많이 부풀어 올라 무척 당황스러웠다.

스모킹 건(smoking gun)처럼 확고부동한 상처가 엄연한데도 살짝 넘어졌다고 했다. 살살 구슬리며 조곤조곤 어루꼬이면서 캐물었다. 더 이상 견강부회(牽强附會)하려 들지 않고 눈가가 그렁그렁해지더니 사실대로 이실직고했다. 아파트 단지 내의 내리막인데다가 에움길에서 형들을 따라 빠르게 달리다가 급부레이크를 잡았음에도 불구하고 나동그라져 넘어져 다쳤다는 얘기였다. 순간적으로 화가 치밀었지만, 꾹 참았다. 이 찰나 '화는 입에서 나온다.'는 화종구출(禍從口出)이라는 말이 언뜻 떠오를 뿐만 아니라 이연지사(已然之事)인 것을 되돌릴 수 없는 노릇이지 않은가? 분노의 푸닥거리를 하는 대신에 앞으로는 절대로 빨리 달리거나 브레이크를 잡지 않겠다는 다짐을 몇 번을 되풀이해 받았다. 이런 경우 '참는 것이 덕이 된다.' 뜻의 인지위덕(忍之爲德)이라는 말을 곧이곧대로 믿는 게 최상의 대응일밖에 도리가 없었다. 어찌되었던 밋밋하지 않은 비탈에서 그 정도로 다친 것은 불행 중에 다행으로 그야말로 도액(度厄) 다시 말하면 액땜을 한 꼴이었다.

새까맣게 타들어 가는 마음을 진정시키며 서둘러 집으로 데리고 들어와 포비딘(povidin)으로 소독을 마치고 급히 약국에서 메디폼(medifoam)을 사다가 붙였다. 그리고 어느 정도 진정을 한 다음 병원에 데리고 가려고 했더니 이미 개인 병원의 진료시간을 넘긴 늦은 시간이었다. 그렇다고 그 정도를 가지고 종합병원 응급실을 찾아가 치료를 받는 것은 지나치다 싶어 생각을 접었다. 급한 대로 약국에서 사서 붙인 것이 파스처럼 상처에 붙이는 새로운 유형의 치료 약이었다. 제대로 대응한 것인지 긴가민가해서 자세히 읽어보니 사나흘 정도 붙여 두었다가 새로 갈아 붙이라는 설명이었다. 그래서 어제(6월 18일) 오후 늦게 붙였으니 며칠 뒤에 새것으로 갈아붙일 요량이다.

무릎 부상으로 당장 목욕시키기는 일이 꽤나 까다롭고 성가셨다. 때문에 어제는 요령껏 얼렁뚱땅 목욕을 시켰다. 그리고 오늘은 아내가 시키겠다고 자청하여 못 이기는 척하고 딴청을 부리며 은근슬쩍 떠넘겼다. 그 외에도 학교에 입혀 보낼 옷도 몹시 신경이 쓰였다. 왜냐하면, 무릎을 구부리기 어려운 형편이기에 그에 걸맞은 운동복 같은 짧은 반바지 차림을 했어도 어기적어기적 뒤뚱거리며 걷는 뒷 모양새가 살진 오리 궁둥이 같아서 꽤나 우스꽝스러웠다.

월·수·금요일에 가는 태권도장도 잠정적으로 금족령을 내렸다. 한편, 공교롭게도 오늘 학교에서 줄넘기를 하기로 예고되어있다. 줄넘기가 불가능한 아이를 위해 담임선생님에게 가능하다면 열외 시켜 달라는 당부 사항을 정리하여 전달하는 일도 신경을 써야할 문제로 껄끄러웠다. 결국, 이 사고로 혼쭐이 났고 찔끔한 상태이지만 남은 유월은 엉망진창으로 꼬여버린 꼴이다.

아직 2차 성징이 나타나려면 까마득한데도 불구하고 점점 사내의 모습을 드러내며 으르렁거리는가 하면 성격이 활달해지는 변모가 확연하다. 같은 씽씽카나 자전거를 타더라도 여자아이들은 평지를 다람쥐 쳇바퀴 돌듯 조용히 자분자분 내닫는 게 고작이다. 그에 비해 사내아이들은 또래의 악동들이 무리로 어울려 비탈진 오르막과 내리막을 질주하며 쾌속을 한껏 즐기기 마련이다. 여자아이들과 견줄 때 상대적으로 더 위태로운 상황으로 치닫는 꼴을 지켜보다가 위험 수위를 넘나들어 더 물러설 수 없는 궁지에 이를 즈음에 참견을 해보기도 한다. 하지만 '쇠귀에 경 읽기'인 우이독경(牛耳讀經)으로 오그랑장사를 하는 격이다.

어쩌면 야생마같이 길들지 않은 순수한 영혼의 아이들이 성장하는 과정에서 발산하는 본능적인 욕구를 무슨 수로 막을 것인가! 도도히 흐르는 강물이 높은 곳에서 낮은 곳으로 흐르는 게 자연의 섭리이기에 물 머리를 함부로 돌려 역류를 꿈꾸거나 흐름을 억지로 막을 도리가 없는 것과 흡사한 이치이다. 그런 연유로 아이가 성장 과정에서 통과의례처럼 겪게 마련일 자질구레한 탈이나 크고 작은 변고는 살짝살짝 비껴가서 가볍게 흠집을 남기지 않고 지나갔으면 하는 바람이지만 그게 어디 아둔한 내 입맛대로 될 법한 일이던가!

월간문학, 2014년 10월호(통권 548호), 2014년 10월 1일
(2014년 6월 19일 목요일)

유진이 성향

내 눈에 투영된 유진의 실상이다. 늘 소극적이며 내성적인 성격으로 정반대의 성향으로 바뀌었으면 좋겠다고 생각해왔다. 외향적이며 활동적으로 변모해서 다소는 공격적인 모양새의 사내아이로 자랐으면 하는 바람을 드러내 이야기한 적도 있다. 이 같은 생각의 저변에는 그동안 놀이나 친구 관계에서 보여 온 행동을 조용히 지켜본 느낌이 자리하고 있다. 친구들과 몸을 던져야 하는 심한 운동이나 다툼에서 밀려 쩔쩔매거나 치도곤을 당하는 게 다반사이다. 그런 때문에 다소의 부작용이 나타나 끌탕을 치더라도 사내답게 거쿨진* 성격으로 변했으면 좋겠다는 생각을 갖고 있다.

예로부터 '팔은 안으로 굽는다.'고 하여 비불외곡(臂不外曲)이라 일렀음에도 불구하고 내 판단이나 눈이 잘못된 것일까? 갓 입학한 학교에서는 활달한 정도가 아니라 친구들과 상궤를 벗어난 행동으로 담임선생님을 곤혹스럽게 만들었던 날카로운 성정을 고스란히 드러내기도 했나 보다. 태어난 지 달포 남짓 지나면서

부터 양육하며 지켜본 아이는 도전적인 성격이 아니라 여성적인 성향이 강했다. 그런데 언제 그리 외향적이며 활달한 사내아이로 변모되었을까?

어제(6월 27일) 학교에서 돌아와서 내게 알림장을 읽어보라고 거듭 강조했다. 담임선생님께서 예쁜 메모지 석 장에 정성 들여 쓰신 내용을 보고 깜짝 놀랐다. 왜냐하면, 평소 내가 전혀 눈치 채지 못했던 아이의 다른 면모가 온새미로 드러나 있었다. 선생님이 보내주신 알림 내용에 단 한 글자의 첨삭 없는 그대로이다.

"유진이 할아버지. 어제 짝인 민성이가 콩 벌레를 가져와 앞에 있는 동완이를 보여주지 않자, 동완이가 보려고 팔을 휘둘렀고 유진이가 자기도 보려고 동완이 팔을 잡고 있는데, 민성이가 발로 배를 세 번 차서, 유진이가 잡고 민성이가 차는 모습이 되었습니다.

평소 유진이의 성품으로 보아 그럴 것으로 생각되지 않으나 맞는 입장에서는 그렇게 생각하지 않을 것입니다. 앞으로 친한 친구 편에 서서 도와주기보다, 약한 친구를 도와주라고 설득 부탁드립니다. 저번에 벌레를 무서워하는 친구에게 책에 있는 벌레를 계속 보여줘서 울린 적이 있습니다.

지금 나이 때 친구들은 친구 놀리고 장난치고, 당연한 일이겠지만 앞으로 멋진 유진이로 성장하기를 바라는 마음에서 부탁드립니다."

'좋은 약이 입에 쓰다'고 양약고구(良藥苦口)라 했거늘 선생님의 말씀은 달았다. 메모의 내용은 무척 완곡하고 부드러운 표현으로 정중하게 예의를 갖췄지만 '거울처럼 환하고 저울처럼 공평한' 감공형평(鑑空衡平)을 견지하려고 얼마나 고심했을까? 행간에 숨은 선생님의 참뜻은 선명했다. 야생마 같은 천둥벌거숭이들을 사람으로 만드는 교육은 구도자 같은 심정이 아니면 불가능하리라. 따라서 언제 어디로 어떻게 튈지 모르는 럭비공 같은 왈패들을 끌어안고 순화시키려면 매일 마음속에 '참을 인(忍)' 자를 썼다가 지우기를 수없이 되풀이해야 할 것이다. 그런 속내를 드러내지 않고 아이들이 저지른 실수나 잘못을 부모의 마음 다치지 않도록 올곧게 알리려는 과정에서 겪는 심적 부담은 얼마나 클까!

손주의 행동을 두호(斗護)하고픈 마음은 눈곱만큼도 없다. 하지만 고슴도치도 제 새끼는 함함해 보인다고 이르지 않던가! 나의 눈에 투영되는 손주의 모습도 그와 별반 다르지 않았으리라. 손주의 참모습보다는 내가 보고 싶은 면만을 보는 우를 범하지 않으려면 '가까이 듣고 멀리 본다.'는 근청원견(近聽遠見)의 철학을 깨우쳐야 했다. 이런 맥락에서 칠순에 접어든 처지임에도 불구하고 손주를 제대로 보살피지 못한 아둔함에 대한 반성문을 써서 선생님께 다음 주일 월요일에 보내드릴 참이다. 담임선생님께 답신으로 드리기 위해 쓴 편지 내용의 전문이다.

선생님께

죄송하고 그리고 특별한 애정으로 보살펴 주셔서 고맙습니다. 평소 아이에게 장애가 있거나 약한 친구를 돕거나 보살펴 주어야 한다고 이르고 있습니다. 그럼에도 불구하고 천방지축이라서 그 말이 가슴 깊이 와 닿지 않아 실천에 옮기지 못하는 것 같습니다. 보내주신 메모를 읽고 많은 생각을 거듭해 봤습니다. 그리고 아이와 마주 앉아서 조곤조곤 여러 가지 이야기를 했답니다. 거기에는 친구와 다투거나 싸우지 않아야 하고, 약한 친구가 있다면 괴롭히지 않아야 좋은 사람이 될 수 있음을 주지시키는 내용도 충분히 포함되었습니다.

벌레나 곤충류에 관한 얘기입니다. 물론 싫어하는 친구에게 무엇이든지 강요하거나 괴롭히는 일은 나쁘다고 누누이 일러 깨닫도록 했습니다. 그런데 유진이는 유치원 다닐 때, 일부러 공원이나 산과 들로 데리고 다니며 곤충이나 작은 동물에 대해서 공부를 많이 시켰습니다.

그 결과 그들에 대해서 두려워 벌벌 떨거나 주눅이 들지 않는답니다. 오히려 곤충이나 작은 동물을 좋아하고 겁 없이 만지며 살피는 것도 무척 즐기지요. 그래서 개미, 여치, 귀뚜라미, 베짱이, 나비와 잠자리, 각종 메뚜기나 사마귀, 방아깨비, 애벌레와 송충이, 심지어는 도마뱀 등을 포획하여 손으로 만지면서 살살이 살펴보는 행위가 자연스럽답니다. 그러다가 의문이 생기면 저에게 질문을 끝없이 퍼붓기도 하지요. 이때 대답이 미진하다고 생각되면 집에 돌아와서 '곤충백과' 책을 펼쳐 놓고,

소개된 설명을 읽어달라고 채근하곤 했어요. 그런 취미가 친구를 괴롭히고 두렵게 하는 역기능으로 작용한 꼴이니 내 '스스로 화를 자초한 격'을 뜻하는 양호유환(養虎遺患)의 단초를 제공한 셈이 되어 당황스럽네요. 멱살잡이가 아니라도 친구를 괴롭히거나 싸움을 하지 않도록 함은 물론이고 때와 장소를 불문하고 친구들과 잘 어울리는 품성과 포용력을 지니도록 지속적인 관심을 가지고 이끌겠습니다. 그러다보면 '자신을 극복해 예로 돌아가'는 극기복례(克己復禮)를 하리라는 희망적인 생각을 가져봅니다. 다시 한 번 따스한 관심과 사랑에 고마움의 말씀을 사뢰며 줄이겠습니다. 안녕히 계십시오.

2014년 6월 27일 금요일

유진이 할아버지 한 판 암 드림

2014년 6월 28일 토요일

* 거쿨지다 : 몸이 크고 말이나 하는 짓이 씩씩하다.

손주의 재능

재주와 능력을 아울러 이르는 말인 재능 얘기이다. 태어난 직후부터 초등학교 1학년인 입때까지 양육을 맡아 동행중인 유진이의 선천적인 재능은 무엇일까? 지극히 평범한 아이로 태어나 장삼이사(張三李四)를 벗어날 수 없기에 여느 아이들과 다를 바 없어 천재나 영재의 징후를 보이는 구석이 없다. 하지만 겉핥기식일지라도 아이의 내일을 생각하며 다양한 측면 중에서 가장 돋보이는 재능을 손꼽아 보려 한다. 아무리 생각해도 다른 부문에 비해서 상대적으로 기억력과 언어 부문에서 논리적 사고력이 돋보인다.

먼저 기억력에 대한 얘기이다. 지난 5월 말경으로 기억된다. 학교에서 봄 인사라는 동요 부르기 테스트를 한다며 연습해 오라는 과제가 주어졌던 적이 있다. 원래 나는 음악에 완전 숙맥이기 때문에 간섭하거나 참견할 계제가 아니라서 제 할머니에 맡겨두고 흘끔흘끔 지켜보는 게 고작이었다. 할머니가 피아노와 멜로디언을 번갈아 연주하면서 지도를 해도 음치라서 제대로 교정되지 않아 끌탕을 쳤다. 그 동요의 내용이다.

땅 밑에선 / 작은 손들이 / 흙덩이를 / 밀고나와 /
저 요 저 요 / 손을 흔들며 / 봄 인사를 합니다 /

이를 가르치다가 답답해 차선책으로 계명(階名)을 알려주며 익히도록 지도하는 것을 엿들었다. 정확하지는 않지만 그 당시 불과 몇 번 일러 줬던 것으로 기억된다.

도도레미 / 파미파미레 / 미미파솔 / 미솔라솔 /
도도도라 / 솔라솔라미 / 레레미파솔솔도 /

그런데 방학이 다가오는 요즈음도 무언가 신명이 나면 그 계명을 단 한 군데도 틀리지 않고 완벽하게 읊어댄다. 또 하나의 기억력에 관련된 내용으로 한 달 전쯤의 일이다. 피치 못할 자리에서 영어로 발표해야 할 일이 생겨 간단한 몇 문장을 외운 적이 있었다. 그런데 아직도 그 내용을 차례대로 정확하게 읊조리고 다니는 꼴이 기억력의 일단을 유추하게 한다.

Hi!
I'm YuJin.
I'm from Canada.
I'm eight years old.

I want to be a painter.

I like tteokbokki.

I like bugs.

Thank you.

다음은 언어 부문에서 논리적 사고력이다. 나이에 비해 문장을 읽고 그 문맥을 파악하여 핵심을 찾아내거나 표현하는 능력이 다른 부문에 비해서 눈에 띈다. 이 때문인지 어떤 객관적인 사실에 대하여 논리적 인과관계를 따지며 임자말과 꾸밈말이나 풀이 말을 갈래지어 문장을 분석하는 능력은 인정해줄 만하다. 게다가 순간순간 어떤 정황을 나타내는 적정한 단어나 어휘를 골라서 표현하는 언어 구사 능력은 이미지 전달이 분명하고 어휘와 어조 구사가 자연스럽고 예사롭지 않다. 그처럼 말의 줄거리에서 일관적으로 실사구시(實事求是)*의 자세를 견지하기 때문에 글을 쓰는 나를 감동시키기도 한다. 예를 들면 이런 식이다.

언젠가 산에 갔다가 하산하는 길섶에서 돌 하나를 주워들고 공룡 화석이라고 방방 뛰었다. 내가 보기에는 아무짝에도 쓸모없는 잡석으로 모양이 조금 특이할 뿐이었다. 그 돌을 가지고 와서 공룡의 머리와 입과 이빨 그리고 몸통과 다리를 나름대로 논리 정연하게 설명을 해대며 공룡백과를 펼쳐놓고 특정 공룡화석이라고 부득부득 우겨대는 고래 심줄을 자랑했다. 그리고 앞으로 장기적으로 연구할 대상이라며 책상 서랍에 모셔두고 틈만 나면 꺼내 들고 공룡이라는 주장을 펼치는 꼴이 하도 논리 정연하여 억하심정의 어깃장을 부리고 싶지 않아 외면한 채 어물쩍 넘기고 있다.

매사의 주장이 이와 흡사하여 나름대로 논리적 사고력을 바탕으로 조곤조곤 들이대며 따지기를 즐긴다. 그 때문에 함부로 무시할 수 없게 하는 줏대와 끈기가 퍽이나 가상하고 인상적이다. 하기야 예로부터 미물인 가재도 게(crab) 편을 드는 것을 당연지사로 여겨오지 않았던가!

또 하나의 예이다. 얼마 전 저녁을 먹으려는데 내게 눈짓을 해대더니 할머니 밥그릇에 제 밥을 두어 숟갈 은근슬쩍 덜어 놓았다. 할머니가 뒤늦게 식탁에 앉으며 왜 내 밥이 이렇게 많아 졌느냐고 독백처럼 말했다. 도둑이 제 발 저리다고 했던가? 녀석은 응수하려고 기다렸다는 듯이 즉시에 받아넘겼다. '갑자기 밥이 임신을 해서 뚱뚱해졌다.'고 천연덕스럽게 말했다. 순간적으로 밥이 임신을 한다는 생뚱맞은 생각을 어떻게 해냈는지 불가사의할 정도였다. 이런 재치와 기지가 일상의 이 구석 저 구석에서 수시로 빈발한다.

최근의 일이다. 아파트의 찻길 옆에서 태권도장 차를 기다리고 있을 때였다. 유치원부터 초등학교까지 친구인 송혜와 은준이가 나란히 인라인스케이트를 타고 달리다가 함께 타자고 제의했다. 자기는 태권도장에 가야 한다며 시큰둥하게 대답했다. 그리고 저만큼 앞으로 달려가는 둘의 모습을 물끄러미 바라보다가 할아버지 "저 아이들 환상적으로 로맨틱한 모습이지?"라고 묻는 뚱딴지 같은 꼴에 어안이 벙벙했다. 과연 말의 의미를 제대로 터득한 채 사용했는지 가늠이 되지 않아 유구무언으로 허둥대다가 쓴웃음이 절로 났다.

옛날에도 그림 공부에서 교본이 사용되었던 모양이다. 고대 중국에서는 북송말의 선화화보(宣和畫譜), 남송대의 매화희신보(梅花喜神譜), 원대의 죽보상록(竹譜詳錄), 송재매보(松齋梅譜), 명대의 고씨역대명인화보(顧氏歷代名人畫譜)를 비롯해서 당시화보(唐詩畫譜)나 십죽재서화보(十竹齋書畫譜), 청대의 개자원화전(介子園畫傳)이나 패문재서화보(佩文齋書畫譜) 등이 그들에 속한다. 그런데 자고로 선대 화가의 작품을 그대로 베껴 그리는 임모(臨摸)나 선대 그림을 나름대로 자기화해서 그리는 방작(倣作)을 거듭한 끝에 고유의 자기만의 독창적인 화풍(畫風)이 탄생한다는 뜻에서 그들이 빛났었지 싶다. 결국, '창조는 모방에서 시작된다.'는 이치를 꿰뚫었기 때문에 그들 교본이 초심자들에게 진객의 대접을 받았으리라.

어쩌면 지극히 평범해 돋보일 리 없을 손주이다. 하지만 나름대로 언어 쪽의 논리적 사고력을 위시해서 기억력을 바탕으로 임모나 방작을 통해 독특한 자기만의 화풍을 개척하는 것 같은 신실한 자세로 삶의 고비 길을 헤쳐 나갔으면 좋겠다. 반듯하고 올곧은 성품을 지닌다면 아무리 어렵고 힘든 세파를 겪는 세월이라도 초동급부(樵童汲婦)*의 신산하고 옹색한 처지는 너끈하게 벗어나리라는 생각에서 이르는 얘기이다.

2014년 7월 5일 토요일

* 실사구시(實事求是) : 사실에 기초하여 진리를 탐구하려는 태도로 그 옛날 중국 청대(清代)의 고증학의 학문 방법론이다.
* 초동급부(樵童汲婦) : 땔 나무를 하는 아이와 물을 긷는 아낙네

2380

글 제목의 숫자는 지난봄 초등학교에 입학한 손주가 한 학기 동안 학교에서 받아쓰기를 하고 얻은 총점이다. 갓 여덟 살에 접어들며 학교라는 새로운 세상과 맞닥뜨린 새내기로서 받아쓰기는 격세지감을 실감한다. 6·25전쟁 끝 무렵인 예순 몇 해 전에 내가 초등학교에 입학했던 시절엔 한글을 제대로 읽는 경우가 거의 없었다. 따라서 한글의 자음과 모음을 익히는데도 몇 달 동안 끌탕을 치며 치도곤을 당했었다. 그렇게 어렵사리 자음과 모음을 조합해서 '가나다라…' 같은 글자를 만드는 이치를 배우다가 '영희야 철수야 바둑이' 등을 힘겹게 익히고 일학년 과정을 마치고도 책을 읽거나 글자를 쓰지 못하는 아이들이 부지기수(不知其數)였다.

부모세대가 교육을 많이 받았고 아이들 교육에 모두걸기를 하는 때문일까? 이즈음 학교에 입학하는 아이들은 대부분 어느 정도는 한글이나 숫자 모으기나 가르기 개념을 깨우치고 학교에 입학하는가 보다. 유진이 경우도 예외는 아니었다. 어린 시절에는 글자나 숫자 개념을 가르치지 않다가 정식으로 유치원에 입학하고 몇 달 지나서 경천동지(驚天動地)할 일을 겪고서 허둥대며 한글과 숫자를 배우도록 했었다.

유치원에 입학하고 석 달 째 이르렀을 무렵 손주의 친구 몇이 우리 집에 놀러 왔었다. 그때 우연히 아이들을 지켜보면서 깜짝 놀랐다. 그들은 유아용 책을 펼쳐 놓고 한글과 숫자를 척척 읽어 댔다. 그에 비해서 우리 아이는 '낫 놓고 기역 자도 모르는데(目不識丁)' 말이다. 그 충격을 겪고 나서 여기저기를 기웃거리다가 G학습 회원에 가입한 뒤에 겨우 '한글과 숫자' 익히기 시작했다. 여기서는 한글과 숫자의 교재를 제공하고 일주일에 한 번씩 선생님이 집으로 방문하여 얼추 10여 분 가량 기본적인 내용을 가르쳐줬다. 그리고 학습 한 내용과 유사한 문제를 주고 매일 스스로 자기학습을 하도록 이끌었다. 이 학습은 입때까지 지속하고 있다.

3월 말경이었지 싶다. 학교에서 이번 학기에 받아쓰기를 실시할 예정이라는 안내문을 보내왔었다. 매번 10문제씩 받아쓰기를 하는데 모두 24회에 걸쳐서 실시할 것임과 구체적인 문제 내용도 인쇄해 배포했다. 받아 써야 할 내용을 일견하며 한숨이 절로 토해졌다. 학습 진도에 맞춰 문제가 출제되었을지라도 과연 의도대로 따라가며 적응할지 의문스럽다 못해 심란하고 눈앞이 캄캄해졌기 때문이다.

받아쓰기 내용에 대한 분석과 편감이다. 1회부터 12회까지는 단어와 띄어쓰기를 포함한 간단한 어휘를 받아쓰는 내용이었다. "허리, 토끼, 풀밭, 함께, 바구니, 도토리, 항아리, 겁먹은, 즐겁다,

아기 곰, 잘한 점"과 같은 유형의 문제로 큰 무리가 없어 보였다. 하지만 여기서도 얼치기에 가까운 아이들이 '잘한 점'이나 '아기 곰' 같은 띄어쓰기가 매우 어려운 함정이 아닐까 싶었다. 이에 비해서 후반부는 상당한 고난도의 문제로서 과연 아이들이 제대로 받아들일 수 있을까 하고 고개가 갸우뚱해졌다.

13회부터 24회까지 문제는 간단한 문장이나 어휘를 받아쓰는 문제로서 첫째로 기본적으로 요구되는 글자나 어휘의 바른 표기, 둘째로 띄어쓰기, 셋째로 문장부호인 반점(,), 온점(.), 느낌표(!), 물음표(?)를 정확하게 쓰도록 요구하고 있었다. 이는 꽤나 까다로운 문제로 학교에 갓 입학한 어정잡이들에게는 상당히 난해한 내용으로 여겨졌다. 예를 들면 '방긋방긋', '말이 주는 느낌', '크게 웃을 수 있어', '딸기를 먹습니다.', '나무 뒤에 숨었습니다.', '흉내 내는 말', '우리 집에 놀러 올래?', '현수야, 안녕?', '야호! 돌아간다.', '색칠도 혼자 한 거야?', '와, 날아간다.', '기억에 남는 일', '볶음밥을 해 주셨다.', '여러 가지 동물로 변해서', '후 하고 불어 봐.' 와 같은 유형이었다.

처음엔 무척 당황하며 '아이가 과연 따라갈 수 있을 것인가?' 라는 우려 때문에 뒤숭숭했다. 엉거주춤한 상태에서 반신반의(半信半疑) 하며 간간이 테스트하기 전에 연습을 시켰는데 믿을 수 없을 정도로 빨리 적응하며 순항을 거듭했다. 그렇게 16회까지는 모두 정답을 적어 기특했다. 너무도 순조로운 받아쓰기로 자만심이 생겨 만만하게 여겼던 게 화를 자초했지 싶었다.

17회에 이르러서 '버스를 탑니다.'라는 내용을 '버스를 탑릅니다.'로 오기하여 하나 틀렸다. 그 다다음인 19회에도 '아버지께서 물으셨습니다.'라는 내용을 '아버지께서 물셨습니다.'라고 표기함으로서 또 한 문제를 잘못 쓰는 오류를 범했다. 이 두 문제가 틀렸다는 사실은 평소 아이가 한글을 쓰던 능력을 감안할 때 예상외의 결과로써 매우 아쉬운 대목이었다. 자고로 '깨뜨린 시루는 돌아보지 않는다.'고 하여 타증불고(墮甑不顧)라고 하지 않던가! 엄연한 사실을 슬기롭게 받아들여 할 지혜가 필요하다. 다만 앞으로 글자를 쓰는데 덤벙대지 말아야 한다는 본보기로 삼도록 일렀다. 그 이후는 별다른 착오가 없었다.

따지고 보면 학교에 입학하고 첫 학기 공식적인 받아쓰기에서 2,400점이 만점이었다. 그런데 2,380점을 취득한 셈이다. 결국, 모두 240개의 문제 중에서 두 문제에 대해 오답을 씀으로써 힘겹게 체면치레를 한 셈이다. 이는 '개천에서 용이 나는' 격인 미유와구(未有窪溝)와 같이 뛰어난 정황과 거리가 멀다. 왜냐하면, 문제를 학기 초에 미리 공개한 데다가 거개의 제 친구들도 그 언저리 수준의 점수를 받았다는 사실을 바탕으로 한 얘기이다. 한편, 이 받아쓰기를 제외하면 공식적인 시험이 없던 꿈같이 즐거운 한 학기였다.

어느 모로 따져 봐도 너무 평범하여 돋보이거나 뛰어난 모습으로 비칠 리 없는 아이가 그래도 최선을 다했던 결과였다. 오늘 마지막인 24회 테스트를 마치고 돌아왔을 때 꼭 껴안고 등을 토닥이며 격려와 칭찬을 해 주었다. 뒤늦게 한글이나 숫자를 익히기 시작해 친구들과 어깨를 나란히 하고 학습 과정을 이엄이엄 따라왔던 사실을 감안할 때 감지덕지한 결과로 나름대로 자신감을 가질 수 있는 전기가 되었다는 점에서 무척 고맙고 사랑스럽다.

내 초등학교 시절 얘기이다. 전쟁 때문에 피란과 귀향을 되풀이 하며 학교에 입학해 체계적인 공부가 어렵던 시절이었다. 3학년 적의 일이다. 옆집에 사는 중학교 3학년 형이 자기가 불러주는 내용을 받아써 보라고 했다. 여럿이 함께 있던 자리임에도 순순히 따르기로 했다. 그 자리에서 첫 번째로 불러주던 내용이 하필이면 '받아쓰기'였다.

망설이지 않고 일필휘지 용사비등(龍蛇飛騰)의 기세로 내갈겨 "바다쓰기"라고 쓰고도 내가 무슨 잘못을 했는지 까마득하게 몰랐었다. 그 날 어찌도 톡톡히 망신을 당했던지 영원히 지워지지 않는 낙인을 새긴 것 같아 여태까지 얼굴이 화끈거린다. 이런 칠칠치 못한 나에 비할 수 없이 월등한 손주는 일인지하만인지상(一人之下萬人之上)인 영의정이나 대제학 반열의 자리를 거리낌 없이 꿰차도 손색이 없을 걸출한 동량이 틀림없으리니 미쁘기 그지없다.

한맥문학, 2014년 9월호(통권 288호), 2014. 8. 25

(2014년 7월 15일 화요일)

줄넘기와 인라인스케이트

운동도 선후가 있을 터인데 개의치 않기로 했다. 초등학교 입학한 다음 처음 맞이하는 여름방학에 손주에게 부과된 운동 과제가 줄넘기(jump rope)와 인라인스케이트(inline skate)이다. 운동 원리나 연관성을 고려하거나 뚜렷한 목표를 설정하고 거기에 맞추기 위해서 불가피하게 택한 프로젝트가 아니다. 어쩌다 보니 그 둘을 이번 하계방학에 기초를 완전히 다지도록 이끌겠다는 생각에 연유해서 결정한 운동이다.

아이의 운동 신경이 발달한 기미가 넌지시 엿보인다. 일주일에 세 번씩 태권도 수련을 시작한 지 일 년 남짓한데 제법 잘 따라간다. 게다가 놀이터에서 제 친구들과 달리기를 해도 한발 앞서 달리는 편이다. 그 외에도 마구잡이로 익힌 제자리에서 넘는 줄넘기도 100여 차례를 거뜬히 넘기고, 구보로 하는 줄넘기도 몇 십 개는 식은 죽 먹기 식인 때문에 운동에 둔재이며 몸치인 나에 비하면 선천적인 소질을 하늘과 조상이 부여해주신 축복이 분명하다. 그런 재능을 아이에게 대 놓고 주지시켜 주기도 한다. 왜냐하면, 상처는 드러내고 마음은 표현해야 그 실체를 확실히 깨달을 수 있다는 생각에서이다.

줄넘기는 가장 보편적 방법인 양발로 뛰기 정도만 있는 것으로 알고 있었다. 그런데 그 외에도 구보로 뛰기, 2단 뛰기, 양손 교차 뛰기, 뒤로 뛰기와 같은 다양한 방법이 있었다. 또한, 그 숙련도에 따라 공인해 주는 급수제도가 있는 것 같다. 이런 현실을 감안 할 뿐 아니라 운동감각을 일깨워줄 방법으로서 줄넘기를 생각하고 있었다. 이런 상황에서 태권도장이 방학을 맞아 4주일 동안 20시간(1주일에 5일씩 매일 1시간) 줄넘기 특별반을 무료로 개설한다는 연락을 받고 곧바로 신청했다. 그러므로 줄넘기 프로젝트가 이번 여름의 과제로 확정된 것은 예상치 않았던 우연이지만 돌출 행동은 아니다.

줄넘기에 비해서 인라인스케이트는 몇 해 전부터 벼르며 뜸들이던 결정이다. 유아원과 유치원 초기에는 세발자전거를 태우며 공원이나 들로 나다니면서 매미, 잠자리, 베짱이, 여치, 귀뚜라미, 개구리, 꽃과 나무와 풀에 대해 많이 접하도록 했다. 그리고 일곱 살에 들어서 두발자전거를 태우며 태권도장에 나가 수련토록 했다. 그 과정에서 초등학교 입학하면 씽씽카와 인라인스케이트를 접하도록 계획했던 운동이다. 입학 후에 곧바로 인라인스케이트를 구매해 연습시키려 했지만, 시간이 마땅치 않아 방학까지 미뤄두었던 숙제였다.

여름방학을 맞은 첫날 제 할머니와 마트에 가서 제법 그럴싸한 제품을 사들여와 싱글벙글거리며 입이 귀에 걸려 낄낄 헤헤거린다. 구매한 날부터 사나흘째 조석으로 시간만 나면 밖에 나가서 타기 연습에 열심이다. 참으로 신기한 것은 첫날부터 바로 서고 걸으며 조금씩 달리는 꼴이 제 아비 어린 시절의 판박이로서 경이로웠다. 어찌 되었던 배우려는 뜨거운 열기가 식지 않게 다독이며 방학 내에 어느 정도 완벽하게 숙달되도록 이끌어 볼 참이다.

이즈음 손주 자신도 모르게 교묘한 방법으로 빠져들게 이끈 운동이 한 가지 있다. 다름 아닌 등산이다. 지난 정초 현재 살고 있는 아파트에 둥지를 틀었기 때문에 이제 겨우 6개월을 지난 셈이다. 그동안 여덟 살인 손주를 데리고 청량산 정상(323m)에 정확하게 스무 번이나 다녀왔다. 한 번 오가는 데 소요 시간은 대략 3시간 안팎이다.

지금은 주말에 특별한 행사가 없으면 등산을 가는 게 일과라도 된 듯이 자기가 먼저 간단한 야외활동차림(outdoor look) 채비를 하고 방방 뛰기 일쑤이다. 아내는 손주가 매일 등산에 나서는 나를 닮아 간다며 공연한 걱정이 태산 같다. 그러다가 훗날 아이가 전문 산악인의 길로 나선다고 박박 우겨대면 어찌 감당하겠느냐는 볼멘소리를 옴팡 뒤집어써도 개의치 않는다. 그래도 주말이면 배를 맞춰 등산길에 나서는 손주가 더없이 미쁘고 즐겁다.

이번 여름방학에 손주에게 겨냥하는 운동이 순조롭게 목표에 다다른다면 돌아올 겨울방학엔 스케이트보드(skate board)와 수영을 신중하게 검토해 보련다. 어쩌면 그보다는 혼자서 어깨 너머로 배워서 독수리 타법(two fingered typing)으로 컴퓨터를 다루는 버릇을 바로잡기 위해 컴퓨터 학원에 보내 운지법(運指法 : fingering)부터 바로 기르는 게 우선순위일지도 모르겠다. 하여튼 손주의 첫 방학의 경험이 유익하고 아름다운 추억이 되도록 옆에서 가능한 도와줄 요량이다. 그런 내 맘처럼 녀석의 생각도 같아 공명(共鳴)한다면 이 여름 더위에 흘렸던 땀의 의미가 더욱 값질 터인데.

2014년 7월 26일 토요일

새내기의 여름방학

오늘부터(7월 3일 ~ 8월 24일) 손주의 첫 여름방학이다. 무더운 계절에 휴식을 취하면서 체력을 여투며 부족한 부분을 채우거나 보완한다는 의미를 부여할 수 있다. 하기야 평소대로 태권도나 학원은 변함없고 방학 동안엔 특별히 줄넘기와 인라인 스케이트를 추가로 시킬 예정이다. 게다가 한편으로는 학교에서 부과한 묵직한 방학 숙제를 스스로 해결하도록 도울 참이다.

지난봄 갓 입학한 풋내기인데도 방학 과제가 녹록치 않다. 입때까지 강요하지 않던 '일기를 일주일에 세 차례 이상 써서 개학 때 제출하라.'는 주문이 첫 과제이다. 다음은 지정된 동화책을 위시해서 열심히 독서하라는 명이다.

독서를 권장하기 위해서 학교에서 '책을 읽어요.'라는 제목 밑에 사과 50개를 품고 있는 풍성한 나무그림과 개인의 인적사항을 기재하고 가장 재미있었던 책, 주당 독서 권수, 자신의 독서 점수 등을 적바림하는 A4용지를 제공하고 하고 있다. 구체적으로 독서

과제 수행상황을 일목요연하게 파악할 수 있도록 책 한 권을 읽었을 때마다 주어진 A4용지에 인쇄된 사과 한 개씩 색칠을 하라고 지시했다. 방임했을 경우 33일의 방학 동안에 50권의 동화책을 읽는 어린이가 과연 몇이나 될까?

어찌 되었던 독서 과제는 어린 손주와 끝없는 밀당이 예상되는 뜨거운 감자가 분명해 걱정이 태산 같다. 그래도 예로부터 '책을 펼치기만 해도 유익하다.'라고 하여 개권유익(開卷有益)이라 하지 않던가! 불평 없이 과제를 수행토록 이끌어 볼 요량이다. 이 독서과제를 통해서 '책을 목숨처럼 좋아한다.'는 뜻의 기서약명(嗜書若命)의 경지에 이른다면 얼마나 좋을까?

또 하나 특이하고 재미있는 방학 과제가 하나 추가되었다. '골라서 해 보세요.'라는 제목 아래에 14개의 과제를 주고 자신의 능력이나 형편에 따라 수행토록 유도하는 내용이다. 거기에 주어지는 과제 내용의 한두 가지 예이다.

"일주일 동안 텔레비전을 켜지 않고, 텔레비전 없을 때 한 일과 느낀 점을 A4 용지에 글과 그림으로 적어보세요."라든가 "8절지 도화지에 가족과 함께 여름방학 때 있었던 일들로 가족신문을 써서 꾸며 오세요." 같은 유형의 실천과제를 선택하여 수행하는 방법이었다. 이들은 절대 호락호락하지 않아 고민이 따르면서 진땀나게 만든다.

방학과제물과 함께 A4 용지에 컴퓨터로 출력한 생활통지표를 한 장 보내왔다. 첫 학기라서 시험을 치르지 않은 때문인지 교과목(국어·수학·바른생활·슬기로운 생활·즐거운 생활)마다 평가 내용 문항(총 19문항)이 몇 개씩 있었다. 그 평가 문항의 말미에 자리한 평가란에는 한결같이 "상(○)"이라고 기재되어 있었다. 이는 결혼식에서 주례사를 보는듯한 묘한 기분이었다. 그 옛날에는 일정한 기준에 따라 절대 평가방법을 적용해서 5단계(수·우·미·양·가)로 평가했었다.* 한편, 이 통지표의 하단에는 출결 상황을 개괄적으로 요약한 수업일수(98일), 결석일수, 지각, 조퇴 상황을 명기하고 있었다.

첫 방학이기에 쉬엄쉬엄 자신이 원하는 일을 스스로 처리해 나가는 습관을 기르도록 유도할 요량이다. 이런 맥락에서 지난 한 학기를 보내면서 취약하거나 보완이 필요한 부문도 보강하고 채우도록 이끌 계획이다. 하지만 과연 방학 과제를 원만히 수행하면서 원하는 바를 달성할 수 있을지 의문스러워도 최선을 다할 심산이다. 그런 연유에서 매일 오전 오후 그리고 저녁에 한 시간 가량 책상 앞에 앉아 무언가를 하도록 이끌어 정상적으로 등교할 때와 별반 다르지 않은 환경을 유지할 분위기를 조성해 볼 각오이다.

젊은 부모라면 여름철엔 어딘가 바닷가나 계곡을 찾아 휴가를 떠나련만 우리는 그렇지 못할 것 같다. 무엇보다 움직이는 번거로움이 싫다는 이유 때문이다. 그래도 마땅한 날 하루 정도는 가까운 계곡이나 숲을 찾아서 여름 나들이 맛을 살짝 보여줄 참이다. 그렇게 생색내기에 그친다는 사실이 염치없는 대응이지 싶다. 어쩌면 방학의 용도에 걸맞지 않게 대응하려는 미안함을 벌충한다는 견지에서 평소 좋아하던 것을 더 많이 들어줄 생각이다.

저간의 사정은 차치하더라도 오늘부터 시작되는 방학을 슬기롭게 보내기 위한 비책이 시급하다. 어떤 상황이든 심심치 않게 밀당을 하면서 절대 갑(甲)의 지위를 빌미로 으르렁댈 개연성이

다분한 녀석에게 얼굴을 붉히거나 어쭙잖은 볼멘소리를 삼가야 안녕을 지탱할 수 있다. 학교에 갈 때는 이런저런 일로 저녁 시간만 적당히 넘기면 평안했었다. 하지만 방학엔 아침에 눈을 뜨면서부터 잠자리에 드는 시간까지 느슨해졌다가는 한랭전선의 기압골로 곤두박질하여 낭패를 당할 위험이 도사리고 있다.

매사에 걸핏하면 갑의 지위를 누리려 천정부지로 설쳐대도 저잣거리의 왈패나 불한당과는 격이 다르며 곰살갑고 정이 넘쳐나는 아이다. 나나 제 할머니가 땀을 흘리면 쏜살같이 달려가 티슈를 찾아다가 닦으라는 싹싹하고 나긋나긋한 심성을 지닌 부드러운 아이다. 그렇게 비단결같이 고운데 비위가 상하거나 성에 차지 않으면 용골때질을 불사하며 불뚝대는 꼴이 오갈 데 없이 악의 없는 악동이다.

가마솥더위가 기승을 부리는 방학 중에 조손이 서로의 뜻을 조율하기 위해 끌탕을 치며 다소의 불협화음이 돌발하기도 하리라. 하지만 이 여름을 지내고 나면 한 뼘쯤 훌쩍 커버린 아이의 더욱 의젓해진 모습과 마주하며 또 다른 환희를 만끽할 것이다. 그런 까닭에 시간을 더욱 쓸모 있게 요리해서 멋진 진수성찬의 여름방학을 진상해도 오그랑장사는 아니렷다.

2014년 7월 23일 수요일

* 서당의 평가 : 조선 시대 서당에서는 강(講)의 결과 평가를 능통(能通)의 수준에 따라 순(純), 통(通), 약(略), 조(粗), 불(不)의 다섯 단계로 평하거나 순(純)을 제외한 나머지 네 단계로 구분해 평가했다.

독서과제

초등학교에 입학해 첫 방학을 맞은 손주에게 주어진 책 읽기 과제는 힘겨운 주문이 아닐까 싶다. 아직도 어려운 문장이나 까다로운 글자를 읽으려면 더듬거리며 헤매는 아이의 수준을 감안한 예단이다. 그래도 빼도 박을 수도 없는 관계로 흉내라도 내야 할 밖에 피해갈 도리가 도통 없었다. 누군가 이른 얘기가 떠올랐다. '피할 수 없으면 즐기라.'고. '넘어진 김에 쉬어간다.'는 속담처럼 '피할 도리 없는 넘어야 할 산이고, 반드시 건너야 할 강(江)이라고 한다면' 이 기회에 본격적인 독서지도를 해보기로 마음을 굳히고 낑낑대며 실천 방안을 이리저리 저울질했다. 그렇다고 '책을 손에서 놓지 않는다.'는 수불석권(手不釋卷)의 경지에 이르길 기대하는 것은 아니다.

다행히 지인들에게서 물려받은 우리의 전래 동화집 몇 질과 G 학습에서 제공해준 동화집을 포함에 백 여 권이 있다. 그들을 바탕으로 책 읽기 학습의 걸음마를 시작하기로 했다. 본격적으로 책을 읽는 첫걸음이기 때문에 그림 위주로 시각적인 표현을 보충하는 형태의 글로 나타낸 그림 동화책이 격에 맞지 싶다. 이런 점을 고려할 때 손주에게 맞춤한 내용의 책을 미리 확보하고 있었던 셈이다.

손주의 학교에서 이번 여름방학에 부과한 책 읽기 과제는 학교의 지정도서 10권을 포함해서 모두 50권을 읽도록 요구하고 있다. 집 주위 문방구 몇 군데와 동네 서점을 둘러 봐도 학교에서 정한 지정도서는 어디에도 없었다. 때문에 그 권고를 통째로 무시하고 집에 있는 동화책 중에서 50권을 선택해서 매일 몇 권씩 읽도록 지도하기로 계획을 세우고 단계적으로 실천에 옮기는 현재 진행형 과제이다.

책 읽기를 시작하기 전에 책을 펼쳐 들고 내용을 대충 살펴봤다. 그 과정에서 아이에게 책을 읽으라고 막무가내로 눈앞에 들이밀면 넌더리를 낼 위험성 때문에 조심스럽게 접근해야 한다는 결론에 이르렀다. 동화책이라도 무슨 내용인지 이해할 수 없는 어휘나 어려운 단어가 험한 길바닥에 튀어나온 돌부리처럼 혀를 날름거리고 있었다. 이런 어휘나 단어가 나타날 때마다 즉시 보충 설명을 해주지 않으면 효과가 반감될 개연성이 다분했다.

같은 초등학교라고 해도 그 옛날 내가 겪었던 시절 경험은 호랑이 담배 먹던 구닥다리로서 어디에도 소용이 닿지 않는 화석에 불과하지 싶었다. 그 시절 초등학교 1학년들은 한글을 제대로 터득하지 못해 문맹에 가까운 경우가 허다했다. 6·25전쟁으로 동화책이 거의 없었을 뿐 아니라 동화책이 있다고 하더라도 거개가 읽을 능력이 없었다는 표현이 솔직한 고백이다. 그런데 이즈음 아이들은 1학년의 첫 방학에 동화책 50권 읽기 과제라니 천양지차(天壤之差)를 떠올릴 정도로 우리의 교육이 진화했음이리라.

생전 처음 본격적으로 읽는 책이기에 첫걸음을 내딛는 순간부터 50권을 완독할 때까지 옆에서 지켜보며 도와주기로 작정하고 그 다짐을 충실하게 따르고 있다. 읽다가 글자를 틀리게 읽거나 문장에 나타난 느낌표나 물음표 그리고 반점(,)이나 온점(.)에 따른 읽는 방법, 문장의 느낌 등이 취지에 어긋나면 매정할 정도로 매섭게 지적하여 바로잡아 주고 있다. 물론 이 과정에서 한글의 표기와 읽는 소리가 다른 것도 주의하여 정확히 읽도록 지도하고 있다.

아울러 단어나 어휘를 읽고도 무슨 말인지 이해를 못 하는 내용이 나타나면 중지시키고 그 내용을 보충 설명해 준다. 그러다가 이따금 마음이 내키면 내가 한두 페이지씩 시범적으로 읽어 주면서 참고로 하거나 따라 배우도록 배려하고 있다. 예로부터 '세 살 버릇 여든까지 간다.'고 했다. 책 읽기도 똑같은 이치이리라. 그런 까닭에서 애초부터 자세를 바르게 하고 집중하여 정확하게 정상적으로 읽는 버릇은 필수적인 충족요건이다.

단순히 읽고 지나가면 나름대로 그 흔적이 불분명하다. 이런 맥락에서 명확한 증적의 자료를 정리하는 버릇을 길러 주기 위해서 책을 한 권씩 읽을 때마다 "차례, 책 이름, 읽은 날짜, 출판사 이름, 지은이" 따위를 A4 용지에 꼬박꼬박 적바림시키고 있다. 이렇게 읽은 내용이 하나둘씩 늘어가면서 뿌듯하다.

50권을 목표로 첫걸음을 내디딘 때가 엊그제 같다. 그런데 벌써 훌쩍 30권을 넘긴 확실한 증적을 보면서 아이도 딴에는 자랑스러운가 보다. 거의 매일 한 번씩 책 읽은 내용을 적바림한 종이를 치켜들고 제 할머니에게 들이밀며 뽐내는 꼴이 무척 귀엽다. 그런 느낌은 나도 오십보백보이다. 도저히 불가능할 것이라고 여기고 반신반의(半信半疑)하며 의무 방어전 치르듯이 떨떠름한 심정으로 시작했다. 그런 책 읽기가 성공으로 매조지 될 공산이 커지면서 나까지도 덩달아 우쭐대고 있다.

이번 방학에 읽는 50권을 포함해서 손주가 올해 읽은 책은 얼추 일흔 권을 훌쩍 넘겼지 싶다. 그런데 학교에서 추진하는 독서으뜸제의 독서급수기준에 따르면 무급(無級)이다. 왜냐하면, 학교에서 지정하는 필독 및 권장도서의 요건을 충족시키지 못했기 때문이다.

학교의 기준에 따르면 '20권 이상(필독 및 권장도서 10권 이상 포함) 읽고 독후 활동 20편 이상'이면 5급, '40권 이상(필독 및 권장도서 15권 이상 포함) 읽고 독후 활동 40편 이상'이면 4급, '60권 이상(필독 및 권장도서 20권 이상 포함) 읽고 독후 활동 60편 이상'이면 3급, '80권 이상(필독 및 권장도서 25권 이상 포함) 읽고 독후 활동 80편 이상'이면 2급, '100권 이상(필독 및 권장도서 30권 이상 포함) 읽고 독후 활동 100편 이상'이면 1급으로 분류한단다. 보통 아이들이 이 기준을 넘어서 정상적인 급수를 취득하는 경우가 몇이나 될까?

손주에게 책을 열심히 읽혀 조선 시대 이야기책 전문 낭독자였던 전기수(傳奇叟) 같은 역할을 하길 원하지 않는다. 또한, 여러 가지 책을 널리 많이 읽고 기억을 잘하는 걸출한 모습의 박람강기(博覽强記)를 강요하고픈 마음은 추호도 없다.

손주에게 책을 읽히며 '책은 문명을 승리로 진전시키는 수단이 된다.'는 견해나 '책을 읽는 어린이는 자신감에 차 있고 활달하다.'거나 '자기 세계에 대하여 책임감을 느끼게 된다.'는 얘기를 곧이곧대로 믿고프다. 아울러 독서는 '자기 자신의 문제를 남의 도움 없이 처리하려는 태도 형성에 중요한 역할을 한다.'는 지적에 대해 무조건 한 표 보태련다. 그런데 아무리 갈고 닦아도 과연 손주가 안중근 의사의 휘호 중의 하나인 '하루라도 책을 읽지 않으면 입에 가시가 돋는다.'는 '일일불독서/구중생형극(一日不讀書/口中生荊棘)'의 경지에 이를 수 있을까?

여태까지 올해처럼 동화책을 많이 읽었던 적이 없다. 손주에게 책을 읽히기 전에 내가 먼저 읽고 나서 어려운 문장이나 단어 그리고 책이 주는 메시지 따위를 정확하게 조언해 주려는 의도 때문이었다. 그런 연유로 손자보다 한발 앞서 읽어야 했다. 어떤 이유였든 뜻하지 않게 동화책을 다시 대하며 순진무구한 어린 천사들의 세계를 넌지시 넘겨다보다가 새삼스럽게 깨우쳤던 배움 또한, 적지 않았다. 한편, 동화책을 읽어보며 문장 중에 어린이에게 어려운 단어나 어휘가 여기저기에 마구잡이로 남용되어 무늬만 동화책인 경우가 숱해 황당하고 어처구니가 없기도 했다.

2014년 8월 4일 월요일

계곡 물놀이

'때가 늦었다.'는 의미의 십일지국(十日之菊) 격일지라도 유진이가 감천의 계곡을 찾아가서 물놀이를 즐겼다. 승용차로 집에서 10 여분 달리면 손쉽게 찾을 수 있는 마산 변두리의 계곡으로 한여름이면 발 디딜 틈이 없을 정도로 사람들이 이웃 마실 나서듯이 즐겨 찾는 아기자기한 내(川)이다. 휴가의 절정을 지난 화요일 오후임에도 불구하고 계곡의 길 양편에는 승용차가 빼곡하고 냇가에는 피서에 나선 사람들이 복닥대기 때문에 장날의 저잣거리를 연상시켰다.

지난달 하순 방학을 맞으며 연신 바닷가 타령을 하는가 하면 워터파크를 부르짖다가 여일치 않음을 간파하고 계곡이라도 찾아가자는 주장을 주야장천 끈질기게 채근해댔다. 곡진한 주장을 마냥 외면하기 어려워 지난 주말 제 할머니가 계곡에 가겠노라고 얼결에 다짐했던 말빚을 변제하기 위한 나들이였다. 결국, 면피성 미봉책으로 동족방뇨(凍足放尿) 격의 대응인 셈이다.

광려산 중턱에 자리한 광산사(匡山寺) 언저리에서 발원하여 산모퉁이를 휘감아 돌고 돌아 계곡을 따라 내서 쪽으로 흐르는 냇가이다. 내의 크기에 비해 물이 많이 흐르는 편일지라도 줄줄이 몰려온 피서객의 수를 감안 할 때 믿기지 않을 만큼 물이 맑았다. 손주는 도착해 숨 돌릴 겨를 없이 곧바로 냇물에 들어갔고 우리 내외는 산그늘에 돗자리를 펼쳐놓고 다소곳이 하는 꼴을 지켜봤다. 집을 나설 때는 무척 더워 쩔쩔맸는데 냇가는 흐르는 물과 계곡을 훑고 지나가는 바람 때문인지 아주 시원해 별천지가 따로 없었다.

물고기를 잡겠다고 단단히 벼르며 포충망과 곤충 채집통을 가지고 갔다. 시원한 물속을 이리저리 쫓아다니다가 송사리 떼를 만나면 한 치의 망설임도 없이 포충망으로 포획하려고 안간힘을 쓰는 모습이 안쓰럽기까지 했다. 내 생각에는 '유진이가 송사리를 잡느니 송사리가 유진이를 잡는 편이 빠르고 확실할 것.' 같았다. 그런데도 지성이면 감천이라는 말은 거짓 없는 참이었나 보다.

미동도 없이 한동안 수면 아래로 얼굴을 디밀고 내의 바닥을 뚫어져라 응시하다가 작은 다슬기 한 마리를 건져 채집통에 넣는 전과를 올리며 의기양양해 달뜬 모습은 개선장군이 부럽지 않아 보였다. 그리고 얼마를 지났을까? 물속에서 매미채를 휘젓다가 환호성을 질렀다. 고기를 잡았다며 밖으로 나오더니 포충망에서 무언가를 꺼냈다. 결국, 물고기의 생포는 오늘 물놀이의 화룡점정(畵龍點睛)을 찍은 격이다.

옆에서 지켜보는 내 눈에는 잘 보이지도 않는 새끼 송사리 한 마리였다. 비록 알에서 부화 된 지 달포 안팎으로 보이는 새끼일

망정 채집통에 넣는 진지한 모습이 더 할 수 없이 흐뭇하게 투영되었다. 그 후에도 한 시간 이상을 물속을 샅샅이 훑으며 헤맸음에도 불구하고 가까스로 송사리 두 마리와 다슬기 한 마리를 더 건져 올리는 초라한 전과가 애처로울 지경이었다.

해 질 무렵이 되면서 냇물의 수온과 밖 기온이 급격히 내려갔다. 감기가 염려될 뿐만 아니라 귀가를 감안해 여섯시 반쯤에 물놀이를 마치도록 종용했다. 그리고 채집통에 넣어 두었던 송사리와 다슬기를 물에 놓아주도록 조곤조곤 설득했다. 서둘러 옷을 갈아입히고 짐을 챙겨 집으로 향하려다가 밖에서 저녁을 해결하기로 하고 교외인 함안 쪽으로 길머리를 틀었다. 마산대학을 지나 함안의 경계인 언덕을 넘어갈 때 서산마루에 걸린 해가 창출하는 붉은 낙조의 장관에 압도되어 연신 탄성을 지르며 방방 뛰었다.

겨우 여덟 살인 까닭에 집에서 샤워를 한 뒤에 발가벗고 집안을 활보하는 경우가 숱하다. 때문에 옷을 벗기고 입히는데 주위를 신경 썼던 적이 별로 없었다. 이런 행동에 익숙해져 생각이 마치지 못했다. 냇가 어귀의 도린곁*에서 물놀이를 마치고 무심코 물에 젖은 옷을 훌러덩 벗기고 새 옷으로 갈아입힐 때 낯섦 때문에 맘이 무척 상했던가 보다. 물론 하의를 벗길 때는 제 할머니가 벗기는 과정에서 나는 하체가 드러나지 않도록 수건으로 감싸면서 가려 주었다. 한편, 멀찍이 떨어진 곳에 남자 어른 몇 명만 있었고 어느 누구도 저를 지켜보지 않은 정황이었다.

자고로 상처는 드러내야 하고 마음은 곧이곧대로 표현해야 참된 실체를 올곧게 확인할 수 있다지만 깜짝 놀랐다. 어느 누구도 자기가 옷 벗는 낌새를 알아차리지 못했음에도 다음부터는 차 속에서 옷을 갈아입겠다고 격하게 왕왕거리며 불만을 반복해 토로했다. 세상에 태어나 가장 부끄러운 순간이었다고 배배 꼬인 속내를 곧이곧대로 쏟아내며 쐐기를 박으며 덤터기를 씌우는 말에서 언중유골(言中有骨)을 실감했다. 이런 경우 천려일실(千慮一失)이지 싶어 한편으로는 엄청 미안했다. 아이의 타박이 일리 있다고 수용하면서 문득 '나의 단점을 말해 주는 사람이 나의 스승이다.'라는 도오악자/시오사(道吾惡者/是吾師) 말이 떠올랐다.

성장에 따라 눈높이에 걸맞게 인격적으로 대접해주고 체면치레 조치가 뒤따라야 했다. 그런 배려의 당위성을 깡그리 무시한 채 백주에 활짝 열린 공개된 장소에서 거리낌 없이 옷을 벗기는 무지막지한 할아버지와 할머니의 무례는 반성문을 쓰는 게 온당한 참회이리라.

저녁 식사 뒤에 귀갓길에 혼곤히 밀려오는 피로를 이겨내지 못하고 승용차 뒷좌석에서 잔뜩 구부린 채 불편한 새우잠에 빠져들면서도 마냥 기꺼운 표정을 감추려 하지 않았다. 하루를 마감하는 일기에 계곡 물놀이라는 제목으로 신났던 순간을 또박또박 쓰면서도 입이 귀에 걸려 다물지 못하고 실실거리는 모습이 사랑스럽게 투영되었다. 가장 기분 좋은 날이라는 상투어를 들먹이며 거침없이 쏟아내는 아이가 하루를 보내는 데 조력자로서 힘을 보탰다는 사실에 내 기분도 상한가 언저리를 오르내렸다.

2014년 8월 12일 화요일

* 도린곁 : 인적이 드문 외진 곳

에어컨

에어컨에 얽힌 일화이다. 초등학교 1학년인 손주의 여름방학 과제 중에 "하루는 에어컨이나 선풍기를 켜지 않고 날씨를 경험한 후에 기억에 남는 장면과 느낀 점을 A4 용지에 글과 그림으로 적어 보세요."라는 내용이 있다. 이 취지를 따르거나 차용하려는 의도가 전혀 없음에도 불구하고 우리 가족은 유사한 체험을 현재 진행형으로 하고 있다.

우리 집은 에어컨 없이 올여름을 나고 있다. 시나브로 길들여진 에어컨으로부터 가족이 자유로울 수 있으며 더위를 견뎌낼 끈기나 진득한 참을성을 지녔는지를 실증하고픈 이유에서였다. 다행히 올여름엔 입때까지 가마솥 같은 불볕더위가 없기에 무리가 따르지 않으니 천우신조인가 보다.

지난 정월이었다. 먼저 살던 둥지에서 현재의 아파트로 이사를 하며 이사비용에 가욋돈을 얹어주고 오래된 에어컨을 옮겨 달라고 했었다. 초빙된 전문기사는 아득한 옛날에 출고되어 사람에 비유하면 환갑과 진갑을 훌쩍 넘긴 구닥다리가 여태까지 작동되는 게 되레 이상하다면서 혀를 끌끌 차며 단박에 폐기하라고 강권했다. 철거하여 새집으로 옮겨 설치할 수 없을 정도로 부품이 부식이 심하다고 했다. 그뿐 아니라 시중에서 부품을 구할 수 없다는데 달리 둘러대며 몽니를 부릴 계제가 아니라서 사형 선고를 내림과 함께 무료로 고물상으로 넘겼다.

돌이켜보니 집에서 에어컨에 길들기 시작한 지 어언 30년 가까이 되었지 싶다. 따라서 나를 비롯한 가족 모두가 에어컨은 여름을 나는데 당연한 필요 충족 전제 조건으로 여겨왔다. 이런 터수에 어깃장을 부리듯 에어컨을 외면한 채 여름나기는 무모한 도전이 아닐까 하는 의구심이 앞섰다. 어른은 차치하더라고 겨우 여덟 살인 손주가 견뎌내지 못한다면 계획을 철회할 요량을 전제로 밀어붙였다. 그런데도 우리 내외는 이따금 부지불식간에 에어컨을 입에 올리다가도 어이없어 얼른 입을 닫는다. 하지만 신기한 일이다. 어린 손주는 시비를 걸듯 에어컨이 없어 덥다고 투덜대거나 까탈을 부리며 징징거리지 않아 신통방통하다.

그 옛날 여름이면 부채로 더위를 식히거나 깊은 샘물을 퍼 올려 등목을 하는 게 고작이었다. 아울러 복숭아나 참외를 비롯한 수박 같은 과일을 차가운 샘물에 채워두었다가 먹는 것으로 더위를 달래던 시절에 비하면 시원한 선풍기와 고성능의 냉장고가 있기에 에어컨 없음이 뭐 그리 대수일손가. 손주가 밖에 나갔다가 땀을 뻘뻘 흘리고 들어오면 서둘러 샤워를 시킨다. 그리고 선풍기를 틀어 놓고 냉장고에서 과일이나 아이스크림을 대령하면 순한 양이 되기 때문에 부대끼거나 별 탈이 없다. 그래도 이따금 에어컨 타령을 하는 손주에게 괘씸죄에 걸려들지 않으려 허둥대기도 한다.

에어컨이 없다는 사실이 때로는 조금 낯설었다. 그래도 꼭 필요할 적엔 선풍기로 더위를 다스리거나 손주의 일상을 돕는데 큰 무리가 따르지 않았다. 초등학교 새내기인데도 방학 숙제가 제법 묵직했다. 그런 까닭에 옆에서 손주를 돕고 이끌어야 했다. 처음 쓰는 일기, 동화책 50권 읽어야 하는 독서, 자질구레한 수행과제, G 학습을 통해 공부하는 한글과 수학 따위를 제대로 해나가도록 힘을 보태고 있다. 더위가 심해지면 슬기롭게 시간을 조석으로 조절하거나 선풍기 바람의 세기나 풍향 조절을 통해 나름대로 쾌적한 환경을 조성하는 과제는 원죄 같은 내 몫이었다.

6·25전쟁이 정전이 되었을 무렵의 내 어린 시절 회상이다. 전란으로 피란을 떠났다가 고향에 돌아가니 우리 집은 불에 타 잿더미로 변했었다. 그 때문에 몹시 힘들었던 기억이다. 지금은 아스라한 세월의 저쪽에 희미한 여름밤의 모습이 아른거린다. 금세 쏟아져 내릴 것 같은 은하수로 가득 채워진 하늘과 모깃불 옆의 멍석 머리엔 내 어머니의 잔영도 언뜻언뜻 투영된다. 젊지도 늙지도 않은 불혹 초반의 그분은 곱고 단아하다.

현대문명의 이기인 선풍기나 에어컨은 꿈도 꿀 수 없던 호랑이 담배 먹던 시절이었다. 기껏해야 모깃불을 놓고 그 주위에 평상이나 펼친 멍석 위에 앉거나 누워 더위에 쩔쩔맬 때 운수가 대통한 날은 차가운 샘물에 담가 두었던 과일이나 갓 쪄낸 옥수수나 감자를 먹는 횡재를 누리기도 했다. 그러다가 무더위에 시달리며 뒤척일라치면 깊은 샘물을 길어 올려 등목을 시켜 당신의 무릎에

눕히고 모기를 쫓으며 옛날얘기를 조곤조곤 들려주시던 어머니가 그립다. 그렇게 어머니 무릎을 베개 삼아 누워 바라보던 하늘엔 웬 별이 그리도 초롱초롱 많던지.

올여름엔 특별한 일이 없는 한 10시에서 11시경에 손주와 함께 잠자리에 든다. 하지만 제 할머니는 영어 공부를 한답시고 거실에서 돋보기를 걸치고 책에 몰입하거나 텔레비전을 시청한다. 안방에 들어가 잠자리에 누우며 손주는 '덥다.'는 핑계를 앞세워 은근슬쩍 불만스러운 신호를 보내며 내가 저지른 약점을 교묘히 파고든다. 마치 '오는 것이 있으면, 가는 것이 있어야 한다.'는 예상왕래(禮尙往來)가 이르는 바를 갈파하고 있었을까?

옛날 얘기를 해주면 잠이 올 것 같다고 타협안을 내놓고 능글맞게 간을 보려는 노련한 기지가 번뜩인다. 하지만 이럴 경우 눈치껏 잽싸게 응대해야 원성의 위험에서 비껴 설 수 있다. 손주가 주문하는 테마에 적당히 아귀를 맞춰 이야기를 만들어 들려준다. 어쩌면 엉터리 얘기라는 사실을 어렴풋이 눈치를 챘으련만 시침을 뚝 떼고 다소곳이 들어주는 진득한 마음이 갸륵하고 너그러운 심성의 단면이 넌지시 엿보인다.

겨우 일흔의 초입에 첫발을 딛고 선 주제에 꼴 같지 않게 나이를 들먹여도 되는 걸까? 손주가 잠자리에서 옛날얘기를 청할 때 주책없이 잠이 밀려와 무조건 백기를 들고 투항해야 할 경우 민망스럽기 그지없다. 그 옛날 내 어머니라면 이런 당혹스러운 경우에 어떤 처신으로 위기를 넘겼을까!

잠자리에 들면서 곧바로 질풍 같은 잠이 밀려오거나 어렵사리 줄거리를 엉성하게 엮어서 얘기를 들려주는 중간에 필름이 끊기

듯이 휘몰아치는 졸음의 회오리에 빠지면 어처구니가 없다. 정신을 가다듬으려고 애를 써도 소용없다. 호흡이 흐트러진 채 낭패스러워 허둥대다가 되는대로 말을 주워섬길라치면 '할아버지 바보야!'라는 지청구가 비수처럼 날아든다. 그래도 한마디 변명도 못하고 꿀 먹은 벙어리가 되기 일쑤인 나는 어디에서 체면의 본전을 벌충해야 할까?

'곤란으로 인해서 지혜에 이른다.'고 하여 인곤성지(因困成智)라고 하지만 청승맞은 체험은 이번 여름 한 차례로 족하지 싶다. 그렇다고 삼순구식(三旬九食)의 어려운 애옥살이 처지 때문이거나 몇천만 년 살아갈 지혜로운 삶의 방법이 아님이 분명하다. 그럼에도 가족에게 고문에 가까운 극기 훈련 같은 무더운 여름나기를 강요할 명분은 어디에도 없다. 더욱이 어린 손주가 더위에 시달리며 고통받지 않도록 옹고집으로부터 지혜로운 결별을 선언해야 할 모양이다. 이런 연유에서 가족의 원성을 슬기롭게 피하기 위해서라도 독선적인 아집을 훌훌 벗어 던지고 열린 세상의 사물을 봐야 참모습이 보인다는 평범한 진리를 되새기는 깨달음이 내게 절실하렷다.

시와 늪, 2014년 가을호, 제25집, 2014년 10월 23일
(2014년 8월 15일 금요일)

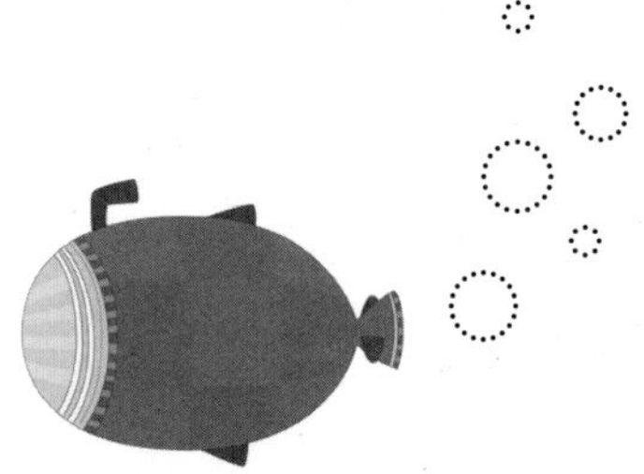

손주의 첫 시험

손주와 청량산

추석 전날인 오늘 늦은 아침 식사를 마치고 여덟 살배기 손주와 등산길에 나섰다. 간편한 야외활동차림(outdoor look)으로 채비를 하고 물과 초콜릿 몇 개와 요구르트 한 병을 챙겼다. 어제 오전까지도 빗줄기가 오락가락했는데 지금은 청명하고 햇볕이 따가울 지경이었다. 비의 뒤끝인 때문인지 다습해 아파트 후문을 나서면서 시작되는 제법 가파른 비탈길이 후텁지근했다. 고온에다가 습도가 높아 등산에 애로가 많으리라는 예상을 하며 임도를 지나 본격적인 등산로로 접어들면서 건들바람 끝이 가벼워 견딜 만해 다행스러웠다.

산행은 청량산 정상까지 10킬로미터 정도의 노정이다. 손주에게는 오늘이 25번째의 등정이다. 아이와 등산은 걷는 시간보다 길에서 눈에 띄는 곤충이나 나무 혹은 풀을 비롯해 꽃이나 산새와 들짐승에 대하여 끝없이 쏟아내는 질문에 답변하거나 살펴보는 시간이 훨씬 더 많다. 그 같은 버릇은 여전했으며 손주가 인상 깊게 겪었던 몇 가지이다.

등산로인 숲길로 길머리를 틀어 몇백 미터의 가파른 비탈길을 오르다가 만난 묘지에 이르러 사달이 발생하기 시작했다. 금년 벌초에는 나 혼자 KTX 편을 이용해 다녀왔다. 따라서 손주는 벌초에 참여할 기회가 원천적으로 봉쇄되었었다. 등산길 초입의 길섶에 배코 친 까까머리를 연상시킬 만큼 말끔하게 벌초를 한 묘를 발견하고 우리는 왜 벌초하러 가지 않았냐며 퉁명스러운 말투로 시비를 입찰했다.

나 혼자 다녀왔다고 얘기했더니 자기를 데리고 가지 않았던 이유를 꼬치꼬치 따지며 삐딱한 심사를 고스란히 드러내며 툴툴거렸다. 예봉을 피하려고 적당히 얼버무려 둘러대는 한편 얼렁뚱땅 가파른 계단 길로 내몰며 심상치 않은 고비를 얼결에 넘겼다. 그런데 이번엔 잦은 비로 여기저기 돋아난 화려한 때깔과 자태를 뽐내는 독버섯의 이름을 물으며 따다가 먹자는 주장을 거듭해 식용으로 사용할 수 없는 까닭을 이해시키느라 진땀을 흘려야 했다.

임도에서 숲길로 접어들어 된비알을 휘감고 오르는 가파른 오르막을 가쁜 숨을 토하며 당도한 작은 바위너설의 너럭바위에서 궁둥이를 붙이고 앉아 손주의 목을 축일 때였다. 얼추 내 나이의 낯선 등산객들이 옆에서 쉬다가 손주를 보고 얼마 전에도 봤었다며 대단하다고 비행기를 태웠다. 그들이 떠난 뒤에도 자기를 기억한다는 사실에 한껏 고무되어 우쭐댔다. 거기에다가 그동안 반복되는 등산길에서 만났던 어른들이 가상하다고 칭찬했던 사실들을 주저리주저리 상기시키며 으스대는 꼴이 가관이었지만 결단코 되바라진 행동이거나 밉상은 아니었다.

산등성이 능선길 옆의 밤나무에서 떨어진 밤송이를 바르거나 알밤을 줍는 횡재엔 거의 이성이 마비될 정도로 흥분하여 방방 뛰며 설쳐대서 진정시켜야 했다. 그 와중에 두어 번 밤송이에 찔리고 나더니 놀랐는지 눈이 왕방울만 해진 채로 멀쑥해 발 뒤로 물러서서 다소곳한 모습이 무척 귀여웠다. 산꼭대기 능선 길모퉁이에서 조우한 토종의 작은 밤톨이 무녀리 몰골일지라도 손주에겐 신선한 충격으로 잊지 못할 첫 경험이 분명했을 게다. 여남은 톨의 밤을 저녁에 텔레비전을 시청하면서 깎아 먹일 때 얼굴 표정은 마냥 기꺼운 모습이었다.

추석이라는 계절이 지니는 풍요로움이 미물에게도 전해졌기 때문일까? 오늘따라 길섶에 터 잡았던 곤충이나 작은 동물들도 무더기로 나들이에 나섰었나 보다. 그들과 우연찮은 맞닥뜨림에 손주의 기분이 한껏 부풀려졌다. 거의 매일 등산길에 조우했던 관계로 내게는 무의미한 미물에 지나지 않았는데 말이다.

산개구리 어린 새끼를 발견하자 발길을 멈추고 맨손으로 잡겠다고 설쳐대 곤혹스러웠다. 평소였다면 맨손으로 잡아 쥐고 샅샅이 살펴봐야 직성이 풀릴 아이다. 그런 성격의 아이에게 포획하지 않고 다소곳이 구경만 하도록 회유하는 과정에서 상당한 밀당이 필요했다. 적극적인 만류를 거역하지 못해 엉거주춤하게 멈추었지만 아쉬움을 떨치지 못해 두고두고 왈왈댔다.

계절적으로 송충이 종류는 찾기 힘든데 엉뚱한 길로 에워가면서 후미진 풀 섶 깊은 곳까지 거침없이 들어가 송충이나 벌레를 잡아 꽁무니에서 나온 실 같은 줄을 쥐고 흔들며 무척 좋아했다. 그게 싫증이 날 무렵엔 길가에 징그럽게 느릿느릿 기어가는 민달팽이를 발견하고 휴대전화를 달라고 했다. 주머니에서 서둘러 꺼내 넘겼더니 거리낌 없이 민달팽이 곁에 쭈그리고 앉아 너덧 장의 사진을 연거푸 찍어댔다. 왜 촬영했느냐고 물었다. 할머니에게 보여줄 거라며 실실거렸다. 그 외에도 오가는 길의 여기저기에 불쑥불쑥 나타나 톡톡 튀는 귀뚜라미도 숱했다.

아직은 여름의 뒤 끝에 가깝다고 생각했는데, 계절은 정밀한 톱니바퀴가 맞물려 돌아가는 것처럼 가을로 진입했었나 보다. 평소엔 무심코 지나쳐 의식하지 못했었다. 등산로 주변 곳곳에 널려있는 굴밤나무나 상수리나무에도 가을의 조짐이 완연했다. 이들 나무에서 농익어 떨어진 굴밤을 두어 주먹 주우며 신바람 나서 연신 코맹맹이 소리를 쏟아내며 방방 뛰었다. 그 굴밤들을 집에 가지고 와서 놀며 흥에 겨워 입에 귀에 걸려 표정관리가 어려워보였다.

명절이 분명했다. 여느 평일 오전에 청량산을 오르는 거개의 등산객은 여자이다. 그런데 추석이 코밑이기에 차례 채비 때문인지 거의가 노령의 남자였다. 아침 9시 반쯤에 나서 3시간 남짓 산길에 머물면서 스쳐 지나쳤던 이들은 다른 날보다 월등히 적었으며 거개가 노령이었다.

나에겐 길동무로 순진무구한 손주가 함께했으니 그들에 비하면 무척 어울리는 모양새였지 싶다. 조손(祖孫)의 조촐한 등산이 무척 인상적으로 각인 되었나 보다. 내일 아침에도 차례를 모시고 곧바로 산에 가자며 설쳐대는 꼴이 거칠 게 없는 천사의 날갯짓이다. 하지만 세상 걱정이 없으며 영혼이 맑고 밝은 왕자의 나부댐이 지나친 행동으로 여겨지거나 거슬리지 않았고 내 입가엔 미소가 떠나지 않았다.

문화누리, 2014년 11월호(Vol. 147),
창원문화재단, 2014년 11월 1일
(2014년 9월 7일 일요일(추석 전날))

개학

초등학교 새내기인 손주가 첫 여름방학을 마치고 개학(8월 27일)한 지 3주째에 접어든 월요일로 추석날이다. 입학이 어저께 일 같은데 한 학기를 마치고 방학을 거쳐 새로운 학기가 시작되고 벌써 두 주일이 지난 셈이니 세월이 쏜살같다. 지난 세월을 회상할 때 초등학교 시절엔 공부는 뒷전이고 마냥 뛰놀았던 기억뿐이다. 그처럼 어수룩했던 옛 시절의 편린이 손주의 이즈음 환경과 사뭇 낯설게 대조되어 당황하는 경우가 숱하다.

개학과 동시에 학교에서 보내주는 알림 내용은 은근히 긴장을 불러일으킨다. 이번 학기에는 중간고사와 기말고사가 시행되며 국어와 수학, 바른생활과 슬기로운 생활을 위시해서 즐거운 생활 과목을 통해서 모두 21회에 걸쳐 교과별 수행평가를 시행한다고 고지했다. 수행평가를 안내하는 내용을 살펴봐도 구체적으로 무엇을 정량적 혹은 정성적으로 평가하는지 아리송하고 헷갈려 선부른 대응보다는 차라리 초연하기로 했다.

한편, 평소 일상적인 학습 내용도 결코 가벼워 보이지 않았다. 왜냐하면, 각 교과별로 계획된 진도에 따라 학습이 이루어짐과 동시에 매주 화요일에는 정기적인 일기검사를 하고 목요일에는 매주 읽은 책 내용을 요약 기재한 '책날개를 달고'의 검사와 받아쓰기 시험을 시행할 예정이라는 고지가 심리적으로 주눅이 들게 만들었다.

손주가 일기를 처음 써본 경험은 지난 방학이다. 여름 방학 33일 동안 나름대로 매일 겪었던 일 중에서 가장 기억에 남는 일을 골라 일기의 주제를 정하고 글로 풀어쓰는 연습을 되풀이시켰을 뿐이다. 처음엔 제 생각을 말로 표현해 보게 하고 거기에서 부족하거나 잘못된 점을 바로 잡아준 다음에 글로 옮기는 방식으로 쓰는 훈련을 시켰다. 이 과정에서 맞춤법이나 띄어쓰기 능력을 기르도록 거들었다.

그런 까닭에 아직 일기를 제대로 쓰지 못하는 편이라고 해야 아귀가 맞는다. 이런 수준을 대상으로 바르게 지도할 수 있을지 걱정이 앞선다. 일주일에 최소한 3일 이상 써야 한다는 원칙을 지키도록 이끌 요량이다. 그리고 반복된 일기 쓰기 훈련을 통해서 자기 생각이나 경험을 올곧게 글로 나타내는 능력을 기르도록 이끌어 볼 참이다.

지난 여름방학에 책 50권을 읽는 숙제가 부과되어 적극적으로 손주를 도와 동화책이나 그림책을 읽혔던 경험이 있다. 33일간의 방학에 정확하게 50권의 책을 읽는다는 것은 실로 지난한 문제라고 여겨 한 권 한 권 읽을 때마다 완전하게 읽는지를 엄격하게 점검했더니 미세하지만, 긍정적인 징후가 엿보이기도 했다.

그 이후에도 틈이 날 때마다 읽지 않았던 책을 꺼내 읽는 변화가 그것이다. 하지만 매주 정기적으로 한 권씩 읽는다는 것은 결코 쉬운 일이 아니다. 그런 까닭에 이번 학기가 끝날 때까지 매주 한 권의 책을 읽도록 지도할 계획이다. 이 단련 과정을 통하여 독서를 일상적인 습관처럼 만듦이 쉽지 않을 것이기에 성패 여부를 선불리 장담할 수 없다.

아이들에게 주어지는 받아쓰기 과제는 결코 호락호락하지 않다고 여겨진다. 이번 학기에는 매회 10문제씩 받아쓰기를 하며 모두 18회에 걸쳐 모두 180문제를 테스트할 것으로 예고하고 있다. 간단한 문장으로 맞춤법, 띄어쓰기를 전제로 하고 있다. 거기다가 문장부호인 온점(.), 반점(,), 느낌표(!), 물음표(?)까지도 정확하게 기재하도록 요구하고 있다.

예를 든다면 다음과 같은 문제로 어쩌면 어른들도 틀리기 쉬운 수준이기 때문에 매우 까다로워 보인다. 그래도 최선의 노력을 기우릴 각오로 임하지만, 과연 손주가 어떻게 적응해 나갈지 마음이 무겁다.

'우리∨서로∨하굣길에∨만나면', '예쁘게∨그려∨줄∨거지?', '맛있어서∨두∨그릇씩∨먹었다.', '달∨달∨무슨∨달', '두루미야,∨맛있게∨먹어.', '아이코,∨내∨발.', '여기∨곶감이다,∨곶감!∨뚝.', '토실토실∨살진∨송아지가', '얘들아,∨안녕?' 등과 흡사한 수준의 문제이기에 여덟 살 어린이들에게는 상당히 난감하고 고민스러운 수준이 아닐까?

하기야 요즈음 아이들은 대부분이 학교에서 교과목을 학습하기 전에 선행학습을 통해 공부를 한다는 얘기이다. 그러므로 학교에서 일정한 틀과 방향을 제시해 고지하면 부모가 알아서 대응하는 시대라는 가담항설(街談巷說)이 무성하지 않던가! 손주를 맡아 교육시키면서 최소한의 기초적인 지식이나 소양을 쌓을 준비는 선결 충족조건일지도 모를 일이다.

이 같은 맥락에서 멀쩡한 손주를 제대로 보살피거나 이끌지 못해서 지적장애인이나 부적응아로 내몰리게 만드는 어리석은 대응은 피해야 할 터인데. 그렇다고 어린아이를 공부에 매두몰신(埋頭沒身)하도록 내몰 수도 없는 노릇이다. 그럼에도 불구하고 새 학기를 맞아 현실적인 손주의 학습에 관련된 다양한 문제가 내 겨냥대로 소기의 목표에 다다를 것인지 좌불안석(坐不安席)으로 조비비하다.*

2014년 9월 8일 월요일(추석날)

* 조비비하다 : 마음을 몹시 졸이거나 조바심을 내다.

밤 따기

손주에게 먹이고픈 마음에서 산꼭대기 능선 길옆에서 밤을 땄다. 등산복 상의 주머니 두 개가 그들먹할 정도였는데 길을 걷는데 덜렁거려서 다소 불편했다. 조생종은 알밤이 떨어지는데도 불구하고 자연산 재래종으로 산마루에 자리한 때문인지 아직 풋밤이었다. 대략 스물 댓 송이를 장대로 따서 밤을 발랐다. 나무에 아직도 밤송이는 많이 남아있는 관계로 더 따도 아무런 문제가 없어 보였다. 하지만 많아도 처치 곤란하기에 손주에게 한두 번 먹일 정도면 족하다. 그런 까닭에 공연한 미련이나 탐욕을 부리지 않기로 했다.

지난 추석 연휴에 손주를 두 번 산에 데리고 다녔다. 그때 우연히 만난 밤나무에서 알밤을 몇 개 줍고 여기저기에 흩어져 있는 굴밤나무와 상수리나무에서 굴밤을 꽤나 많이 주웠다. 별일도 아닌 것을 손주는 그 재미에 푹 빠져 길을 걷는 시간보다 그들을 찾아 두리번거리거나 숲속으로 파고들기를 수없이 되풀이했다. 집에 돌아와서 몇 톨 되지 않는 생밤을 까주었더니 무척 신기해 하며 다음에 산에 가서 밤을 발견하면 꼭 주워오라는 당부를 잊지 않았다. 사실은 내가 다니는 등산길의 정상에서 반대편으로 2킬로미터쯤 내려가면 산꼭대기 능선에 우람한 밤나무가 한 그루 있는데도 손주에게 버거운 길이라서 독한 마음을 먹지 않고서는 그곳까지 동행할 엄두를 낼 수 없었다.

오늘 아침에 손주 등굣길에 따라나섰다가 내친김에 등산에 나섰다. 휘적휘적 걸어 정상을 거쳐 올라왔던 길과 반대편으로 나 있는 내리막 능선으로 난 후미진 등산로를 20여 분 터덜터덜 내려가 미리 점찍어둔 밤나무 아래에 도착해 가늘고 긴 잡목 하나를 주워서 밤을 따는 장대로 사용했다.

미끈하고 훤칠하게 쭉 뻗은 밤나무로 기어 올라가는 것은 '무모한 행동을 뜻'하는 폭호빙하(暴虎憑下)에 지나지 않을 것이기에 언감생심이었다. 그래서 밤나무 옆에 자리한 까투리 복숭아나무에 올라가 밤을 따기로 했다. 복숭아나무도 몇십 년 된 고목으로 올라가서 옆에 서 있는 밤나무 꼭대기에 달려있는 밤송이를 장대로 따기는 쉽지 않았다. 휘청거리는 나뭇가지에 의지해서 장대를 휘두르는 것은 곡예를 하는 기분이었다. 밤을 많이 따서 시장에 내다 팔아 가용에 보태야 하는 생계 수단이 아니지 않은가! 단순한 재미이기에 눈대중으로 됐다 싶어 중단하고 나무에서 내려왔다.

작은 나뭇가지 하나를 뾰족하게 만들어 땅에 떨어진 밤송이를 발랐다. 알밤이 많이 출하되는 계절임에도 불구하고 재래종으로 만생종인 때문에 발라낸 밤은 한결같이 시퍼런 풋밤이었다. 맛을 보기 위해 껍질을 벗겨내고 씹어 봤더니 야들야들하고 고소하며 달착지근해서 구미를 끌기에 충분했다. 나무에 올라가서 몇 분 동안 장대질을 하고 땅에 내려와 밤송이를 바르는 것뿐인데 땀이 비 오듯 쏟아졌다. 누군가 내 꼴을 본다면 남우세스러울 것이라는 객쩍은 생각에 쓴 웃음이 절로 났다. 하지만 한편으로는 내 체력의 민낯을 더덜이 없이 투영해 보는 것 같아 뜨끔하기도 했다.

집에 돌아와 헤아려보니 모두 70여 톨의 풋밤으로 날로 먹기에 안성맞춤이었다. 깨끗이 씻은 다음에 겉껍질을 벗기고 떫은 속껍질을 긁어낸 뒤에 냉장고에 보관했다. 그중에 몇 개를 학교에서 돌아온 손주에게 주었더니 연하면서도 고소하고 맛이 있다며 내게 고맙다는 공치사를 마구 날려댔다. 앞으로 며칠 동안은 손주에게 생밤으로 먹이거나 밥에 넣어 먹이기에 족할 것이다. 하기야 시장에 산더미처럼 쌓여있는 크고 튼실한 알밤을 사다 먹이면 손쉽다. 하지만 그것은 직접 산에서 따다 먹이는 것처럼 각별한 묘미나 느낌을 담을 수는 없으리라. 그런 연유에서 내 마음이 손주에게 전해져 추억의 곳간에 오롯이 새겨졌으면 좋겠다.

어려서부터 손주가 자연과 친해지도록 의도적으로 이끌었다. 아장아장 걷기 시작할 무렵부터 산과 들 그리고 공원으로 데리고 다니며 나무와 풀을 비롯해 각종 꽃과 친해지도록 유도하면서 설명을 곁들이는 한편 눈으로 익혀 가슴에 새기도록 했다. 게다가 매미나 잠자리와 나비를 위시해서 크고 작은 곤충들도 직접 손으로 잡아 만지며 친숙해지도록 노림수를 썼다. 그런 때문에 다른 아이들처럼 곤충이나 작은 동물들을 대하면 주눅이 들거나 겁을 내지 않고 잘 다루는 아이로 바뀌었다.

이에 따른 순기능적인 적응 현상일까? 올봄에 초등학교 입학한 이후부터 오가는 길이 10킬로미터 남짓한 청량산의 정상을 스물여섯 번이나 다녀오기도 했다. 조손이 함께하는 등산길은 언제나 걸어가는 시간보다 식물이나 곤충을 비롯해 이름 모를 곤충이나 잘 알려지지 않은 생물들을 구경하고 살피는 시간이 더 많다. 그 때문에 나 혼자 다닐 때보다 3배 가까운 시간이 걸리는 경우도 손주가 자연 생태 관찰을 마칠 때까지 감정노동(emotional labor)* 을 하는 사람들처럼 인내심을 가지고 느긋하게 기다려줘야 한다. 거기에다가 요즘 같은 가을엔 도토리나 굴밤을 위시해서 잘 익은 알밤까지 덤으로 주울 수 있어 손주에게는 이래저래 마음이 흡족하고 배움 또한, 풍요롭고 오달질 게다.

2014년 9월 12일 금요일

* 감정노동(emotional labor) : 미국의 캘리포니아 주립대학교 버클리 캠퍼스의 사회학과 교수인 앨리 러셀 혹실드(Aile Russell Hochschild)가 1983년 '관리된 심장(The Managed Heart)'이라는 저서에서 '항공기 승무원' 같은 직종을 지칭해 처음 사용했던 용어이다.

아내의 나들이와 손주

오늘 아침 손주는 잠자리에서 웃음을 가득 머금고 환한 모습으로 일어났다. 그저께인 월요일 아침 일찍 서울에 갔다가 어제 자정 무렵에 돌아온 할머니의 또랑또랑한 목소리가 귓가에 맴돌았기 때문이리라. 지난 이틀 동안 저를 보살펴준 내게는 이렇다 할 고마움의 표시가 없었다. 그런데 할머니에게 티 나게 편향적인 행동을 하는 것으로 비쳐 살짝 섧고 떨떠름하다. 이런 경우를 '닭 쫓던 개 지붕 쳐다보기'를 이르는 축계망리(逐鷄望離)라는 표현에 어울린다고 할까? 그래도 내가 오그랑장사를 한 것은 아니리라. 녀석의 마음속엔 구들직장*인 내가 채워줄 수 없는 할머니만의 역할이 있다는 생각에서 어물쩍 변죽을 울리는 시늉을 하며 눙치고 지나치기로 작정했다.

한 달 전쯤 친구들과 만남을 위해 서울에 갈 참이라는 얘기를 들었어도 까마득하게 잊고 있었음은 나이 듦과 연관이 있지 싶어 섧고 떫었다. 지난 일요일 잠자리에 일찍 드는 아내에게 웬일이냐고 물었더니 내일 상경 때문이라고 했다. 월요일 아침 손주가 등교한 뒤에 아내는 고등학교와 대학 동창들과 만남을 위해 KTX로 서울에 가면서 다음날인 화요일 자정 무렵에 돌아오겠다는 말을 남겼었다.

학교에서 돌아오던 길에 손주가 확인했다. 할머니 서울 갔느냐고? 그러면서 할머니는 서울 가서 좋겠다며 자기를 데리고 가지 않았다고 씩씩거리면서 구시렁거렸다. 자기가 하늘처럼 믿는 할머니가 집을 비웠다는 허전함을 에둘러 비난하는 것 같아 토닥여주는 심정에서 제과점으로 가서 좋아하는 빵을 듬뿍 안겼다. 그랬더니 입이 귀에 걸려 희희낙락 히죽거리는 꼴을 보니 그럭저럭 연착륙을 했지 싶었다. 하여튼 이런 아이를 지켜보며 어쩔 수 없는 순진무구한 철부지이며 개구쟁이라는 생각이 들었다.

제과점을 거쳐 집에 돌아와 간식을 챙겨주고 쉬었다가 학원을 보냈다. 학원 길을 배웅하고 할머니의 빈자리 때문에 느낄지도 모를 허전함을 달래줄 요량에서 요구르트 아주머니에게서 '윌'을 샀다. 학원을 다녀와 서둘러 채비를 갖춰서 태권도장에 보냈다. 운동을 마치고 돌아온 뒤에 이른 저녁밥을 먹이고 일기 쓰기와 숙제 그리고 받아쓰기 연습을 하고 텔레비전을 시청하는 등 순항을 거듭했다.

저녁밥을 꽤나 먹었는데 마음이 허했음일까? 빵에다가 과일과 찐 밤을 제법 많이 먹어대더니 할머니에게 전화를 하며 시시콜콜한 얘기를 주저리주저리 주워섬기며 안부를 묻다가 제 할 말을 마치자 오만방자하게 일방적으로 끊었다. 아이의 이런저런 행동을 물끄러미 넘겨다보며 이따금 궁금해하는 물음에 대거리하다가 밤 10시에 잠자리에 들었다. 잠자리에 누워 뜬금없이 출타한 할머니의 잠자리를 걱정하는 꼴이 사랑땜이 분명했고 입발림으로 잘 보이려고 안달복달하는 체면치레나 빈말이 아니었다.

화요일 아침 6시에 일어나 아침밥을 준비하고 7시에는 깨워 설렁설렁 세수를 시킨 다음에 아침 식사를 차려 주었다. 그런데 느릿느릿 밥순갈을 헤아리듯 해찰하다가 8시까지 먹었다. 얼렁뚱땅 서둘러 옷을 챙겨 입히고 준비물을 갖춰 교문 앞까지 데려다주고 비로소 오후 2시 돌아올 때까지 천금 같은 자유 시간을 얻었다. 오후 2시에 돌아와 1시간 동안 학원을 다녀온 뒤에는 손주 마음대로 이리 뒹굴 저리 뒹굴 실컷 놀았다. 아이의 신선놀음에 빵과 과일 그리고 요구르트를 적당한 시간에 눈치껏 대령하는 막중대사는 내가 맡은 필수적인 소임이었다.

둘이서 소꿉장난을 하는 것 같은데 먹고 자는 문제는 이전과 조금도 다름이 없었다. 늦지 않도록 저녁밥을 지어 먹이고 쉬었다가 일기 쓰기와 숙제를 하도록 이끌었다. 참으로 모를 일이다. 배부르다고 저녁밥을 남긴 지 30분도 되지 않아 제 머리통만 한 배한 개를 걸신들린 듯이 먹어치우는가 하면 전날 사 왔던 빵까지 눈 깜짝할 순식간에 꿀꺽하는 먹성을 자랑하며 포식자(predator) 같이 행동하는데 기가 찰 지경이었다. 굶어 죽은 넋이 씐 것은 아닐 터인데. 자고로 과유불급(過猶不及)이라 했거늘 과식이 화를 자초했던가 보다. 마침내 배가 더부룩하다고 야단법석을 떨면서 활명수 반병을 먹고 머쓱해 했다.

함포고복(含哺鼓腹)이면 잠 타령이 제격이련만 할머니 걱정이 태산 같았다. 할머니가 밤차를 타고 오다가 잠들면 집에 오지 못하는데 어떻게 하느냐며 가당찮은 걱정을 하는 꼴이 마냥 귀여웠다. 오지랖 넓은 성품은 누구를 닮았음일까? 조바심 때문이었을 게다. 9시 반 무렵이었다. 다짜고짜 내 휴대전화기를 낚아채더니 곧바로 할머니에게 전화를 시도했다. 멀리 집을 떠난 '아들이 돌아오기를 문에 기대어 기다리는 어머니의 정'을 뜻하는 의문지망(依門之望)의 심정도 이런 꼴일까?

할머니와 통화의 첫머리부터 KTX를 타고 오다가 마산역을 지나치지 않도록 잠을 자지 말라며 야무지게 당부를 거듭하는 꼴에 담마진(膽痲疹 : 두드러기)이 솟으려고 했다. 통화를 마친 시간이 얼추 열 시에 가까웠다. 거실의 전등을 끄고 방에 가서 편하게 누워서 기다리자고 꼬드겼다. 나름대로 피곤한지 불과 반 시간 정도 지나면 도착할 할머니를 기다리지 못하고 아슴아슴 꿈나라로 가는 길목의 무지개다리를 건넜다. 그런 까닭에 손주는 오늘 아침 잠자리에서 익숙한 할머니의 목소리를 들으며 눈을 감고도 만면에 웃음이 가득한 채 낄낄대며 히죽였다.

2014년 10월 1일 수요일

* 구들직장 : 늘 방안에만 들어박혀 있는 사람을 놀림조로 이르는 말

선고의 기제사

여덟 살 손주와 둘이서 모시는 선고(先考)의 기제사는 왠지 허전하고 쓸쓸했다. 지난 토요일(음력 9월 11일)이 그 날이다. 두 아이가 나름대로 앞앞이 일에 쫓겨 제 할아버지 제사에 참석할 계제가 못돼서 선택의 여지가 없었다. 게다가 해마다 찾아오던 두 누님과 세 여동생까지 몽땅 참석이 불가능함을 알렸다.

아내는 시아버지 제사를 모신다고 며칠 전부터 소용이 닿는 대로 이것저것 사 날라 두었다가 당일 아침 일찍이 제수를 장만하기 시작했다. 그렇게 혼자서 동동거리며 전을 부치고 도라지와 고사리 따위의 나물을 준비하느라 점심도 거르고 있었다. 아마도 오후 3시 무렵이었을 게다. 시누이들이 참석 불가능하다는 전화를 받고 힘이 빠지는지 허탈한 표정으로 의자에 걸터앉으며 중얼거렸다. '고모들이 좋아하는 떡이랑 반찬을 잔뜩 준비했는데.'라고.

집안은 적막강산이었다. 제삿날은 아이들과 동기간들이 모처럼 한데 어울려 시끌벅적한 게 정상이다. 그런데 오늘은 절집 울안을 빼닮아 정적이 감돌았다. 여느 때처럼 우리 내외와 어린 손주뿐이라서 신명이 나거나 별다른 감흥이 없어 울적했다. 아내와 준비를 마치고 제사 시간을 기다리다가 어린 손주가 잠이 들기 전에 함께 모시기로 계획을 바꿨다. 너무 늦어 손주가 잠이 들면 나 혼자 제사를 모시는 난감한 상황에 처하기 전에 서두르기로 한 차선의 고육책이었다.

기왕에 모시는 제사라면 손주에게 인상 깊게 해주고 싶었다. 그런 연유에서 가능한 범위까지는 손주가 제수를 직접 진설하도록 유도해야겠다는 생각을 했다. 그래서 준비해 둔 제수를 손주가 제상에 하나하나 차리도록 옆에서 도우미 역할을 자청했다. 아직 어리기 때문에 제수를 진설하는 기본 법도를 알 턱이 없을지라도 나름대로 자기도 한 번 해봤다는 자긍심을 심어 주기 위한 배려였다.

사실은 나도 때로는 어령칙하다. 하물며 손주는 홍동백서(紅東白西), 조율시이(棗栗柿梨), 두동미서(頭東尾西), 좌포우혜(左脯右醯) 같은 진설법이나 초헌(初獻 : 헌작(獻爵)), 아헌(亞獻), 종헌(終獻) 같은 법도에 대해서는 깜깜한 손방으로 개구쟁이다. 그래도 처음부터 '여기다 놔라, 이리 돌리고 저리 틀어 놓으라.'고 이르면 신이 나서 시키는 대로 곧잘 따르는 싹싹하고 상냥한 심성의 아이가 무척 귀여웠다.

손주는 명절이나 제사 때가 되면 한결같이 한복을 챙겨 입는다. 오늘도 저녁 식사를 마치기 무섭게 옷장을 들쑤셔 용케도 한복을 찾아내 차려입고 설쳐대는 꼴이 선무당 굿판 벌이는 모양새일지라도 무척 귀여운 행동으로 보였다. 참으로 신기한 일이다. 평소엔 한복을 꺼내놔도 별 관심을 보이지 않는데 유독 명절이나 제사엔 강한 집착을 보인다. 그러고 보니 그런 특별한 날에 한복을 꼬박꼬박 챙겨 입는 사람은 우리 집에서 손주가 유일하다. 그런 면에서 별종에 가깝다.

제수를 완전하게 진설하고 향을 사른 뒤에 일흔인 나와 여덟 살인 손주가 제사를 모셨다. 나는 물론이려니와 손주도 잔을 붓고 절을 했다. 신이 났는지 절을 하면서도 쉴 새 없이 나불거리는 꼴이 무척 이지렁스럽다. 입을 다물고 조신한 자세로 제사를 모셔야 한다고 일러도 '쇠귀에 경 읽기'인 우이독경(牛耳讀經) 격이었다. 잔을 따라 올리고 재배를 한 뒤에 다음 잔을 따르는 중간에 엎드려 팔굽혀펴기를 하면서 자기가 힘이 세다고 왈왈대는 꼴은 귀엽기도 하지만 한편으로는 어처구니가 없어 허허거리다가 어물쩍 넘겼다. 예로부터 '큰물은 소리 나지 않는다.'고 하여 대하무성(大河無聲)이라 이르지 않던가. 어린것이 하는 짓 하나하나에 시비곡직을 따짐은 결코 참된 어른의 도리가 아니리라.

돌이켜보니 내게도 저런 철부지 시절이 있었음을 깨달으며 문득 덧없는 인생이라는 생각에 이르러 인생조로(人生朝露)라는 말을 되새기기도 했다. 어찌 되었던 경건하게 모셔야 한다는 기본 원칙이나 법도와는 판이했을지라도 나 홀로 모시는 제사보다는 한층 든든했지만, 한편으로는 울컥했다. 대접붙이*는 아니라도 제사를 모신 뒤에 음복을 하려고 드니 마음은 더더욱 미묘해졌다.

먼 훗날 아이가 어린 시절을 회상하다가 할아버지와 함께 모셨던 제사의 추억을 떠올릴지 모르겠다. 비록 누구의 제사였지 분명치 않을지라도 조상을 기리고 예를 갖춰 모시던 어렴풋한 편린을 통해서 '옛것을 본받아 새것을 만든다.'라는 '법고창신(法考創新)'의 정신을 깨우친다면 더할 수 없이 좋겠다. 이런 각성의 과정에서 '물을 마실 때는 그 근원을 생각하고(飮水思源), 우물을 판 사람을 생각하며 감사해야 한다(掘井之人).'라는 말처럼 조상을 되새겨 볼 수도 있지 않을까? 하여튼 제사를 모시는 과정이 즐거운 놀이라도 되는 듯이 신바람이 났던 손주는 무척이나 고단했던가보다. 다음 날인 일요일 아침에는 해가 방안으로 밀고 들어올 때까지 무지개다리 건너편에서 비몽사몽의 잠결에서 헤어나지 못했다.

2014년 10월 7일 화요일

* 대접붙이 : 술을 지나치게 자주 마시는 사람

동메달

가슬가슬한 가을볕이 뜨락에 가득 내려앉아 남실거리고 소슬바람이 한 무더기 무리 지어 밀려들던 한글날인 오늘 일이다. 손주 유진이가 태권도장에서 개최하는 한마당 축제에서 줄넘기 모아 뛰기와 구보 뛰기에 출전하여 각각 동메달을 획득했다. 현재 손주가 적을 두고 있는 태권도장을 비롯하여 같은 이름으로 경남 지역에 개설된 다섯 개 도장이 연합으로 마산 해운초등학교 강당에서 개최하는 축제로 매년 시월상달에 열리는 대회이다.

다섯 개 도장 수련생 중에서 유치부와 초등학교 저학년이 주로 참석했다. 대략 200여 명의 어린이들이 태권도 발차기와 격파를 비롯하여 줄넘기가 대상 종목이었다. 행사는 아침 9시경부터 시작하여 낮 1시 무렵까지 이어졌다.

유치부와 초등생 중에서 신청한 수련생들이 발차기와 격파 종목에서 경연을 펼쳤다. 같은 종목에서 경연을 펼쳐도 유치부와 초등생이 뚜렷하게 다르고, 같은 초등학생일지라도 1학년과 3~4

학년의 기량은 천양지차(天壤之差)로 '오뉴월 하루 볕이 무섭다.'는 말을 절감했다.

유치부의 격파 경연은 문자 그대로 자유분방했다. 일정한 거리를 달려와서 손으로 잡고 있는 판자를 발로 차서 격파하는 내용이었다. 그런데 불과 몇 미터를 도움닫기 해서 판자에 이르지도 못하고 넘어지고도 낄낄거리거나 엎어져 멀뚱거리는 것 같은 다양한 모양새가 더 할 수 없이 귀여운 볼거리였다. 하지만 초등학교 2~3학년의 경우는 제법 다부진 자세와 날렵한 몸놀림에 단단한 격파 술에 혀를 내두를 지경이었다.

백미는 부산의 K 대학 태권도 시범단의 시범이었다. 전체 20명 정도의 시범단에 국가대표가 4명이나 포진되어 있다고 소개했다. 그 때문인지 그들의 시범 경연은 태권도의 진수를 보여주는 것 같아 어른들도 넋을 잃고 관람했다. 운동에 청맹과니이며 맹추인 내 눈에 시범 내용은 사람이 아닌 로봇이 일정한 궤적을 어긋남 없이 움직이는 것 같은 완벽한 몸동작으로 각인되어 황홀경으로 이끌었다.

대학시범단과 달리 손주가 다니는 도장의 수련생 여덟 명으로 구성된 시범단의 시범은 여타의 조무래기 수련생들에 비해 군계일학의 빼어난 기량을 한껏 뽐냈다. 대충 4학년 이상의 남녀로 모두가 검은 띠인 유단자였다. 태권도의 기본동작과 품새가 올곧았으며 맺고 끊는 동작이 어쭙잖게 게으름을 피우는 어른 유단자를 압도하고도 남을 정도로 매서워 감탄했다. 거기다가 양념으로 끼워 넣은 줄넘기 시범도 나비처럼 가볍고 비호처럼 날쌔 그들의 수련의 깊이를 실감케 했다.

오늘 경연에는 유진이의 베스트 프랜드(best friend)인 동근(權東根)이도 참가했다. 그래서 양 가족이 행사장에서 만나 함께 자리를 잡고 아이들을 지켜봤다. 그런데 동근이는 줄넘기 경연에 참가해서 동메달이 결정된 뒤에 금메달이나 은메달을 따지 못했다고 닭똥 같은 눈물을 흘리며 끌탕을 쳤다. 하도 꺽꺽 서럽게 울어 제 부모가 서둘러 집으로 데리고 가는 승용차 안에서도 끊이지 않더란다. 그래서 교외로 데리고 나가서 갈비까지 사주며 진정시키는 야단법석을 떨었다는 전화가 조금 전에 왔다.

애통하고 분해서 방방 뛰는 동근이에 비해 유진이는 전혀 다른 반응을 보였다. 동메달을 땄다고 즐거워 입이 함박 만하게 벌어져 귀에 걸려 아직도 다물지 못하고 저녁 시간인 여태까지도 히히거리고 있다. 예로부터 '기왕이면 다홍치마'라고 하여 동가홍상(同價紅裳)이라 했거늘 왜 이리도 욕심이 없는지! 동근이에 비해서 정녕 야무지지 못하고 모자라는 것일까? 아니면 너무 세상을 긍정적으로 보며 무사태평의 낙천적인 유전자를 지녔기 때문일까? 도대체 어떻게 받아들여야 할지 판단이 서지 않고 마냥 갈지자(之)처럼 헷갈린다. 이런 연유에서 아이에게 '솥을 깨뜨리고 배를 가라앉힌다.'는 뜻의 파부침주(破釜沈舟)의 결기가 필요한 게 아닐지!

아이가 '이기기를 좋아하는 병적인 버릇'인 호승지벽(好勝之癖)의 성격을 바라지는 않는다. 하지만 동메달 딴것을 무슨 벼슬자리라도 꿰찬 듯이 으스대는 가당찮은 모습이 가관이었다. 물끄러미 넘겨다보던 제 할머니가 현실을 바로 깨우치라는 뜻으로 돌직구를 날렸다. 네가 오늘 받은 동메달은 누구나 딸 수 있는 것이기 때문에 다음에는 금메달을 따도록 힘써야 한다고. 그랬더니 "할머니! 지금 금메달 못 땄다고 야단치는 거야!" "그럼 이 메달은 가져다 버릴까?"라고 되받아치며 말갈망할 기회도 주지 않았다. 일거에 제 할머니를 옴짝달싹 못 하게 벼랑 끝으로 몰아붙이면서 꿀 먹은 벙어리로 만드는 기상천외(奇想天外)한 반전의 폭발에 어이가 없어 쓴웃음을 지으며 외면하고 말았다. 결국 '만 번 죽어도 오히려 가벼울 만큼 큰 죄'를 뜻하는 만륙유경(萬戮猶輕)의 잘못도 아닌 일에 불쑥 끼어든 제 할머니만 멋쩍어 쩔쩔맸다.

2014년 10월 9일 목요일

손주의 첫 시험

응받이*로 올해 초등학교에 입학한 손주는 청초한 들국화나 하늘하늘한 자태의 코스모스를 빼닮아 가녀린 아이다. 그래도 힘든 학교생활에 탈 없이 잘 적응해 나가는 꼴이 신통방통했다. 천방지축을 면키 어려워 보이던 아이가 어제 드디어 공식적인 첫 시험인 중간고사를 쳤다. 시험과목은 세 과목으로 시험 범위는 대충 이렇다. 먼저 국어는 느낌을 나누어요, 바르고 정확하게, 알맞은 인사말, 뜻을 살려 읽어요 등의 단원이다. 다음으로 수학은 100까지의 수, 여러 가지 모양, 덧셈과 뺄셈 따위의 단원이다. 마지막으로 통합교과는 이웃, 가게, 가을 날씨와 생활 등의 세 단원이다.

시험을 마치고 온 손주에게 넌지시 느낌을 물었다. 망설임 없이 내뱉는 대답이 재미있었다며 시큰둥한 표정이었다. 내 경험이나 다른 경우를 빗대 봐도 이해가 되지 않았다. 하지만 아이의 심기를 건드릴지 모른다는 생각에서 그러면 됐다고 얘기하고 말을 거둬들였다. 하지만 손주가 하는 말의 의미를 어떻게 해석해야 할지 갈피를 잡기 어려워 나름대로 유추하며 끙끙댔어도 그 진의는 오리무중(五里霧中)이었다.

오늘 학교에 다녀온 손주의 알림장에다가 시험결과를 적어가지고 왔다. 국어 100점, 수학 95점, 통합교과 91점이라고 적혀있었다. 평소에 손주의 생활 태도와 시험 결과를 견줘 볼 때 무난하다. 서둘러 매우 잘한 것이라고 칭찬과 격려를 하며 최고라고 비행기를 태웠더니 입에 귀에 걸려 헤헤거리다가 학원에 갔다.

시험 점수의 높고 낮음을 막론하고 어떤 부문에 취약하고 앞으로 어떻게 보완해 줘야 할 것인가. 이런 견지에서 수학과 통합교과 문제지와 손주가 쓴 오답 내용을 직접 확인하고 면밀하게 검토 분석해 보고 싶다. 왜냐하면, 특정한 유형의 문제가 틀렸다는 것은 그쪽에 상대적으로 취약하다는 의미이기 때문에 앞으로 학습지도에 매우 중요한 참고자료이다. 그렇다고 선생님께 연락해서 보여 달라는 주문은 극성맞은 할아비로 낙인찍힐 개연성을 무시할 수 없어 꿈도 꿀 수 없는 노릇이다.

요즈음 교육과정에서는 초등학교에 STEAM 개념과 초등학교 1·2학년 수학 교과서에 스토리텔링(Storytelling) 개념이 도입되어 언뜻 교재를 살펴보면 기성세대들에게는 매우 낯설다. 그런 때문에 비록 초등학교 학생의 교과목일지라도 선불리 덤볐다가는 뜨거운 꼴 당하기에 십상이다. 그러므로 학습에 도움을 주려는 경우는 미리 충분한 예방주사를 맞아 내공을 길러 두어야 면역이 생겨서 연착륙할 수 있다.

학교 사물함에 교재를 두고 다니는 관계로 아직도 교과서를 제대로 대면한 적이 없다. 그래서 차선책으로 매월 학습지(두산동아)를 구입하여 내용을 살펴보며 지도한다.

국어의 경우는 제시되는 동시나 글의 일부 내용을 읽고 주어지는 기초적인 객관식 문제나 까다로운 서술형 문제는 상당히 어려웠다. 그 외에도 '술래잡끼', '괜찬아', '너머져서' 등과 같이 잘못 쓴 글자를 찾아 바로쓰기는 결코 녹록치 않았다. 또한, 쉬어 읽는 기호인 쐐기표(∨)와 겹쐐기표(≚) 구별 또한, 마찬가지였다. 한편, "받침이 있는 낱말 뒤에 'ㅇ'이 오면 받침소리가 뒤로 넘어가 소리 나는 원칙"은 매우 어렵다고 느꼈다. 예를 들면 '집에'를 '지베'로, '사람이'를 '사라미'로, '아침에'를 '아치메'로 읽는 규칙이다. 왜냐하면, 이 규칙에는 예외가 많기 때문이다.

수학의 경우 기본적인 문제는 전체적으로 크게 문제 될 소지가 없어 보였다. 하지만 "다음 식에서 □ 속에 들어갈 수 있는 수중에서 가장 작은 수는 얼마인가?"라는 문제는 꽤나 까다로운 유형이었다.

3+5-□ 〈 6

또한, 주어진 문제에서 풀이 과정과 답을 쓰라는 스토리텔링 유형 문제는 과연 얼마나 타당한 문제인지 검토해 볼 가치가 있다고 생각되었다. 예를 든다면 "68에서 72 사이에 있는 수는 몇 개인지 풀이 과정과 답을 쓰시오."에 대한 풀이 과정과 답을 다음과 같은 식으로 요구했다.

"68과 72 사이에는 69, 70, 71 등 3개의 수가 있다. 그러므로 답은 3개이다." 아마도 어른들에게 풀이 과정을 제시하라면 어떻게 응했을지 모르겠다. 하여튼 수학 문제는 상당히 어렵다는 생각에서 벗어날 수 없었다.

통합교과는 서로 다른 영역을 무리하게 한데 끌어모은 잡탕을 연상시켰다. 공동생활을 전제로 한 인사와 생활 예절을 비롯해 지리적 이웃과 기능적 이웃으로 구분되는 이웃과 협동과 어울림이나 공존의 질서를 지키는 원칙을 올곧게 이해하고 받아들이기 벅차 보였다. 가을에 대해 계절적인 특징을 꿰고 생활 모습이 변화하는 내용을 야무지게 깨우치지 못하면 허둥댈 소지가 다분한 교과목이다. 게다가 도시 아이들은 가을걷이나 타작과 옛날에 전해오던 품앗이를 어떻게 소화할지 흥미진진했다.

그리고 정다운 이웃, 펑펑 장서방, 길로길로 가다가를 비롯한 전래동요를 제대로 부르고 박자를 익히는 것도 수월치 않아 보였다. 설상가상(雪上加霜)으로 전통놀이라는 잠자리 잡기, 닭싸움, 콩 나르기를 비롯한 각종 놀이 방법을 완벽하게 이해하는 것은 무리가 아닐까 싶었다. 통합교과는 시작은 있어도 끝이 보이지 않는 블랙홀을 떠올리게 했다.

매주 수요일에 손주를 20분 정도 지도해 주는 G 학습 선생님이 방문하는 날이다. 손주의 중간고사 성적이 어느 수준인가 물어봤다. 자기가 아는 바로는 손주가 다니는 학교의 1학년 평균 점수가 90점을 조금 상회한다고 했다.* 그러므로 평균 이상이 되는 셈이라는 얘기였다. 참으로 격세지감이다. 내가 초등학교를에 다니던 6·25전쟁 휴전 직후에 평균 95점을 넘으면 전교 1등도 떼 놓은 당상이었다. 그럼에도 불구하고 학교 평균 점수를 살짝 넘어선 정도로서 체면치레를 한 셈이라는 현실이 믿기지 않는다.

내가 요즈음 초등학교에 다니는 어린이로 태어나지 않은 게 행운일지 모른다. 어정잡이에 가까웠던 내가 이즈음 초등학생이라면 함께 어울리지 못하는 무거리* 취급을 받으며 허둥대는 어릿광대 꼴이었으리라. 이런 시절을 거뜬하게 헤쳐 나가는 꿈과 희망동이들의 청초하고 해맑은 모습을 지켜보면서 우리의 내일이 든든하다는 생각에 이르며 하무뭇해졌다.

2014년 10월 22일 수요일

* 웅받이 : 웅석받이
* 10월 28일 학교에서 보내온 중간고사 결과 분석에 따르면 1학년 전체 평균 점수가 이랬다. 국어 93.79, 수학 92.13, 통합교과 89.36으로 놀랄 정도로 높았다. 이 중간고사에서 유진이의 세 과목 평균 점수는 95점이었다.
* 무거리 : 변변치 못해 한 축에 끼이지 못하는 사람을 비유적으로 이르는 말이다.

젖니 빼기

오늘 손주 유진이가 젖니(幼齒) 중에서 아랫니의 오른쪽 측절치(가 쪽 앞니)를 치과에서 뽑았다. 지난 초여름 두 번에 걸쳐 아랫니의 중절치(가운데 앞니) 두 개를 모두 뽑았던 경험이 있기에 이번에 젖니를 3번째로 뺀 셈이다. 최초에 젖니가 흔들려 뺄 무렵에는 무섭지 않으냐? 아프지 않으냐? 피가 많이 나느냐? 등등 별걸 다 물어봐 지나치게 소심한 성격이 아닌가하고 의심할 지경이었다. 경험 축적의 여유로움 때문일까? 오늘은 학교와 학원을 다녀와서 오후 4시경 제 할머니와 치과로 향하며 "할아버지 이 빼고 올게!"라고 이르며 꽤나 여문 모습을 보였다.

통상적으로 생후 30개월 전후로 모두 나는 젖니는 윗니와 아랫니가 각각 10개씩이기 때문에 모두 20개이다. 위 아랫니를 막론하고 입을 벌렸을 때 정면으로 보이는 쌍 대문 같은 두 개의 중절치(가운데 앞니)를 하나씩 포함하여 각각 왼쪽과 오른쪽으로 5개씩 있다. 이들은 차례대로 중절치, 측절치(가 쪽 앞니), 견치(송곳니), 제1유구치(첫째 어금니), 제2유구치(둘째 어금니)라고 부른다. 그런데 중절치와 측절치를 통틀어 '앞니'라고 한다.

치과에 동행했던 제 할머니의 전언이다. 젖니 발치(拔齒)를 위해서 처음으로 치과에 갔을 때는 잔뜩 긴장해 초조한 모습이 안쓰러워 다독이며 진정시키기 바빴다고 했다. 그런 아이의 속내를 족집게처럼 간파한 의사의 대응은 능수능란하더란다. 진료 의자에 앉았을 때 의사 선생님이 발치할 이를 집게로 붙들고 '이것이 흔들리는 이냐?'라고 묻더란다. 그와 동시에 전광석화(電光石火)로 뽑아내 자기 이를 뽑았는지도 모르게 함으로써 공포를 덜어주더란다.

오늘은 앞서 찾아온 수술환자가 있어 대기실에서 무려 한 시간 넘게 기다렸다고 한다. 그렇지만 매구 같은 간호사가 대기실 텔레비전을 어린이 전용 채널로 바꿔주어 문제가 없었다고 했다. 그 대신 제 할머니가 무료해 순간적으로 꾸벅꾸벅 졸았단다. 아이가 슬쩍 다가와 잠을 깨우며 아무 데서나 함부로 졸고 있다고 암팡지게 핀잔을 줘 엄청 멋쩍었다는 얘기였다.

이를 빼고 돌아온 아이는 의사의 얘기를 내게 이죽이죽 전하는데 신이 났다. 어떤 이인지 정확히 모르지만 지금 두 개가 흔들리고 있기 때문에 조금 더 증상이 심해지면 서둘러 병원에 오라고 당부했다며 거기에 제 생각을 덧붙여 똑 부러지게 전했다. 아이의 얘기이다. 의사 선생님이 훤칠한 미남이라 멋이 있다거나 매우 친절하다는 견해의 피력이 그에 속하는 말이다. 이는 병원 분위기에 상대적으로 익숙해져 마음의 여유가 생겼다는 확실한 증좌가 아니겠는가!

나의 어린 시절에 대한 기억의 편린이다. 젖니가 흔들리면 실로 묶어 잡아당겨 이를 뺐다. 그리고 "까치야, 까치야. 헌 이 줄게, 새 이 다오."라고 흥얼거리며 뺀 젖니를 지붕 위로 던지던 관습이 있었다. 왜 하필이면 까치에게 새 이를 달라고 빌었을까?

예로부터 우리 선조들은 하느님과 인간을 연결하는 중개자이며 연락병 역할을 하는 영물이 바로 까치라는 믿음에 연유한 관습이란다. 결국, 새로운 이는 하느님이 주는 것으로 믿었다. 그런 이유에서 하느님의 심부름꾼을 통해서 헌 젖니를 반납하고 새로운 영구치를 받으려는 소박한 바람이 까치에게 이를 던져 주는 풍습으로 변했다는 견해가 정설이지 싶다.

앞으로 한동안 아이는 젖니의 이갈이로 입을 벌리면 대문이 열려 있거나 돌담 한구석이 무너져 내린 꼴을 면치 못할 것이다. 이 또한, 하늘의 섭리에 따른 성장 과정에서 기필코 넘어야 할 문턱일지니 아이가 변해가는 모양새가 온새미로 아름답고 사랑스러워 축복하련다.

2014년 10월 30일 목요일

손주의 옷차림새

손주가 옷을 차려입은 모양새는 또래들에 비해서 확연하게 도드라지고 독특한 멋과 은근한 분위기를 풍긴다. 그 이면에는 그림을 공부한 제 할머니의 빼어난 미적 감각과 세련미가 뒷받침되고 있다. 그래서 옷차림새에는 어설프거나 부자연스러운 구석이 없어 항상 건들멋이 흘러넘쳐 눈을 호사시킨다.

유치원에 다니기 이전에는 상당 부분의 옷을 누군가에게서 물려받아 입혀도 전혀 남루하거나 추레해 보이지 않았다. 하지만 점점 성장하면서 그것도 여의치 않아 어쩔 수 없이 계절이 바뀔 때마다 새로운 옷을 사지 않을 도리가 없다. 때문에 매번 계절이 바뀌면 어김없이 아이의 옷 타령이 따른다. 이는 제 할머니가 감당해 내야 할 몫이며 고유한 영역의 권한이다.

손주를 키우는 데 도움을 위한 신의 계시였던가? 아내는 대학에서 그림을 전공한 때문인지 옷의 종류나 색깔을 비롯해 옷의 코디에 대하여 미적 감각이나 심미안을 지녔다. 때문에 이순의

후반에 이른 지금도 젊은 엄마들의 감각을 훌쩍 뛰어넘어 손주의 옷차림새를 단연 돋보이게 연출해낸다.

유명 브랜드를 고집하거나 고가의 제품을 고집하는 쪽과는 거리가 멀다. 같은 옷을 사도 모양이나 무늬와 색깔을 고려한 상의와 하의의 조화와 배색에 무척 신경을 쓰는 눈치이다. 물론 여기에는 외투나 점퍼를 위시해서 운동화와 구두는 물론이고 심지어는 비 올 때 입는 우의까지도 큰 틀에서 하모니를 고려하는 안목이 발군이다. 그런 영향 때문인지 문외한인 내 눈에는 손주의 일상적인 옷차림새나 신발을 신은 매무새는 전문가가 코디(coordination)한 것 같은 느낌으로 은근히 부럽고 샘이 나기도 한다.

손주가 오뉴월 오이 자라듯 하루가 다르게 쑥쑥 자란다. 그러므로 한발 앞서 다가올 계절에 입힐 옷을 마련해야 한다. 물론 '아랫돌 빼서 윗돌 괴고, 윗돌 빼서 아랫돌 괴는' 식의 하석상대(下石上臺)로 임시변통으로 이리저리 꿰맞춰 입혀 보기도 한다. 그렇게 지난 것을 다시 입히기도 하지만 대부분 작아서 새로 구매해야 하는 궁색한 티를 벗고 겨우 체면치레할 수 있다. 나나 제 할머니는 해가 바뀌어도 웬만하면 낡거나 해져 폐기 처분할 옷을 벌충하는 선에서 머물고 어물쩍 넘기기 일쑤이다. 이에 비해 손주는 새로 사는 것마다 기본으로 두 벌을 장만해야 한다. 따라서 우리 집의 의복 구매비 거개는 손주를 위해 지출하는 모양새이다.

가을이 깊어지면서 미구에 다가올 겨우살이에 소용되는 옷가지나 점퍼와 외투를 제 할머니가 서둘러 준비하는 눈치이다. 잘은 모르지만, 얼추 준비가 마무리된듯하다. 그런데 며칠 전 제 아비가 뜬금없이 인터넷으로 겨울용 조끼 하나를 주문해 배달되었다. 제품을 확인했더니 외국 제품(canada goose)으로 상당히 고가라는 사실에 적잖게 놀랐다. 평소 제 아들에게 변변한 옷 하나 사 주지 않던 터수에 거금을 들이는 속내가 궁금하고 어안이 벙벙했다. 미심쩍고 속내를 가늠키 어렵지만, 그것도 아비가 아들을 사랑하는 방식 중의 하나이리라는 생각에서 잠자코 받아들였다.

따지고 보면 제 할머니와 나는 갓 태어난 아기 적부터 지금까지 보살피며 먹이고 입혀 왔다. 그럼에도 불구하고 모든 걸 당연하게 누리는 것으로 덤덤하게 받아들였다. 새로운 옷이나 구두와 장난감 또는 운동 기구를 때맞춰 대령해도 고맙다는 표현에는 무척 인색했었다. 그런데 생전 처음으로 제 아비가 패딩 조끼 하나 달랑 사 주었다고 싱글벙글대며 신이 나서 방방 뛰는 꼴이 무척 낯설었다. 하기야 좁쌀영감처럼 시시콜콜 따져볼 이유가 없을지 모른다. 아이가 흐뭇하고 행복해하며 태평가를 부르면 그게 바로 가화만사성의 첩경에 이르는 길이 아니던가!

유진이는 어느 모로 뜯어봐도 미모에 귀골선풍이기에 영락없는 귀공자로 끌끌한 도령이다. 이쯤 되는 손주 자랑이면 자식 자랑을 대놓고 해대는 푼수데기 같은 팔불출을 넘어서 구불출(九不出)이라 해도 구차하게 변명할 여지가 없지 싶다. 옛말에 고슴도치도 제 새끼는 함함하다고 생각한다고 했다. 그런데 금쪽같은 손주인데 누가 뭐라고 수군거린들 대수인가! 평형 감각을 잃었다고 호되고 야멸친 험구가 빗발쳐도 구차한 변명이나 사족은 달지 않을 참이다. 이런 손주의 돋보이는 옷차림새는 승천을 꿈꾸는 용에게 날개를 달아주는 격이라고 여겨지는 팔푼이 같은 내가 과연 정상일까?

2014년 11월 2일 일요일

가을 운동회

오늘이 유진이가 초등학교에 입학하고 처음으로 맞이한 운동회 날이다. 동짓달의 첫 금요일(11월 7일) 청잣빛 말간 가을 하늘이 저만큼 드높고 가실 가실한 가을바람이 삽상한 날씨여서 운동회에 기막힌 택일이었다. 그저께부터 어제까지 조금은 쌀쌀해 오싹하고 을씨년스럽다는 기분이 들 정도였다. 그런데 오늘은 다행히 기온이 상승하는 천우신조를 보여준 하늘이 아이들에게 큰 부조를 한 모양새이다.

운동회에 대한 소묘이자 단상의 술회이다. 그 옛날 채육 행사에는 "몸도 튼튼 마음도 튼튼"이라던가 "체력은 국력" 같은 구호가 나부꼈었다. 그런데 오늘 학교 앞에 걸린 플래카드에는 꿈과 희망이라는 단어가 그 자리를 메꾼 것을 보며 가치관이 엄청 변했음을 실감했다. 1학년부터 6학년까지 34학급인 점을 감안하면 재학생이 꽤 많은 편이다. 그런 때문에 모두가 골고루 참여하는 알찬 프로그램으로 운동회를 개최하려고 고심했던 흔적이 여실했다. 학년마다 3개의 프로그램에 참여하면서 시작 때 준비체조와 마칠 때 정리 체조까지 모두 20개의 내용이 조화롭게 편성되어 있었다.

유진이가 참여했던 프로그램은 1학년 모두가 참여하는 60미터 달리기와 큰 공굴리기를 비롯해서 반대표로 선발되어 청백군이 대결하는 청백계주였다. 이 청백계주는 아이들과 학부모들이 함께 참여하는 프로그램이었다. 60미터 달리기에서는 같이 뛰던 친구와 부딪치면서 왜소한 몸이 옆으로 한 두 걸음 옆으로 튕겨나면서 비틀거리며 허둥대다가 뒤 쳐져 3등으로 골인했다.

한편, 청백계주에서는 앞에 뛴 아이가 한참 뒤처진 꼴찌로 달려와 뒤늦게 바통을 이어받고 최선을 다해 뛰는 것으로 보였어도 앞의 아이를 따라잡지 못했다. 그런데 이 경기에서 아이들이 넘어지기도 하고 학부모들이 서로 따라잡고 뒤처지며 흐름이 뒤죽박죽으로 엉킨 까닭에 멀리 떨어진 곳에서 눈으로 경기 결과를 가늠할 재간이 없었다. 반대표 선수로 선발하는 과정에서 두 번 모두 당당히 일등을 했다고 자랑질이 대단했었는데 꽤나 충격이 컸을 법하다.

그 옛날 운동회는 추석 무렵에 열렸고 마을 축제였다. 운동장엔 만국기가 펄럭이고 마이크 소리가 윙윙대서 귀가 따갑고 시끌벅적한 분위기였다. 학동의 유무를 떠나 주민 모두가 참여하여 즐기던 문화축제의 장이었다. 점심시간엔 교정의 여기저기에 가족 또는 이웃이 함께 자리를 펴고 음식을 나눠 먹으며 왁자지껄 얘기꽃을 피우기도 했다. 그런 연유인지 어린 시절 운동회 전날은 흥분되어 잠을 설치기 일쑤였던 기억이 여태까지 또렷하다.

예와 비견될 수 없는 오늘이리라. 전교생이 학년을 초월하여 청·백군으로 나뉘어 서로 경쟁하던 모습은 빛바랜 추억의 앨범에서나 찾을 수 있지 싶었다. 오늘도 아이들이 청·백군으로 나누어진 것 같았다. 하지만 청·백군 구별 없이 학년별로 무리 지어 앉아 있었다. 그런 데다가 청·백군으로 편을 나뉘어 점수 경쟁을 하며 최종적인 승부를 결정짓는 승부제를 도입하지 않았는지 악을 쓰며 응원가를 부르거나 '청군 이겨라', '백군 이겨라' 하는 연호도 없었다. 게다가 운동회 때마다 등장하는 엿장수를 비롯해 오징어를 팔던 뜨내기 장사꾼들은 눈을 부릅뜨고 훑어봐도 허사였다.

자기 편한 대로의 풍조가 운동회 마당에서도 완연했다. 특히 1학년인 경우 젊은 엄마들이 자기 아이들이 앉아 있는 계단을 사방으로 겹겹으로 둘러싸고 있어서 마치 인간 울타리를 연상케 했다. 그들은 예외 없이 휴대전화로 자기 아이 사진 찍기에 여념이 없었다. 이런 무질서로 진행을 위해 아이들을 통솔해야 하는 선생님들의 설 자리와 동선을 빼앗은 꼴로 변했다. 그 때문에 선생님들이 학부모들 사이를 이리저리 피해 다니는 곤혹을 치르는 데도 불구하고 아무도 신경을 쓰거나 개의치 않았다. 한마디로 무질서의 현장을 목격하는 기분으로 씁쓸했다. 하기야 요즘 아이들은 모두가 공주이고 왕자인 걸 탓해서 무엇하리오.

조촐한 축제를 겨냥했는지 본부석엔 그 흔한 지역 유지나 명사가 자리한 흔적이 없어 되레 그게 쓸쓸하게 다가왔다. 진행을 맡은 선생님과 교장 선생님이 자리한 앞부분의 연단이 썰렁했다. 그보다 조금 뒤편에 배치한 의자에는 몇몇 젊은 엄마들이 자리를 꿰차고 앉아 있었다. 운동장을 한눈에 조망할 명당이라는 이유에서 그들 뒤에 서 있다가 그녀들의 사적인 대화가 낯설어 외돌아져 구석진 모퉁이 쪽으로 자리를 옮겼더니 마음이 편했다.

초연하게 아이들이 하는 모양새를 지켜보는 부모의 품격을 생각했다. 기껏해야 9시 20분에 시작해서 12시 20분경에 모든 운동회 일정이 종료된다고 고지된 상태인데 진득하게 기다리지 못하고 난리굿을 피우는 저의를 이해를 할 수 없었다. 아이들이 촘촘히 붙어 앉아 있는 틈새로 비집고 들어가서 음료수나 차가운 생수를 챙겨 먹이는 모습은 현명한 모정과 거리가 멀지 싶었다. 게다가 1학년의 경우는 10시를 조금 지나면서 참여 프로그램이 끝났다. 그리고 12시가 되기도 전에 담임선생님이 급식소로 인솔해 가서 따끈따끈한 점심을 먹이는 자상한 배려가 있었는데 말이다.

유진이의 기억이 차곡차곡 쟁여질 곳간에는 오늘 운동회가 어떤 모습으로 각인되었을까? 아무리 생각해도 내가 어린 시절 겪으며 뇌리에 새겨진 운동회와는 생판 다르게 일과성 행사로 잠시 기억될 개연성이 크지 싶다. 그래도 세월의 흐름과 함께 자연스럽게 사위어지지 않았으면 좋겠다. 다양한 디지털 문화가 넘쳐나는 현대라고 하더라도 운동회에 대한 감회는 얼추 내 경우와 매우 흡사하지 않을까 하는 얼토당토않은 착각을 했던 것 같다.

운동회를 마치고 집에 돌아온 아이에게 넌지시 떠봤더니 너무도 무덤덤해 말을 섞으려 했던 내가 민망했다. 유진이와 나는 분명히 한 지붕 밑에 살아도 판이한 궤도를 돌면서 가치관이 다른 세계에 살고 있는 다른 종족 같다는 생각이 스치며 허허로웠다.

2014년 11월 7일 금요일

다이노포스 총

장난감 총이 그리도 좋을까. 유진이가 친구들의 장난감 총을 무척 부러워하며 갖고 싶어 일구월심으로 빌었던 간절한 소원이 우여곡절을 거쳐 이루어졌다. 요즘 아이들 사이에 무척 인기가 있는 파워레인저 다이노포스(power rangers dino force) 변신총(變身銃)인 가브리볼버가 그 주인공이다.

장난감 총 타령을 밤낮으로 해대서 하나 사주기로 했다. 제 할머니와 함께 주말에 백화점이나 마트를 모두 이 잡듯이 샅샅이 훑으며 뒤져봐도 품절이라는 얘기였다. 여기저기 줄을 대고 사발통문으로 주워들은 바에 따르면 해당 제품은 수입되는 물량이 소비자의 수요를 따르지 못하여 경우에 따라서는 주문하고 여러 날 기다려야 한다는 얘기였다. 게다가 일부 중간상이 매점매석하여 품귀 현상을 유도한 뒤에 가격을 올려 파는 일그러진 상혼까지 가세하여 야단법석이라는 언론의 보도가 짜증 나게 만들었다.

원래 파워레인저 다이노포스는 일본 아사이 TV에서 총 48부작으로 제작하여 2013년 2월 17일부터 2014년 2월 9일까지 방영했던 프로그램으로 높은 시청률을 자랑했다. 그래서 지구촌 구석구석까지 수출되어 공전의 히트를 하는 고공행진이 지금도 이어지고 있다. 작품의 성공과 함께 등장한 캐릭터 상품(products featuring popular comic characters)이 세계적으로 날개 돋친 듯이 판매된다는 얘기이다. 그중에 하나인 파워레인저 다이노포스 총류(銃類)는 우리 어린이들에게 선풍적인 인기를 끌고 있다.

실상의 간을 볼 요량으로 인터넷에 뜰채를 들이대고 이리저리 훑었더니 다양한 파워레인저 다이노포스 캐릭터 상품이 쏟아져 나온 상태였다. 그중에서도 특히 총류(銃類)는 여러 가지 유형으로 매우 폭넓은 가격대의 제품이 어린이들에게 교묘히 유혹하고 있었다. 그런데 고가의 모델은 진화를 거듭하며 새로 출시되는데도 불구하고 승승장구하는 것으로 보였다. 하찮은 장난감 총임에도 서민이 몇 가지를 동시에 사려면 가계에 주름이 갈 정도로 상당히 부담스러운 데 놀랐다.

어린 손주와 천금 같은 약속은 하늘이 무너져도 지켜져야 할 절대적인 명제로 집안의 안녕을 지탱할 기조를 통째로 뒤흔들 중대한 사안이다. 그 때문에 제 큰아버지에게 인터넷으로 주문해 달라고 당부를 했다. 주문을 하고 난 제 큰아버지는 그 제품을 수입하는 통관 절차 과정에서 안전성 검사가 부실해 문제가 있다는 얘기를 사발통문(沙鉢通文)으로 전해 들었다며 불안하다고 했다. 그 이유는 전수검사(Total Inspection) 대신에 샘플링검사(Sampling Inspection)를 하기 때문이라는 것이다. 가담항설(街談巷說)에 따르면 10개 중에 한두 개는 방사능에 오염되었다고 하기 때문에 별도의 안전성 검사 없이 아이에게 총을 구매해 그대로 줄 수 없다고 했다. 그렇게 어수선한 상태에서 주문을 하고 열흘 정도 지나 물품이 도착했다.

나는 그런 위험은 낭설에 지나지 않으니 주문품이 도착하면 손주에게 넘겨주자는 견해였다. 얼렁뚱땅 넘기려는 나에 비해서 꽁생원 기질에다가 딸깍발이를 빼닮아 꼬장꼬장한 제 큰아버지의 강력한 주장을 깡그리 외면하기 어렵다는 아내의 얘기였다. 그래서 이번에는 방사능 측정기를 구매하겠다고 박박 우겨서 아내는 엉거주춤하게 암묵적으로 허락했다고 했다. 방사능 측정기 모델을 고르고 주문하여 제품이 도착하기까지 또 열흘 가까이 흘러 결국은 총(銃)과 방사능 측정기를 구매해 검사를 통해 안전성이 입증되었다. 그러니 총 구매 얘기가 나오고 거의 스무날 가까이 지난 오늘 저녁에야 오매불망(寤寐不忘) 꿈에 그리던 손주의 손에 쥐어져 희희낙락이다.

이런 경우를 '배보다 배꼽이 크다.'라고 이를 게다. 총의 가격은 12만 원인데 방사능 측정기(러시아 제품으로 상품명은 Air counter S임)는 물경 16만 원이란다. 하기야 인터넷에서 언뜻 스쳤던 총 한 자루 가격이 거의 30만 원에 육박하던 모델의 경우를 생각해 볼멘소리 같은 불평을 접기로 했다. 한편, 해당 장난감이 일본 제품으로 그 나라의 원전사고를 연상한 트라우마(trauma) 현상도 하나의 원인일 게다. 만일 일부 제품이 오염된 게 사실이라면 당국이나 언론에서 뒷짐 쥐고 수수방관할 리 없다. 이는 2008년 미국산 쇠고기 수입에 관련하여 걷잡을 수 없이 들불처럼 번지며 온 나라를 혼란의 구렁텅이로 빠뜨렸던 광우병 파동과 흡사한 성격을 지녔지 싶다.

그 옛날 내 어린 시절 제기와 딱지치기를 비롯해서 자치기나 구슬치기가 대종을 이루었고 겨울철에는 손으로 만든 팽이나 썰매와 고무줄 총이 장난감이나 놀이기구가 전부였다. 이에 비해 요즈음은 휴대전화나 컴퓨터를 이용하여 각종 게임을 하고 만화나 동영상에 몰입하는가 하면, 움직이는 첨단의 전자적인 장난감이 지천에 널려있다. 때문에 아날로그 시대에 장난감의 주역들은 빛바랜 사진이나 박물관에서 그 모양새나 흔적을 찾아봐야 할 화석 같은 존재가 되어 뒤 구석으로 밀려난 꼴이다. 그렇다면 오늘의 아이들은 그 옛날 내 어린 시절에 비해서 행복지수를 나타내는 온도계 눈금은 그만큼 더 높아졌을까?

2014년 11월 8일 토요일

빼빼로 데이

맥(脈)도 모르는 터수에 침통(針筒) 흔드는 꼴이라는 진정한 뜻은 이런 경우를 두고 이르는 말이렷다. 어떤 의미를 지닌 날인지 모르는 주제에 친구들에게 골고루 선물하겠다며 빼빼로가 담긴 쇼핑백을 야무지게 거머쥐고 학교로 향하는 유진이의 앙증스러운 뒤태가 귀여워 웃음이 절로 났다.

어제저녁 무렵의 얘기이다. 가을이 깊어지면서 햇귀가 부쩍 짧아지고 노루 꼬리를 닮은 때문에 어둑어둑할 무렵에 유진이가 태권도장에서 돌아왔다. 현관 문턱을 넘어서며 숨넘어갈 듯 다짜고짜 빼빼로를 읊어댔다. 뚱딴지같이 웬 빼빼로 타령일까? 아닌 밤중에 홍두깨 격이라서 자초지종을 들어봤다. 에둘러 말해도 좋으련만 내일 빼빼로 데이를 모르느냐며 야멸치게 톡 쏴붙였다. 전광석화 같은 주먹으로 급소를 강타당한 양 어안이 벙벙해서 순간적으로 할 말을 잃고 꿀 먹은 벙어리가 되었다. 내일이 아이들에게 그 유명한 날이었다.

진정 함축적인 뜻을 이해하고 저렇게 나대는 걸까? 정신을 가다듬은 뒤에 원론적인 문제는 불문에 부치기로 했다. 그리고 함께 아파트 단지 내의 작은 슈퍼에 갔다. 동네 슈퍼인데도 빼빼로가 산더미처럼 싸여 있어 주눅이 들 정도였다. 오지랖 넓게 '저걸 과연 모두 팔 수 있을까?' 하는 쓰잘머리 없는 걱정이 앞섰다.

다양한 종류와 천차만별의 가격으로 출시되어 눈에 익히며 비교해 보기도 버거웠다. 이것저것 구경하며 맞춤한 제품을 고르는 데 상당한 시간이 필요했다. 결국, 학교 친구들에게 선물할 것으로 '엿가락처럼 큰 빼빼로를 10개씩 넣어 곱게 포장한 4박스'를 골랐다. 그리고 당장 집에 돌아가는 즉시 먹을 작은 양의 1박스도 끼워 샀다. 아마도 21,000원을 지급했지 싶다. 아무리 생각해 봐도 한꺼번에 이처럼 많이 샀던 기억은 도통 없다.

무턱대고 사는 줄 알았는데 나름대로 확실한 계산이 서 있었다. 1박스는 선생님께 드릴 예정이라고 했다. 그리고 나머지 3박스에 들어 있는 서른 개는 스물여덟의 반 친구들에게 한 개씩 선물할 계획이라는 얘기였다. 친구들에게 줄 선물이 지나치게 약소하다는 생각이 들었다. 하지만 마음 씀씀이만으로도 족하다는 생각에서 유진이의 판단에 묵묵히 따르기로 했다.

인터넷에서 그 의미를 꼼꼼하게 훑어봤다. 여기저기 기웃거려도 거개가 단편적인 언급이었다. 그래도 종합적으로 정리된 쪽은 워키백과였다. 이날은 우리나라에서 자생된 토종의 독특한 날로 11월 11일에 초콜릿 과자인 빼빼로를 주고받는다고 정의하고 있었다. 하여튼 11월 11일은 숫자 '1'이 네 개가 겹쳐지기 때문에 이 과자를 세워 놓은 모양을 닮았다는 이유에서 이름이 붙여진 것으로 보인다. 사회의 일부에서는 정체불명의 날이라고 몰아붙인다. 그런데도 아랑곳하지 않고 젊은 층이나 연인들 사이에서 스스럼없이 빼빼로를 주고받는 날로 굳건히 자리매김하고 있다.

유래에 대하여 두 가지 견해를 소개하고 있었다. 첫째는 1995년 대입 수학능력시험과 연관이 있다는 얘기이다. 1995년 11월 11일은 수능 11일 전으로 이날 빼빼로를 먹으면 수능을 잘 본다는 속설로 극히 일부의 학교에서 후배들이 선배들에게 선물하면서 비롯되었다는 설이다. 둘째는 1994년 부산을 비롯한 영남지방의 여자 중학생들이 재미로 주고받으면서 연유되었다는 설명이다. 그 학생들은 "빼빼로처럼 날씬해져라."는 뜻으로 주고받았다고 했다.

선부른 단언일지 몰라도 여러 정황을 감안할 때 후자가 사실에 더 근접하지 싶다. 이런 조용한 조짐이 1996년 이 지역 신문의 취재진 안테나에 포착되어 기사화되면서 대중에게 알려졌다고 한다. 이를 인지한 생산업체인 L 제과가 1997년 11월에 들어서 자사 제품인 빼빼로 시식회라는 마케팅 활동을 펼치면서 일반에게 널리 퍼져나가기 시작했다고 설명하고 있었다.

특정한 제과업체의 마케팅에서 비롯된 날인데 최근에는 연인의 기념일로 변해가고 있는 모양새라고 볼멘소리가 불뚝대기도 한다. 왜냐하면, 여자 친구에게 막대과자를 받으면 남자는 백배의 선물로 되돌려 줘야 한다는 뜻의 '백배로 데이'라고 인식되어 가는 추세란다. 이같이 성격이 애매한 빼빼로 데이에 비해서 11월 11일은 농업인의 긍지와 자부심을 고취하려는 취지에서 1996년 법으로 농업인의 날로 정해졌다고 한다. 이런 맥락에서 농림축산

식품부에서는 이날을 홍보하기 위해서 쌀로 만든 가래떡을 나눠 먹는 '가래떡의 날' 행사를 열며 상당한 호응을 얻고 있다는 자평이다.

특정한 날에 의미를 부여하고 무언가 이벤트를 꾀하려는 심리는 다른 나라도 별반 다르지 않은 모양이다. 중국에서 11월 11일은 광군제(光棍節)이다. 이날은 독신자의 날, 솔로 데이, 솔로의 날 등으로도 불리는 중국 최대의 할인 행사 날이다. 지난 1990년대 중국의 난징(南京)의 대학 기숙사에서 어렵게 생활하던 남학생 4명이 여자 친구나 돈이 없는 자신들의 모양새와 숫자 '1' 네 개가 연속되는 11월 11일의 이미지가 흡사하다는 맥락에서 광군제라는 말을 쓰기 시작했다는 얘기이다. 여기서 광(光)은 아무것도 없음, 군(棍)은 몽둥이를 뜻하기 때문에 나무의 가지나 잎사귀가 없는 몽둥이라는 의미가 된다고 한다. 그리고 가지나 잎사귀는 자식이나 애인을 뜻하는 관계로 결국은 자식이나 애인이 없는 독신자를 지칭하는 것이란다. 그러므로 이 광군제는 젊은 대학생층을 중심으로 퍼졌으며, 사람들은 이날 솔로들을 챙기고 소개팅이나 파티를 하며 선물을 주고받는다고 한다.

학교에서 돌아온 유진이가 아침에 들고 갔던 쇼핑백에 친구들에게서 선물로 받은 빼빼로와 과자류를 그들먹하게 담아가지고 돌아와 신바람이 나서 콧노래를 흥얼댔다. 그런데 문제가 있었다. 너무도 여러 친구에게 선물을 받아 누구에게 어떤 선물을 받았는지 분별할 수 없었다. 그를 두고 함량 미달이라고 험구한다거나 꼴사납게 나무랄 계제가 못 되었다.

왜냐하면, 여러 친구가 각자 자기 집에서 같은 회사 제품 중에

엇비슷한 가격대의 제품을 구매했던가 보다. 그 때문에 동일한 모양과 색깔의 제품을 일시에 여러 명으로부터 받았던 관계로 식별할 재간이 없었던 게 분명하다. 그렇다고 포장 박스에 선물한 친구의 이름이 적바림된 경우는 하나도 없었다. 유래나 뜻을 전혀 알지 못한 상태일지라도 친구들과 널리 선물을 주고받는 자체만으로도 한껏 행복해 방방 뛰는 해맑고 천진난만한 동심의 세계가 샘이 날 정도로 부럽다.

2014년 11월 11일 화요일

Ⅳ

올해의 마무리 등산

피구

유진이가 오늘(11월 15일)부터 태권도장에서 무료로 개설한 피구(避球 : dodge ball) 특별교육반에 다닌다. 매주 토요일 오전 11시 30분에서 12시 30분 사이에 원하는 수련생이나 인근 어린이를 대상으로 새로 만들어진 특별 훈련과정이다. 그동안 자전거, 인라인스케이트, 씽씽카, 태권도, 줄넘기, 달리기, 훌라후프 따위를 익히는 과정에서 적응하는 속도를 지켜보면 운동에 상당한 소질을 보였다. 이런 연유에서 새롭게 문을 두드리는 피구 역시 커다란 어려움이나 막힘없이 익혀 자신의 것으로 만들지 싶다.

모든 운동에서 말아 놓고 꼴찌 단골이었던 나는 운동에 관한한 열성인자로 똘똘 뭉쳐진 대표적인 못난이가 아니었을까? 이런 트라우마 때문에 손주에게는 절대로 나와 같은 인자가 유전되지 않길 빌었었다. 간절한 바람이 온새미로 통했음일까? 다행히 입때까지 보이는 징후들은 그런 우려에서 자유로워져도 좋지 싶은 고무적인 현상이 뚜렷하다.

매주 월·수·금요일에 1시간씩(오후 4시 30분에서 5시 30분) 태권도장에 가서 수련을 한다. 주야장천(晝夜長川) 일구월심으로 태권도 타령을 끊이지 않고 안달복달 읊어 대던 까닭에 절절한 소원을 마냥 도외시하기 어려워 유치원 시절부터 도장에 보냈다. 그 첫 번째 이유는 자신이 절실하게 갈망했던 때문이다. 하지만 그 이면에서는 적극성이 부족한 소심한 성격에서 환골탈태(換骨奪胎)하여 정서적인 측면에서 활달한 아이로 탈바꿈하라는 바람 또한, 적지 않았다.

처음엔 신이 나서 시도 때도 없이 난리굿을 피우며 몰두했다. 하지만 소극적이고 조용한 분위기를 선호하는 성격에 반하는 태권도장 문화를 소화시키며 동화되는데 힘겨워 휘청거리기도 했다. 그 때문에 이따금 심적인 갈등으로 혼란을 겪으며 방황을 하기도 했던 것 같다. 아주 드물지라도 제 할머니나 내게 "태권도를 끊을까?"라고 하며 얼렁뚱땅 변죽을 울려 간을 보던 행동이 그를 방증한다.

깊은 속내를 곧이곧대로 헤아릴 길 없다. 하지만 일상적인 대화중에 언뜻언뜻 비치는 편린을 퍼즐 조각처럼 꿰맞춰 보면 대충 이런 심정이 아니었을까 하고 유추해 본다. 수련과정에서 사용되는 강한 어투를 비롯하여 강압적인 명령 일색인 도장 분위기가 평소 누리던 문화와 판이함 때문에 심적인 갈등을 겪었음은 불문가지이다. 그런 가치관 사이의 간극에서 발생하는 갈등과 정서적인 거부감을 슬기롭게 버텨내기 부담스러운 면이 적지 않은 데서 연유하지 싶었다.

수련과정에서 설렁설렁 어물쩍 넘기려 하거나 집중하지 못할 경우 불호령 같은 지청구를 듣거나 징벌적인 의미의 기합이나 경고가 무척 낯설어 찔끔했을 게다. 그럴 때마다 운동을 중단하고픈 충동이 일었으리라. 그럴 경우 강요나 우격다짐을 피해 다양한 예를 들어가며 견뎌 내야 함을 일깨워 주려고 정성을 기울였다. 다행히 큰 부작용이나 갈등 없이 조언을 받아들여 입때까지 운동을 계속해 왔다. 그러다가 새로운 운동의 기회가 있으면 어김없이 스스로 참여하겠다며 적극적으로 나서 여간 고마운지 모른다.

피구라는 새로운 미션에 대한 도전이다. 이런 운동을 통해서 살면서 때로는 성동격서(聲東擊西)의 지혜가 왜 필요한지 깨우치기도 할 것이다. 미답의 새로운 대상이 출현함은 도전 정신을 일깨우고 의지를 불태우며 적극적인 성격으로 이끌어주기 때문에 각별한 의미기 부여된다. 지난 정월에 지금의 아파트로 이사를 왔다. 이사를 온 뒤에 겨우 여덟 살 문턱에 다다랐던 유진이를 데리고 시험적으로 왕복 10여 킬로미터에 3시간 남짓 걸리는 청량산 등산을 나설 때 만해도 무모한 도박을 하는 기분이었다. 그런데 그동안 시나브로 단련된 손주가 이미 31번째 청량산 등정을 무리 없이 해냈다. 그러다가 어느결에 마니어(mania)로 바뀌어 이제 주말을 맞으면 자기가 앞서 등산을 가자고 설쳐대는 꼴이 가관이다.

삶을 영위하면서 다양한 부문에서 온갖 경험을 쌓고 체험을 하는 것은 내일의 삶을 찰지 게 살찌울 지식을 여투고 지혜를 깨우치기 위해 마음의 문이 자연스럽게 열림이다. 게다가 여럿이 함께 하는 운동의 문리를 제대로 터득함은 상생과 공존의 이치를 터득하게 되리라. 게다가 덤으로 건강의 세계로 이끄는 길라잡이 이기에 심신에 다소 무리가 따르더라도 거뜬하게 적응해 내는 굳건한 의지가 길러졌으면 하는 바람이다.

2014년 11월 15일 토요일

학예회

생전 처음으로 학예회를 지켜봤다. 오늘 유진이 학교에서 「2014. 꿈 너머 꿈! 신월 축제 한마당」이라는 표어(catch phrase)를 내건 학예회를 강당인 청량관에서 개최했다. 계절적으로 초겨울의 모퉁이를 지날 때인데도 남녘인 때문인지 아파트와 학교 주변이 온통 만산홍엽(滿山紅葉)의 열병을 앓는 모양새에다가 낙엽이 바람결에 이리저리 휘날려 만추의 끝자락 모서리에 서 있는 스산한 기분이다.

이른 아침 소슬한 가을바람에 휘날리는 낙엽을 밟으며 등교하는 뒷모습을 지켜봤다. 학예회에 맞춰 얇은 흰색 티와 매미 껍질 같은 내복 위에 겉옷을 입히고 밖에 점퍼 하나를 걸친 차림새를 매구 같이 꿰뚫고 있었던가! 옷깃 틈새로 짓궂게 파고드는 심술쟁이 싸늘한 바람결이 부담스러워 잔뜩 웅크리고 등교하는 꼴이 영락없는 엄동설한 언저리의 몰골이었다.

학예회라는 단어는 무척 익숙한데 정작 나는 한 번도 학예회에 참석했던 적이 없다. 그 이유는 6·25전쟁이 막바지에 이를 무렵부터 피난과 귀향을 반복하던 시절에 초등학교를 다녔던 데서 연유했다. 그리고 나의 두 아이들이 학교에 다니던 때는 그런 일에 전혀 관심을 가지지 않아 학예회를 모르고 지났다. 그런데 유진이가 학예회라며 할아버지가 와야 한다는 얘기에 토를 달거나 궁색한 이유를 붙여 둘러댈 수 없어 꿀 먹은 벙어리처럼 입을 꽉 다물고 참석했다.

생뚱맞게 사전을 펼쳤다. 학예회는 '학생이 음악, 무용극, 낭독 등의 예능 실력을 발표하고 그림, 글씨, 공예 따위의 작품을 전시하는 대회'라고 정의하고 있었다. 학교에서 만든 프로그램을 펼쳐 살폈다. 모두 30개의 종목으로 오전 9시 30분에 시작하여 12시 30분에 끝나는 것으로 계획되어 있었다. 전체 행사의 시작 팡파르는 4·5·6학년으로 구성된 신월관악부라는 동아리의 '화려한 음악의 선율 속으로'라는 관악합주였다. 그리고 1학년부터 6학년까지 모두 34개 반이 각각 혹은 몇 개의 반이 모둠으로 학년의 수준이나 색깔과 멋을 한껏 뽐낼 내용을 골라 골고루 한 번씩 참여하는 것을 원칙으로 편성된 조화로운 프로그램이었다.

그 외에 몇몇 동아리가 소속 학년이나 반과 관계없이 독립적으로 참여했다. 먼저 개막 행사에 합주를 했던 신월관악부, 2·3·4학년 여학생으로 이루어진 걸스카우트가 펼치는 '우리 마음의 손짓'이라는 수화(手話), 5·6학년으로 편성된 신월합창부의 '버터플라이, 나성에 가면'이라는 노래의 합창, 3·4·5·6학년으로 패를 이룬 신월풍물부가 오늘 학예회의 대미를 장식하기 위해 공연한 '닫는 소리'라는 풍물 등이 그들의 예이다.

그동안 유진이가 거의 매일 컴퓨터에서 노래를 들으며 춤동작을 익혔던 것은 뉴 둘리 송(new dooly song)이었다. 학예회 프로그램에는 유진이의 반인 1학년 2반 모두가 담임인 김지민 선생님 지도로 '둘리는 내 친구'라는 이름으로 율동을 했다. 개막을 알리는 관악합주가 끝난 뒤에 본격적인 행사의 첫 번째로 유진이 반의 율동이 이어졌다. 나름대로 최선을 다하면서도 밝은 조명의 반짝이는 불빛에 내심 놀랐을까? 아니면 아직 어린 때문에 제대로 익히지 못해 이리 비틀 저리 배틀 어긋나고 한둘의 동작이 순간적으로 엉클어지기도 했다. 그렇지만 해맑은 천사의 율동은 황홀하고 아름다워 하나하나 꼭 껴안고 등을 다독여 주고 팠다.

전체적으로 4·5·6 학년이 펼치는 내용은 기량 면에서 안정적이고 의젓하여 과연 초등학생인가 하고 놀랄 지경이었다. 그 옛날 내 어린 시절에 견주면 격세지감으로 슬기롭고 이지적인 모습은 무한한 가능성을 지닌 원석이며 재목이 분명했다. 그에 비해서 아직 천방지축(天方地軸)의 티를 제대로 벗지 못한 1·2학년이나 조금은 설익어 시고 떫은 듯한 3학년들은 부족하고 아쉬워도 정갈한 혼과 구김살 없이 해맑은 맘 길 따라 날갯짓하며 재주와 솜씨를 뽐내는 때 묻지 않은 천사의 모양새라서 더욱 정감이 갔다.

옥의 티였을까? 아니면 어린아이들을 위한 배려였을까? 학부형들이 앉을 의자가 협소한 강당 바닥을 모두 점령한 꼴이었다. 이런 때문인지 행사의 주인인 학생들은 자기들 차례가 다가오면 조붓한 옆모서리 공간에서 기다렸다가 공연을 마치고 곧바로 자기 교실로 돌아갔다. 따라서 자기 반이 펼쳤던 공연 이외는 관람하며 배운다거나 서로 비교해 볼 기회가 원천적으로 차단되었다.

그러므로 교육의 효과를 극대화하지 못하는 맹점을 내포하여 무척 아쉬웠다. 이런 문제는 '나무는 보고 숲을 보지 못한다.'는 견수불견림(見樹不見林)의 맹점이 있지 싶다.

모든 아이들이 그랬을 게다. 그동안 유진이는 컴퓨터를 켜놓고 귀로는 뉴 둘리 송을 들으며, 머리로는 가사를 외우려고 애썼다. 그런가 하면 몸으로는 춤동작을 익히려고 무던히도 여러 번 되풀이해서 뛰고 또 뛰었다. 그렇게 어떤 일에 몰입하여 열성을 다하는 자세 자체가 중요한 의미를 갖는다. 그러기에 그 가시적인 효과를 따지지 않고 마음속으로 응원하면서 슬며시 내 맘을 거기에 더했었다.

2014년 11월 21일 금요일

시제와 유진이

어린 꼬마가 시제(時祭)를 알까. 유진이는 청주 한문(韓門)의 공안공(恭安公) 할아버지 36대 손(孫)으로 시제에 참여하고 돌아왔다. 어른들의 입장에서는 '부모천년수(父母千年壽)와 자손만대영화(子孫萬代榮)'를 빌었던 조상을 받드는 일일지라도 철부지에게는 시골 여행쯤으로 생각하는 눈치였다. 며칠 전부터 언제 시제에 갈 것이냐며 오가는 길에 고속도로 휴게소마다 들려서 다양한 주전부리를 사 달라고 조르며 다짐을 받으려 마구 설쳐댔다.

옛날 같으면 좋은 날을 받아 모시련만 후손들이 온 나라의 여러 고을에 흩어져 다양한 생업에 매달린 까닭에 최대공약수를 찾은 대안에 따라 음력 시월의 첫 일요일로 정했는데 올해는 윤구월이 들어 오늘이었다. 다른 해보다 한 달 늦은 때문에 앙상한 나목과 스산한 초겨울 바람이 움츠러들게 하는 계절인데도 오늘의 날씨는 따스한 봄을 연상할 만큼 푸근해 다행이었다.

전날 약속대로 새벽 6시에 깨워 서둘러 준비시켜 30분 뒤에 집을 나섰다. 마산에서 국도 2호선을 따라 달리다가 진주 외곽에 인접한 진성 IC에서 남해안고속도로로 진입하여 진주에서 대진고속도로 상행선을 달리는 노정으로 길머리를 틀었다. 천천히 달렸던 때문에 집을 나선 지 1시간 만에 산청휴게소에 도착해 아침을 먹고 다시 북행을 계속하다가 덕유산휴게소에서 또다시 쉬었다. 그리고 한 시간 가까이 달려 셋째 여동생 집에 잠시 들렀다가 11시경에 가까스로 시제 장소에 도착했다.

만산홍엽 단풍 축제의 여흥은 사라졌고 앙상한 낙목한천(落木寒天)으로 을씨년스러운 텅 빈 산기슭이 허허롭고 쓸쓸하다 못해 쥐 죽은 듯 적막했다. 그래도 시제를 위해 산지사방에서 모여든 일가들이 무리를 이루어 화기애애한 분위기였다. 그 어른들 가운데 섞여 있던 막역한 또래의 승필이와 사랑이를 발견한 유진이는 단박에 얼굴에 생기가 돌았다.

일가 중에서 유진이와 죽이 맞는 또래는 사종(四從 : 10촌 형제) 형인 승필이와 유진이보다 나이가 어려도 9촌 아저씨인 사랑이었다. 셋은 몇 해 전부터 매년 한두 번씩 어울려 찰떡궁합을 자랑하는 돈독한 관계를 쌓은 사이이다. 오늘도 세 아이는 얼굴을 마주하자마자 죽이 맞아 드넓은 논밭과 야산 기슭을 헤매며 고삐 풀린 망아지들처럼 왕왕거리고 설쳐댔다. 오늘의 주된 행사인 시제에는 전혀 관심이 없이 자기들의 놀이에 몰두하는 동심에 흠뻑 빠진 어린 천사들의 해맑은 모습이 마냥 행복하고 순순해 보였다.

제단에 제수를 진설하고 정오를 지날 무렵 제를 올렸다. 나와 제법 떨어진 곳에서 어른들 틈에 유진이도 함께 끼어 서 있다가 때가 되면 절을 했다. 야생마 같은 왈패들도 조상께 정성을 다해 예를 표한 것이다. 그렇게 제를 마치고 점심시간이었다. 둘러보니 저 멀리 제 할머니 옆에 자리 잡고 있었다. 뒤에 아내에게 들은 얘기인데 평소 같으면 반찬 투정을 할 터인데 다소곳이 입을 다물고 밥을 한 공기를 뚝딱 먹어치웠다고 했다.

점심을 마치고 서둘러 귀가 길에 나섰다. 작은누님 댁에 들러 인사를 마치고 돌아올 노선 결정에 잠시 갈팡질팡 갈등을 겪었다. 경부고속도로를 겨냥하려면 옥천(沃川) IC, 대진고속도로를 택하려면 추부 IC로 방향을 틀어야 하기 때문이었다. 결국, 아침에 올라왔던 대진고속도로가 정체될 가능성이 적다는 생각에서 되짚어 가기로 결정했다.

여행길에서 맛보는 먹거리는 뺄 수 없는 즐거움이리라. 오늘 새벽 겨우 7시 40분경인데 배가 고프다고 방방 뛰며 숨이 넘어갈 듯 재촉하면서 우동 타령을 하여 산청휴게소에서 시켜주었다. 하지만 맵다며 끼적이다가 제 할머니가 주문한 우동 몇 가닥 건져 먹고 젓가락을 놓았다. 그리고 곧바로 소시지를 읊어대 어린이 팔뚝만 한 것을 하나 입에 물리고 잽싸게 음료수까지 대령해 급한 불을 껐다. 그리고 또다시 덕유산휴게소에 들려 쉬다가 다시 한 시간 이상을 달려 시제청(時祭廳)에 도착했다.

시제 음식이 용미봉탕(龍尾鳳湯)이 아님에도 점심밥 맛은 환상적이라서 무척 많이 먹었다고 했다. 엄청 많이 먹었다는 사실은 옆에서 지켜봤던 제 할머니도 인정했다. 그런데 귀갓길에 들린 덕유산휴게소에서 또다시 커다란 소시지 한 개에다가 식혜 한 병을 비롯해서 비타민 과자 한 봉지를 단숨에 꿀꺽하는 먹성을 뽐냈다. 그리고 함양에 들려 화장실에 다녀와 구운 단밤(甘栗) 한 봉지를 사서 게 눈 감추듯 먹어치우고 꾸역꾸역 물을 마셔대기도 했다. 그렇게 먹보 노릇을 하더니 막상 저녁밥은 시큰둥해서 해찰만 하다가 누룽지 끓인 것 몇 숟갈 뜨는 시늉을 하다가 물렸다.

어른들의 나들이 목적과 관계없이 유진이는 먹고 즐기며 새로운 것을 구경하는 게 큰일로 보였다. 거기에 덤으로 내 누님과 동생인 세 명의 할머니들로부터 두둑하게 용돈을 받아 챙기고 나서 한껏 날듯이 고조된 기분에서 기고만장했다. 그런 아이가 더 할 수 없이 흐뭇한 하루를 보낸 듯해서 나까지 덩달아 구름 위의 무지개다리를 겅중겅중 걷는 기분이었다.

2014년 11월 23일 일요일

내가 만약 대통령이 되면

참으로 엉뚱하고 어안이 벙벙했다. 어제 문중의 시제를 모시고 귀가하다가 대진고속도로 덕유산휴게소에서 휴식을 취하고 다시 고속도로를 달리던 승용차 안에서 일이었다. 무슨 얘긴가를 주저리주저리 읊어대면 유진이가 말머리를 바꿔 생뚱맞게 "내가 만약 대통령이 된다면 말야!"라고 전제를 한 뒤에 속사포 같이 쏟아 붓는 말 폭탄이었다.

"할아버지!"
"내가 만약 대통령이 된다면 말야."
"학교를 없애 버릴 거야."
"시험도 없애 버릴 거야."
"교과서도 몽땅 없애고, 선생님도 없애고"
"학원도 없애 버릴 거야."
"그리고 원시인처럼 살 거야."

믿기지 않았다. 이제 겨우 여덟 살에 초등학교 1학년의 입에서 이런 맹랑하기 짝이 없는 핵폭탄이 터지리라는 생각을 해 본 적이 없다. 어안이 벙벙해 한동안 말을 잇지 못하고 멀뚱멀뚱 쳐다보며 등신처럼 허둥댔다. 어질어질한 정신을 가다듬고 어물어물 물었다.

"왜, 그런 생각을 하느냐고?"

능구렁이 같은 속내를 속속들이 알 길 없어도 얘기의 편린들을 이리저리 꿰맞춰 미루어 짐작건대 학교에서 제 친구들과 이와 흡사한 얘기를 꽤나 주고받으며 낄낄거리는 눈치가 역력했다. 아직은 개구쟁이 철부지로 여겼는데 나름대로 또래끼리 동병상련(同病相憐)의 마음이나 느낌을 나눌 만큼 훌쩍 자랐었나 보다.

학교가 자기들을 스트레스받게 하기 때문이라는 얘기의 요지였다.

"그러면 누가 너희들을 가르쳐 주느냐."고 물었다.

그에 대한 대답이 엉뚱했다. 더덜이 없이 그대로 옮기면 이렇다.

"대통령을 보좌하는 아저씨들이 가르쳐주면 된다."는 처방을 내놓았다.

교과서를 없애면 무얼 보고 배울 것이냐고 했더니 용수철처럼 톡 튀어나오는 즉답이었다.

"재미있는 만화책으로 만들면 된다."는 얘기였다.

벌써 학교가 재미없고 시험이 싫으며 학원이 넌더리의 대상을 지나서 스트레스의 진원지란 말인가? 게다가 재미있어야 할 교과서가 고리타분하여 배척해야 할 원흉으로 각인 되었다면 심각하다. 그리고 선생님을 꼬장꼬장한 존재로 치부하면서 달갑지 않다는 방증이라면 예삿일이 아니다. 아직 어린아이이기에 공부하라고 심하게 내몰거나 옛 어른들이 학문에 몰두하라고 이르던 '잠이 오면 송곳으로 허벅지를 찔러 잠을 깨며 애써 공부한다.'는 뜻의 자고고학(刺股苦學)의 경지에 이르도록 다그치며 닦달한 적이 전혀 없는데 말이다.

"원시인처럼 살 거야."라는 말이 머릿속에 길게 여운으로 남아 귓가를 맴돈다. 벌써 버거운 문명을 따라잡거나 배워서 내 것으로 만들기 위해 시달리기보다는 자연을 바탕으로 하는 원시인을 동경하는 걸까? 받아쓰기나 일기 쓰기, 각종 학습지나 학원, 까다로운 수와 원리의 터득 때문에 골머리를 앓기보다는 어느 방송 프로그램에서 적나라하게 보여 주는 정글의 법칙 같은 원초적인 삶을 동경하는 것은 아닐 게다.

예로부터 '어 다르고 아 다르다.'고 하여 어이아이(於異阿異)라고 하지 않던가! 머리가 띵했다. 교육이라는 미명하에 아이의 자유를 속박하고 진정한 바람이나 원하는 욕구를 무참하게 억누르지는 않았을까? 또한, 어른의 가치와 기준에 따라 지나치게 들볶거나 줄 세우려고 내몰며 안달하는 것은 아닌지 심각한 자성이 따라야 하지 싶다. 어쩌면 벌써 부지불식간에 그런 무자비하고 험준한 강을 건너고 있는지도 모르겠다. 언뜻 지난 10월에 학교에서 실시했던 중간고사 결과가 그를 웅변하는 게 아닐까.

유진이 학교의 1학년이 중간고사에서 치렀던 국어와 수학 그리고 통합교과 등의 3과목에 대한 학년 전체 평균이 대강 91.76이라는 사실이 그를 입증하는 증좌가 아닐까 싶은 생각이다. 이 결과에 대한 유추는 세 갈래로 결론지을 수 있지 않을까? 첫째로 지나치게 쉬운 문제를 출제했거나, 둘째로 평소 음양으로 시험 문제에 대해 암시를 주었거나, 셋째로 집에서 부모들이 지나치게 내몰았을 가능성 등이 그것이다. 이즈음 사회적인 분위기로 봐서 마지막 세 번째 요인이 가장 크게 작용한 결과라고 단정할 요인이 매우 커 보인다.

아이의 이런 언사에 대해서 '모기를 보고 칼을 빼는'격인 견문발검(見蚊拔劍) 식의 호들갑을 떨 필요는 없지 싶다. 하지만 어떤 원인으로 그런 얘기를 내뱉던 그에 대한 냉철한 반성이 따라야 합당한 대응일 것 같다. 하지만 왜 학교에 다녀야 하는지 다양한 예를 들어가며 존조리 얘기를 하며 나름대로 이해를 시키는데 진땀을 흘렸다. 내심으로는 '가까이 듣고 멀리 본다.'는 근청원견(近聽遠見)의 참뜻을 스스로 깨닫기를 간원했다. 아울러 한편으로는 어린아이들의 해맑고 밝은 영혼이 드높은 창공을 맘껏 날며 무한한 비상을 위해 푯푯하고 싱싱하게 성장할 토양의 우리 사회를 그려봤다.

풀무문학, 제4집, 2015년 2월 22일

(2014년 11월 24일 월요일)

서설과 유진이

섣달의 두 번째 월요일(8일) 아침에 눈을 떠보니 상서로운 서설(瑞雪)이 내려있었다. 어젯밤 잠자리에 들 때까지도 눈이 내릴 낌새가 전혀 없었는데 아마도 늦은 밤중이나 새벽녘에 살포시 내렸던 모양이다.

사위가 깜깜한 첫 새벽에 일어났다. 그런데 거실 창문에는 여느 때와 다름없이 커튼이 드리워져 있었는데도 밖이 유난히 환했다. 눈이 내렸을 것이라는 생각을 못 하고 내방으로 건너와 조간신문을 뒤적이다가 샤워를 했다. 그리고 컴퓨터 앞에 쭈그리고 앉았다가 유진이를 깨울 시간인 7시를 넘긴 지 오래였다. 깜짝 놀라 유진이가 잠자는 방으로 가려고 일어서는 순간이었다. 아내가 베란다의 커튼을 걷다 말고 눈이 내렸다고 소리쳤다.

곧바로 방을 나서 거실을 거쳐 베란다로 나갔다. 온 세상이 신기한 순백의 세계로 변해 있었다. 내 시야에 들어오는 산허리 나목이나 아파트 주차장에 주차된 승용차를 비롯하여 정원수도 잔뜩 휜 눈을 뒤집어쓴 채 다소곳이 숨을 고르고 있었다. 마산에 이만한 눈은 몇 년에 한 번 볼 수 있는 강설로 북쪽 지방으로 치면 엄청난 폭설에 해당한다. 그런 까닭에 이번 겨울의 서설로 순백의 은총은 축복이며 상서로운 조짐이다.

유진이가 잠을 자는 방으로 가서 깨웠다. 밖에 눈이 많이 와서 온통 눈 천지라며 눈 구경하게 빨리 일어나라고 흔들어 깨웠다. 평소 같으면 어르고 달래는 밀당을 하면서 비위를 맞춰야 겨우 부스스 눈을 뜨던 녀석이다. 눈이라는 소리에 귀가 번쩍 뜨였는지 용수철같이 잠자리를 박차고 일어났다. 되는대로 따스한 옷으로 갈아입고 베란다에 나서더니 놀라 외마디 소리를 연거푸 질러댔다. 그리고 사진을 찍어야 한다며 제 할머니 휴대전화를 찾아다가 연신 셔터를 눌러대며 무언가를 끝없이 중얼댔다. 그러다가 아침 식사를 하는데 속도가 무척 빨랐다. 얼렁뚱땅 밥을 먹고 숟가락을 놓기 바쁘게 밖에 나가겠다고 했지만 말렸다. 조금 뒤에 학교에 가야 하기 때문이었다.

거실에 앉아서도 여전히 밖으로 눈길을 보내고 있던 8시 무렵이었다. 평소 깊은 잠에 취한 듯 조용했던 내 휴대전화에 이른 아침에 웬 문자 메시지가 도착했다는 신호음이 울렸다. 무심코 열었는데 학교에서 “눈이 내려 위험하니 조심해서 10시까지 등교하라.”는 내용이었다. 순간적으로 생각했다. 여기는 모두 아파트 단지 내의 아이들이기 때문에 천재지변(天災地變)이 아닌 이상 평소대로 등교가 가능하다. 그 대신에 선생님들은 거개가 통학권을 벗어나 거주하기 때문에 대중교통이 완전히 두절된 지금 평소처럼 8시경까지 출근하는 것은 불가능하지 싶었다. 따라서 등교 시간을 늦추는 것은 학생보다는 선생님을 위한 고육지책에 가까워 주객이 전도된 느낌이었다.

늦게 등교해도 된다고 이르고 한 시간쯤 지난 9시를 넘겼을 무렵이었다. 학교에 가고 싶다고 길길이 뛰는 까닭에 더 붙들어 둘 재간이 없어 학교로 향했다. 아파트 뒤쪽 등산로를 이용한 등굣길을 택했다. 사람이 거의 다니지 않아 밟으면 푹푹 빠지는 까닭에 완전히 눈으로 뒤덮인 세상을 가로질러 신천지 어딘가를 찾아가는 즐거움이었다. 아이도 마찬가지였던가 보다. 한 발 한 발 옮길 때마다 손에 눈을 뭉쳐 쥐고 던지거나 눈 위에 아무렇게나 주저앉기를 반복해 등굣길이 평소보다 길어졌다. 중간에 제법 너른 나무 밑 공터에 하얀 눈이 5~7센티미터 정도 쌓인 위에 사진을 찍는다며 아예 앞으로 발랑 누워 뒹굴었다. 그렇게 낄낄거리며 신이 나서 어쩔 줄 몰라 방방 뛰기를 반복하는 아이의 모습은 무척 평화로웠다. 지금까지 등굣길에 이처럼 흥분해서 길길이 뛰었던 모습을 본 기억이 도통 없다.

아이를 학교에 등교시키고 급히 송금해야 할 일 때문에 걸어서 은행에 다녀왔다. 오가는데 30분 정도 소요되는 거리의 길에 내려 쌓였던 눈은 날씨가 따뜻해 거의 녹아내려 길바닥은 비가 내린 것 같이 흥건했다. 그런데 눈에 대한 대비가 전혀 없는 지역인 때문인지 승용차들의 내왕이 거의 끊겨 길거리는 텅 비어 한산했다. 하지만 주위 산이나 웅달의 비탈에는 아직도 눈에 덮여 깊은 잠에 빠진 듯 고요한 분위기였다.

서설의 은총이 너무도 빨리 자취를 감추며 사라지려 했다. 아파트 2층의 거실로 내다보이는 마당엔 눈이 모두 녹아 비가 내려 땅

바닥이 젖은 모양새이다. 하기야 그늘진 정원과 자동차 위를 비롯해 아파트 울타리와 연이어진 산비탈 뒨비알 응달엔 여전히 흰 눈이 쌓여 향연을 이어가고 있어 야멸차게 서설의 꿈을 거두어간 것은 아니었다. 누구보다 오늘의 눈을 반겼던 유진이의 환희를 위해서라도 잔설이 가능한 한 오래 버텨줬으면 좋겠다.

2014년 12월 8일 월요일

기말 학력평가

유진이가 생전 처음으로 기말 학력평가라는 시험을 치렀다. 지난봄에 초등학교에 입학한 때문에 1학기에는 중간이나 기말의 학력평가가 없었고 비공식적인 시험인 받아쓰기만 24번 했다. 그런데 2학기에 들어서 10월에 국어·수학·통합교과 등의 3과목에 대한 중간고사가 있었다. 그리고 오늘(12월 9일)도 중간고사와 동일하게 3과목에 대해서 기말 학력평가가 시행되었다.

고삐 풀린 망아지 같은 덜렁이들이 교재를 분실하거나 제대로 챙겨오지 않을 경우나 무거운 교재를 가방에 넣고 낑낑대며 학교와 집을 오갈 불편을 고려한 까닭일 게다. 요즘은 교재를 학교 사물함에 두고 다닌다. 그런 때문에 한 해가 다 가도록 아이가 배우는 교과서를 제대로 본 적이 없다. 따라서 아이가 알림장에 시험범위를 적어와도 가늠할 길이 막막하고 '봉사(소경) 문고리 잡는' 맹인직문(盲人直門) 격이었다. 대응책으로 시중에서 참고서를 구입해 어떤 내용을 배우고 있으며 어디까지가 시험의 범위인지 파악하고 있다.

국어는 인상 깊었던 일, 이야기꽃을 피워요, 다정하게 지내요 등의 3개 단원이 시험 범위였다. 첫 번째 단원에서는 인상 깊었던 일을 글로 쓰는 과정에서 고려하거나 주의해야 할 사항, 다양한 경험을 글로 나타내는 과정에 연관된 내용이다. 그리고 두 번째 단원은 다양한 동시와 동요 그리고 위인의 업적 등을 통해 어린이들의 상상력과 창의성을 함양하려는 내용이다. 한편, 세 번째 단원은 친구나 동화를 통해 서로 배려하고 양보하는 미덕을 기르기 위한 언행의 본보기를 바탕으로 하고 있다. 전체적으로 무리한 부분은 보이지 않으나 참고서의 경향을 보고 유추할 때 서술식 문제에서는 아이들이 헷갈릴 소지가 다분했다.

수학은 덧셈과 뺄셈(1), 시계 보기, 덧셈과 뺄셈(2) 등의 3개 단원이 시험 범위이다. 첫 번째 단원은 두 자릿수의 덧셈과 뺄셈이고, 두 번째 단원은 시계의 시간을 판독할 능력을 기본으로 하고 있다. 하지만 스토리텔링에 입각한 원리를 설명하고 답을 구하는 과정은 고난도의 문제라서 혼동할 소지가 다분했다. 문제 자체의 어려움보다는 그 풀이 과정을 논리적으로 풀어서 글로 쓰는 게 문제였다. 한편, 세 번째 단원은 더하고 빼는 내용이 동일한 문제에 섞여 있어 주의를 필요로 했다. 그리고 스토리텔링으로 주어지는 문제는 우선 정확한 독해가 선행되지 않으면 해결이 불가능해 주의가 필요했다.

내 개인적인 견해는 1학년에서 가장 어려운 교과목이 통합교과이다. 추석①, 추석②, 우리나라의 상징이 시험 범위이다. 이 범위 내의 내용을 보면 가을과 농촌을 위시한 자연과 기후 변화, 사회적 풍습과 문화 그리고 윤리 도덕, 역사적 사실과 인물, 동요와 전래 동요, 놀이문화와 우리의 국기와 국화를 비롯해 애국가 등을 골고루 알고 외워야 한다. 한마디로 하나의 교과목에 여러 영역을 무리하게 뭉뚱그려 놓고 아이들이 전지전능한 수재 또는 공부벌레가 되기를 기대하는 듯했다.

평소 꾸준하게 공부를 하는 습관을 기르도록 옆에서 힘을 보태왔다. 그런 때문에 시험이라고 특별한 대비가 따로 있을 까닭이 없었다. 다만 시험을 앞둔 지난 주말부터 네댓새 동안은 그동안 공부하며 힘들어하거나 헷갈려 갈피를 잡지 못했던 부분을 중점적으로 복습하도록 했다. 이 같은 맥락에서 오늘 시험은 그동안 배운 것을 얼마만큼 이해하고 있었는지 객관적인 평가를 받는 과정으로 자리매김하면 되리라.*

매사에 긍정적이고 무사태평인 아이이다. 오늘도 시험을 마치고 오후 2시를 조금 지나서 돌아왔다. 환한 표정으로 현관을 들어서는 모습이 여느 때와 조금도 다름이 없었다. 가방을 팽개치더니 텔레비전을 틀어 놓고 몰입한 꼴이 너무도 태연자약하다. 하도 궁금하고 좀이 쑤셔서 살짝 운을 떼며 변죽을 울려봤다.

"시험 보느라고 수고했다." 대답이 기막히다.

"벼---얼 --로!" 다시 물었다.

"시험 보는데 문제없었니?" 이번엔 아예 선(禪)문답 수준이다.

"으-으- 응"

이 정도면 녀석의 성격으로 봐서 시험에서 큰 탈이 없었다는 자신감의 표시이고 신호이기도 하다. 그럼에도 비위가 상해서 더 묻고픈 마음이 싹 가셨다. 서운한 기색을 애써 감춘 채 함구하고 간식으로 조금 전에 쪄놓은 고구마와 먹을 물을 턱밑에 대령하고 읽던 책을 다시 집어 들었다. 하지만 내 말에 시큰둥한 녀석의 태도가 생각할수록 괘씸하기 때문이었던지 글자가 눈에 들어오지 않고 자꾸 멀리 도망쳤다. 그래도 언젠가는 형설지공(螢雪之功)* 의 자세로 공부하는 아이의 모습을 볼 수 있다면 좋겠다는 고루한 생각이 머릿속에서 맴돈다.

2014년 12월 9일 화요일

* 기말고사 성적 : 12월 16일 학교에서 보내온 2014학년도 학력평가 결과에 따르면 유진이는 기말고사에서 국어 89점, 수학 100점, 통합교과 95점을 획득하여 세 과목 평균 94.7을 받았다. 학년 전체 평균점수는 88.8다. 기말고사는 어려웠던지 학년 전체 평균이 중간고사에 비해 3.0이 낮아졌다.

* 형설지공(螢雪之功) : 후진(後晋)의 이한(李瀚)이 찬술한 몽구(蒙求)에 나오는 일화이다. 옛날 중국의 진(晉)나라의 차윤(車胤)은 어린 시절에 공부를 열심히 하였지만 가난하여 호롱불을 밝힐 기름을 살 수 없었다. 그래서 밤에는 얇은 명주 주머니에 반딧불을 넣어 그 빛으로 공부를 하여 마침내 이부상서(吏部尙書)라는 벼슬을 했다. 한편, 같은 시대에 손강(孫康) 역시 공부를 열심히 했으나 가정 형편 때문에 겨울에는 마당에 쌓인 눈빛에 책을 비춰 읽는 영설독서(映雪讀書)로 끝내 어사대부(御史大夫)가 되었다고 한다. 이 두 사람이 어려운 환경에서도 성공을 이룬 것을 기리며 형설지공이라고 했다.

혼이 없는 장난감

요즈음 손주의 장난감을 보면 하나 같이 공장의 생산라인에서 대량으로 찍어낸 판박이다. 같은 딱지라도 원재료인 종이의 종류가 다르고 만드는 사람이 솜씨나 취향을 위시하여 숙련도에 따라 판이한 수제품이 사라졌다. 그러므로 장난감에 정성이나 혼이 사라진 박제품으로 돈만 있으면 동일한 공장의 같은 모형을 무진장 살 수 있는 세상이다.

그 옛날 팽이의 경우를 회상해 본다. 대부분 직접 깎았고 팽이채 역시 닥나무나 삼의 껍질로 만들었다. 그렇게 직접 만들다가 낫으로 손을 베는 사고를 당하거나 균형을 맞춰서 깎지 못해 제대로 돌아가지 않아 버리는 경우도 허다했다.

눈썰미가 뛰어나거나 솜씨가 좋은 친구들은 팽이가 얼음이나 땅에 닿는 부분에 총탄이나 못을 박아 매끄럽게 돌아가도록 만들었다. 그 때문에 '남에게 존경받는 뛰어난 존재'인 태산북두(泰山北斗) 정도는 아닐지라도 주위의 부러움을 한 몸에 받았다. 그런가 하면 시샘 또한, 그에 못지않았다.

대나무를 잘라서 마디에 구멍을 뚫고 솜방망이를 만들어 물총도 만들었다. 오늘날 공장에서 만든 플라스틱 제품에 비하면 엉성하고 조잡하기 짝이 없어도 거기에는 정성과 집념 그리고 끈기와 아이디어를 바탕으로 하는 진지한 혼이 담겨있었다. 이런 장난감들은 기능 면에서 뒤떨어지고 세련미를 찾기 어려우며 조잡할지 모른다. 하지만 거기에는 도전과 실패의 교훈 그리고 지혜와 경험의 축적이라는 값진 결과가 차곡차곡 쌓이며 갈무리 되어 훗날 세상을 헤쳐 나갈 밑거름이 되었다.

지금 돌이켜보면 딱지를 접어 따먹기를 하고, 물총을 만들어 또래들과 어울려 물총 싸움을 하다가 옷을 흠뻑 적셔 어머니께 호된 치도곤을 당했어도 무척 아름다운 추억이었다. 6·25전쟁 때문에 종이가 귀해 시멘트 포대 종이를 찢어 만들거나 책이나 공책도 몰래 찢었던 시절은 황홀한 색깔로 채색된 옛일이다. 제기를 만들기 위해 어른들이 아끼던 엽전을 몰래 집어내기도 했다. 또한, 집 밖에 나가서 친구들과 어울려 팽이를 깎다가 낫을 잃어버리고 그 사실을 꼭꼭 숨기고 있다가 이제 사 고백하는 고약한 아이가 바로 지금의 나이다. 그 외에도 썰매를 만들기 위해 여러 번 도전 했음에도 친구들에 비해서 한참 모자라게 만들어 분하고 억울해 끙끙 앓았던 기억은 여태까지도 애통하다.

그동안 거쳐 갔거나 현재 사용 중인 장난감은 대부분이 인터넷이 그 옛날 여리꾼* 역할을 톡톡히 하여 널리 알려진 것으로 대강 이런 것들이다. 물총, 비눗방울, 팽이, 레고, 자동차, 무선 조종 자동차와 헬기, 공룡, 로봇, 딱지와 카드, 게임기(WII), 파워 레인저

스 다이노 포스(power rangers dino force) 변신총 등이 있다. 물총의 경우 작은 것도 있다. 하지만 람보 영화에 나오는 총을 연상시키는 제품으로 어른들의 주머니와 타협해야 하는 제품이 적지 않아 놀랐다. 결국, 물총 놀이의 승자는 더 성능 좋은 제품을 구입했는가에 따라서 결판나는 게 정상일까? 팽이는 탑 플레이트가 대부분이었는데 툭하면 망가져 그동안 30개쯤 샀었다. 단순히 줄을 잡아당기는 단순 기능의 반복일 뿐이기 때문에 상상력이나 창조성을 전혀 기대할 수 없어 고개를 갸우뚱하게 했다. 따라서 이들은 '쓸데없는 사물'격인 하로동선(夏爐冬扇)쯤으로 평가해도 야박한 평은 아니지 싶다.

비눗방울을 비롯한 자동차나 공룡 그리고 로봇 등은 부모의 경제력과 비례해 천차만별이기 때문에 추천해 주고 싶거나 좋은 평을 할 수 없었다. 게다가 최근 선풍적인 관심의 대상으로 등장한 파워 레인저스 다이노 포스 변신총(일본산)은 밋밋한 성능이나 기능은 별로다. 그에 비해 지나치게 과대 포장된 데다가 터무니없이 비싸서 사기를 당한 것처럼 씁쓸했다.

딱지의 경우나 카드(포케몬, 요괴워치)도 한결같이 공장에서 무더기로 찍어낸 것을 가지고 단순한 따먹기나 게임을 기계적으로 한다. 거기에 개인적인 아이디어나 지혜가 파고들어 갈 소지는 전혀 없다. 그러므로 단순 기능 숙달훈련 외에는 기대할 게 없는 함량 미달의 장난감에 지나지 않는다. 이는 생각이나 기술이 필요 없는 단순 동작을 반복하는 모양새이다. 그러므로 이들 장난감 놀이를 통해 창의력이나 상상력을 기르고 정서적인 발달의 기대는 턱없는 무리이다.

다양한 모형으로 변형시킬 수 있는 레고 조립은 군계일학이다. 제 아버지가 캐나다에 머물 때 두 상자를 사준 것을 비롯해 국내에서도 사 주어 무엇이든지 만들 물량을 가지고 있다. 또한, 제 아버지가 귀국해 사준 게임기(WII)는 다양한 내용을 담고 있는 대신에 시간을 지나치게 많이 빼앗는 치명적인 맹점이 있다. 지나치게 게임에 집착하면 중독의 위험이 높기 때문에 전용 게임(WII)이나 컴퓨터 게임에 빠지지 않도록 특별히 훈련을 시키며 스스로 자제력을 기르도록 신경을 쓰고 있다.

세월 따라 문화가 달라지며 아이들의 놀이 형태가 변하면서 장난감 선호도나 유행도 바뀌게 마련이다. 당연한 현상을 도외시하고 어린애 투정하듯이 갑론을박하며 장난감을 폄하했던 내가 시대에 뒤지는 얼간이에 가깝지 않을까? 디지털 시대임을 감안하여 백번 양보한다고 하자. 그래도 공장에서 무한정 찍어낸 장난감을 가지고 단순히 놀이에 몰두하는 꼴은 바보를 양산할 위험이 도사리고 있다. 단순 기능에 함몰되어 창의력이나 상상력을 비롯해 도전 정신이나 지혜를 일깨우지 못할 개연성은 아이들의 내일을 위해 심각하게 경계하고 척결해야 할 청산의 대상이 분명하다.

2014년 12월 14일 일요일

* 여리꾼 : 가게 앞에 서서 지나가는 사람을 끌어들여 물건을 사게 하고 가게 주인으로부터 삯을 받는 사람.

일기 쓰기

유진이가 일기를 쓰기 시작한 지 넉 달째이다. 봄에 학교에 입학하고 첫 학기는 어물어물 뭉그적거리다가 그대로 지나쳤다. 그런데 2학기에 들어서 담임선생님이 일기 쓰기 과제를 부여하여 썩 내키지 않아도 토를 달 겨를이 없이 창졸간에 첫발을 내디뎠다. 따라서 자발적인 시작이 아니라 타의에 의한 강제성이 내재된 피동적인 출발이기 때문에 모양새가 별로이다.

흔히들 일기는 '그 당시의 생각이나 느낌을 알 수 있다.'는 원론적인 장점을 얘기한다. 이 외에도 매일 겪은 일 중에서 나름대로 중요한 것을 골라 그 줄거리에 따라 얼개를 엮어 글로 표현하는 훈련과정이다. 겪은 일이나 생각과 느낌을 논리적으로 서술하는 반복 학습은 학교나 사회생활에서 필수적인 대인관계를 위한 대화나 의사소통의 기본적인 틀을 다지는 첩경이다.

자기의 경험이나 생각과 느낌을 조리 있게 남에게 정확히 전달하는 능력이야말로 우리 모두의 필요 충족요건이다. 머리로는 절감하면서도 대부분 사람들은 현실적으로 소통의 기술과 능력을 제대로 기르지 못해 시행착오를 겪으며 가슴앓이하는 경우가 숱하다. 이런 생각에서 가능한 일기 쓰기를 거르지 않고 정성을 쏟도록 조언하며 이끌고 있다. 지난날 제 아비 형제에게서 나타났던 일기의 전형적인 행태이다.

"나는 오늘 ○○을 먹었다. … 참 맛있었다. … 또 먹고 싶다."
"오늘 ○○와 함께 □□하면서 신나게 놀았다. … 참 재미있었다."

위와 유사한 유형으로 먹거나 놀았던 내용이 태반으로 사고의 범주나 내용에서 발전적인 가능성을 찾기 어려웠다. 이 같은 문제점이 대(代)를 이어 고스란히 답습되지 않기 위하여 다양한 주제를 글감으로 택해 사고의 폭을 넓고 깊게 해주려고 진력하고 있다. 그렇다고 이 과제를 통해 글을 쓰는데 천의무봉(天衣無縫)을 꿈꾸는 것은 아니다.

일기장을 뒤져봤더니 비척걸음으로 내디뎠던 첫날(9월 2일 화요일)은 이랬다. 먼저 주제는 "어묵"이었다. 지난밤 잠자리에 든 시각은 10시, 아침에 일어난 사각은 7시로 적혀있었다. 한편, 삐뚤빼뚤 지렁이가 기어가는 모양으로 어설프게 써 내려간 내용의 더덜이 없는 그대로이다.

"오늘 할아버지가 천 원을 주셔서 영어학원에 가서 어묵을 사 먹었다. 다른 친구들도 어묵을 사서 함께 먹었는데 너무너무 맛이 있었다. 그런데 천원 중에 오백 원만 쓰고 오백 원은 남겼다. 앞으로 함부로 돈을 쓰지 않을 것이다."

이 내용을 검사하신 담임선생님이 일기의 하단 여백에다가 "절약 정신이 투철한 모습~ 보기 좋아요."라고 격려해 주셨다.

일기 쓰기를 시작하면서 주제는 다양한 분야를 대상으로 해서 선택하도록 지속적인 관심을 기울이며 이끌고 있다. 왜냐하면, 주제가 무엇인가에 따라 생각의 범주나 방향 그리고 사용하는 단어나 어휘 등이 달라져 글의 내용이 그와 궤를 함께하기 때문이다. 일기를 시작한 지난 9월의 일기 주제이다.

"어묵, 비, 곶감, 자전거, 영화 보기, 청량산 등산, 제사, 영화 촬영장, 등교, 인라인스케이트, 굴밤, 힘든 날, 우정 등산, 피구, 실수, 무기술, 쇼핑, 돌아왔다, 줄넘기, 밤, 비, 현장학습, 샤워, 할머니 안마, 할아버지와 숙제, 서울 가신 할머니, 받아쓰기, 대구탕, 만화책" 따위였다.

꼭 일기가 아니라도 어려서부터 경험을 통한 생각이나 느낌을 글로 존조리 풀어쓰는 능력을 기르는 훈련은 훗날 매우 중요한 무형의 자산이 된다. 사회생활에서 자기의 뜻을 효과적으로 피력하여 상대방의 공감을 이끌어 내거나 한 치의 어긋남 없이 이해시키는 출중한 능력은 매우 중요하다. 왜냐하면, 일의 성패를 가름하는 열쇠이자 강력한 경쟁 무기이기 때문이다. 이 같은 연유에서 어려서부터 글쓰기 훈련은 그 무엇과도 바꿀 수 없는 수련이자 자기 연마의 길이다.

며칠 남지 않은 연말까지는 일기에서 주제를 정하고 내용을 전개하는 과정에서 조언이나 도움을 아끼지 않을 요량이다. 그 까닭은 우선 일기 주제를 정하고 내용에 따라 글로 풀어쓰는 과정에 대하여 일정한 틀을 잡아 줄 필요가 있다고 생각하기 때문이다. 이 목표 달성은 하대명년(何待明年)의 세월이 필요할지 모르지만 새해부터는 완전히 본인에게 맡기고 한발 물러서서 조언하는 쪽으로 궤도를 수정할 수 있었으면 좋겠다.

자기의 고유한 때깔과 맛을 가지는 글을 원하는 진솔한 마음을 바탕에 깔고 말이다. 왜냐하면, 서 푼어치도 되지 않는 '재주를 믿고 아무렇게나 행동'하는 시재망작(恃才妄作)의 어리석음을 범하지 않기를 원하는 바람에서이다. 소박하지만 겨냥하는 대로 홀로서기가 원활하게 이루어진다면 싱그러운 새봄의 향연을 또랑또랑한 생동감이 넘쳐나도록 일기에 고스란히 새길 수 있을 터이다.

2014년 12월 15일 월요일

그 길이 네 길

문득 유진이가 앞으로 '어떤 분야의 일을 직으로 택하면 좋을까?'라는 생각에 이르렀다. 태어나 입때까지 우리 내외가 끼고 살아온 아이다. 이런 까닭에 제 아비보다 성격을 잘 파악하고 세세한 버릇까지 속속들이 꿰뚫고 있다. 게다가 지난봄 초등학교에 입학한 학교에서 배우는 국어와 수학 그리고 통합교과 등의 교과목 공부를 도와왔던 까닭에 잠재된 재능이나 소질까지도 시시콜콜 짚어내서 줄줄이 읊어 댈 수 있다.

캐나다에서 태어나 우리 부부 품에 안기게 되면서 자연스럽게 우유를 먹이고 기저귀를 갈아 주었다. 그러다가 걸음마를 시작하기 전부터 세 해 가까이 어린이집을 다니기도 했다. 그리고 두 해 동안 유치원을 맴돌다가 초등학교에 입학하여 1학년의 끝자락에 이르렀다. 어느결에 아홉 살의 들머리에 이른 아이는 훌쩍 커버려 사내 티가 물씬 풍기는 끌끌한 도령이 되었다.

흔히들 사람을 좌뇌형과 우뇌형으로 갈래지어 특징을 얘기한다. 우뇌(右惱)는 이미지 뇌로 알려졌다. 이 유형은 직관적 능력이 뛰어나기 때문에 운동, 그림, 음악에 소질을 보인다는 견해이다. 그리고 자유분방하고 감정이 풍부하며 무계획적이거나 즉흥적일 가능성이 높은 성격이라고 한다. 한편, 좌뇌(左惱)는 언어의 뇌이다. 그리고 이 좌뇌형은 언어구사 능력, 숫자나 문자의 인지 또는 이해력, 논리력 등이 출중하다는 분석이다. 또한, 책임감, 판단력이 강한 데 비해서 도전정신이 모자란단다.

나는 모든 면에서 '자리만 차지하고 있는 무능한 재상'을 뜻하는 반식재상(伴食宰相) 꼴을 면키 어려운 둔재에 가깝다. 그런 나일지라도 여태까지 지켜본 바에 따르면 유진이의 경우는 두 가지 유형 중에 어느 한쪽으로 지나치게 치우치지 않은 듯하다. 왜냐하면 양쪽의 특성이 함께 나타나는 현상을 보인다는 이유에서 이다. 그렇지만 어느 한쪽에 무게를 둔다면 좌뇌형 쪽으로 저울의 추가 쏠릴 공산이 크다.

유진이는 어떤 심각한 사달이 나거나 사리를 따져야 할 상황이 발생했을 때 임기응변 능력이나 적응력이 특출하다는 점에서 좌뇌형이다. 순식간에 전후 사정을 헤아려 원인을 분석하여 시비곡직(是非曲直)의 견해와 대책을 제시하며 결과를 예측하여 대비책까지 나름대로 제시하는 능력이 출중하다. 어떤 때는 하도 어이가 없고 어리벙벙해져서 멍청하게 아이의 입만 바라보기도 한다. 거기다가 상황이나 분위기에 적합한 단어나 어휘를 순간적으로 떠올려 표현하는 능력은 인정할 만 하다. 그래서 소위 글을 쓴다고 하는 내가 메모지를 옆에 두고 받아 적어야겠다는 생각이 드는 경우가 숱하다. 결국, 무언가가 발생하면 인지하거나 파악하는 순발력이 놀랍고 남다른 편이다. 아울러 그런 결단력과 탁월해 보이는 언어 구사 능력은 계속적으로 발전시켜 나가도록 도와줄 필요가 있어 보인다.

음치 기질을 보일지라도 체육에서 나름대로 소질을 보이기 때문에 우뇌형을 떠올린다. 지금까지 유진이가 접했던 태권도, 자전거, 인라인스케이트, 씽씽카, 등산, 훌라후프, 줄넘기, 달리기 등에서 또래들에 비해 뒤지지 않았다. 특히 훌라후프는 지칠 때까지 계속한다. 그리고 학교에서 급수제로 인증서를 수여한다는 줄넘기(모둠발 뛰기) 테스트에서는 공식적으로 3백 개를 넘겼다고 자랑이 대단하다. 한편, 달리기는 자기 반에서 1등을 해서 운동회에서 반대표로 출전하기도 했다. 그리고 올 초부터 시작한 등산은 지금까지 32번이나 청량산을 등정했다. 이런 일련의 상황은 조심스럽지만, 우뇌형이라는 생각을 굳히게 만든다.

사람이 살면서 어떤 분야에서 어떤 일을 하며 살아갈 것인가 하는 문제는 참으로 많은 요인이 작용한다. 그래서 어느 한두 가지 특징을 근거로 섣부르게 얼렁뚱땅 결론지을 일이 아니다. 그런 관점에서 현재 가시적인 현상을 중심으로 선뜻 단언한다는 것은 적잖은 위험을 내포할 개연성이 도사리고 있다. 그러나 보편적인 타당성을 감안할 때 손주에게 그 길이 네 길에 가깝지 않겠나 하고 조심스러운 조언은 무리가 되지 않으리라. 이 같은 전제하에 손주에게 적합하지 싶은 분야를 이렇게 이야기 하고 싶다. 하지만 나의 견해는 '선무당이 사람 잡는다.'는 생무살인(生巫殺人) 격의 우를 범하는 위험이 도사린 단정을 내포하고 있을지도 모른다.

고루하다고 타박할지 모른다. 하지만 "세상의 이치나 원칙에 따라 만들어진 법을 현실에 적용하거나 집행하는 법조나 행정 분야가 적성에 맞을 성싶다. 아울러 수시로 변하는 환경에 따라 적의한 판단과 분석 과정을 거쳐서 서릿발 같은 의사결정을 해야 하는 경영관리 분야의 업이 적합하지 않을까." 하는 생각이다. 아이가 성장하여 직업을 가질 때까지 내가 살아 있을 가능성은 희박하다.

'나이가 많고 학식이 풍부한 선비'인 노사숙유(老士宿儒)라면 넉넉히 예측하련만 그렇지 못해 무척 아쉽다. 어찌 되었던 나의 어설프고 선부른 예측이 훗날 실제와 얼마나 궤를 같이할지 몹시 궁금하다. 그래도 당사자인 유진이는 때가 되면 할아버지의 통찰력이 어느 정도 현실과 근접했는지 정확히 가늠할 수 있을게다. 하기야 긴 안목에서 볼 때 여항인*이 가는 '길은 달라도 이르는 길은 같다.'고 하여 수도동귀(殊途同歸)라 했거늘 네 길이나 내 길이라고 따져보거나 가름이 부질없는 짓일지도 모른다.

2014년 12월 16일 화요일

* 여항인(閭巷人) : 조선 시대 벼슬을 하지 않은 일반 백성을 일컫는다. 여염(閭閻)의 사람 혹은 항간(巷間)의 사람을 뜻하기 때문에 오늘날의 민중이나 서민 일반을 지칭한다.

받아쓰기

"밥을 **멖**었습니다."('먹'을 '**멖**'으로 오기함)(4회)

"헤어지□ 전에"(□ 속에 "기"자가 누락됨)(5회)

위 두 개의 내용은 손주 유진이가 1학년 2학기에 받아쓰기를 하며 틀린 내용이다. 이번 학기에 받아쓰기 시험은 매회 10문제씩 출제되었으며 모두 18회에 걸쳐서 시행되었다. 그리고 문제당 10점을 배점하여 매회 100점 만점으로 채점했다. 그러므로 전체 1,800점 중에서 1,780점을 취득한 셈이다.

학기가 시작되고 1회부터 3회까지는 순항을 거듭했다. 기특했던지 3회 결과를 채점을 한 다음에 담임선생님이 받아쓰기 공책 해당 페이지에 다음과 같은 격려의 문구를 메모해 주셨다.

"유진이는 받아쓰기를 정말 잘해요.^^ 칭찬합니다."

칭찬이 우쭐하게 만들어 시재망작(恃才妄作)의 도화선이 되었던가? 사달이 발생해도 대형 사고가 터졌었다. 이 글의 머리 부분에 나타낸 바와 같이 그 뒤에 이어지는 4회에 이어서 5회까지 어깃장을 부리듯이 한 문제씩 틀렸다. 채점하는 선생님도 아쉬웠던가 아니면 격려였을까? 4회에 한 문제가 틀리자 선생님은 아래와 같은 문구로 용기를 북돋아 주려고 애를 쓰셨다.

"아쉽게 틀렸구나."

그런 격려에도 불구하고 한 번 빗나간 엇박자는 제자리를 찾아 안착하는 게 수월치 않은 눈치였다. 5회에서 또 하나 틀리는 실수를 범했다. 그때 조용히 조곤조곤 일렀다. 사람이 배우지 않았거나 몰라서 틀리는 것은 부끄러울 게 없다. 하지만 침착하지 못해 덤벙대다가 아는 문제를 틀리는 것은 칠칠치 못한 행동으로 기필코 고쳐야 한다고 타일렀다. 그러면서 모든 행동이나 공부에서 신중한 자세가 필요하다고 타일렀다. 왜냐하면, 선생님이 첫 글자만 부르면 불이 날 정도로 빨리 써놓고 기다린다는 실토를 듣고 주의를 겸해서 상황에 어울리는 도움말이 필요하다고 판단되었기 때문이었다.

정상을 되찾은 것은 6회부터였다. 그리고 7회의 문제는 상당히 까다로운 내용이었는데도 냉정하게 대처하여 실수를 하지 않았다. 담임선생님도 같은 생각이었는지 7회 답안을 쓴 공책 밑 부분의 여백에 이런 격려 문구를 남기셨다.

"어려운데도 100점! 축하해♡"

그렇게 리듬이 깨지고 호흡이 헝클어졌다가 정상을 되찾은 뒤로는 18회의 과정이 끝날 때까지 별다른 어려움이나 혼란을 겪지 않아 다행이었다. 걷잡을 수 없는 기복을 보이지 않고 제 친구들과 어깨를 나란히 할 수 있었다는 사실에 고마울 뿐이다. 학교에서 학기 초에 문제를 공지했고 주위의 친구들도 비슷한 수준이다. 따라서 유진이가 거둔 결과는 친구들과 한데 어울려 뭉쳐갈 수 있는 체면치레를 정도라는 관점에서 흡족한 결과이다.

아무리 미리 공지된 문제에 대한 시험이라고 해도 나의 지난 초등학교 시절이라면 절반쯤은 틀렸으리라. 아니 지금의 나도 연습 없이 받아쓰면 쑥스러워 고개를 들지 못할 결과가 나타날 개연성이 무척 높다. 투미한 나에 비하면 요즘 아이들은 모두가 천재이거나 그에 근접한 수준으로 영특하고 한결같이 칠칠하다. 몇 개의 문제를 엿보면 이렇다. 이들 문제에서 정확한 글자, 띄어쓰기, 각종 문장부호의 바른 표기가 용이하지 않다.

여기 곶감이다, 곶감! 뚝.
눈곱도 닦고
외양간 바닥에 동댕이쳐졌어요.
친구가 많잖아요?
내가 도와줄게.
낮잠 든 여름 숲을 깨우는
내 말을 들은 체 만 체하며

받아쓰기는 제시된 문제를 바르게 정답을 쓰는 것이 일차적인 목표일 게다. 하지만 이제 글을 깨우치는 1학년에게는 글자를 바르게 쓰는 부수적 효과도 만만치 않으리라. 그런데 유진이가 쓰는 글씨가 엉망인 경우가 태반이다. '용이나 뱀이 나는 것과 같이 글씨가 힘찬' 모양을 뜻하는 용사비등(龍蛇飛騰)의 글씨라면 오죽이나 좋을까? 애석하게도 제 아비의 악필 유전자를 물려받았나 보다. 자기가 쓴 글자도 다시 읽혀보면 끙끙대기 일쑤인 데다가 글자를 삐뚤빼뚤하게 쓰는 버릇이 있어 애를 먹인다.

네가 쓴 글씨는 내가 읽어봐도 무슨 글자인지 모르겠다. 선생님도 마찬가지라서 틀린 것으로 채점하겠다고 위협하며 똑바로 쓰도록 주지시키고 있다. 그렇게 다그치면 반듯반듯하고 깎은 밤톨 같은 글씨로 예쁘게 써놓고는 왜 트집을 잡고 야단이냐는 듯이 이죽거린다. 아직은 어리지만, 다음 글귀의 뜻을 바로 이해하고 잔소리로 받아들이지 않았으면 좋으련만. "나의 단점을 말해 주는 사람이 나의 스승이다."라는 뜻을 함축하는 '도오악자 시오사(道吾惡者 是吾師)'를 말이다.

보통의 경우보다 상당히 늦게 한글을 접한 아이이다. 이 같은 받아쓰기나 시험을 통해 또래의 친구들과 어울리며 어깨를 나란히 할 수 있다는 자신감이나 소속감을 기른다면 그것으로 족하다. 뛰어난 천재성이나 걸출한 재능을 지니지 않았기에 모든 일에 최선을 다하는 노력과 나름대로 자신감을 가지고 머흘다는 세상과 어여쁘게 교감해 나가는 날갯짓이 얼마나 귀엽고 아름다운가!

좋은문학, 통권 제60호, 2015년

(2014년 12월 23일 화요일)

올해의 마무리 등산

유진이가 어제(12월 28일) 나섰던 청량산 정상 등정이 올해 35번째로 다녀온 길로서 갑오년의 마무리 등산이지 싶다. 아직 새해를 맞으려면 며칠 여유가 있어도 추운 날씨 때문에 조심해야 하는 관계로 또다시 도전하기는 어려워 보인다. 지난 정월 지금의 둥지로 이사를 온 뒤에 주말에 특별한 일이 없으면 아이를 데리고 왕복 10여 킬로미터 남짓한 청량산 정상을 오갔었다. 처음에는 여덟 살의 아이에게 단순히 경험을 쌓아줄 요량이었다. 그런데 어쩌다가 얼치기 산 꾼으로 버려놨다는 비난을 들으면서도 꾸준히 등정을 했다. 아마도 유진이 또래 중에 이처럼 산을 많이 탔던 경우는 흔치 않으리라.

처음엔 대충 차려 입히고 산행을 했다. 그렇게 등산이 계속되면서 운동화와 등산복 그리고 모자와 장갑까지 갖춰 전문 등산인의 겉모양새를 닮을 만큼 갖췄다. 그것도 봄과 여름, 가을과 겨울용으로 구분해 두루 갖췄다. 이쯤 되면 멀쩡한 아이를 어정잡이 등산 애호가(mania)로 버려 놨다는 덤터기를 죄다 뒤집어써도 변명할 여지가 없지 싶다.

나 혼자라면 넉넉잡아 2시간이면 족한 길이다. 그런데도 어린 손주와 처음 걸었을 때는 걷는 시간보다 구경하거나 쉬는 시간이 더 많아 3시간 이상이 소요되었다. 정상에서 되돌아오는 길엔 다리가 아파 걷지 못한다고 엄살을 피워 중간 중간에 업고 내려오기를 되풀이했다. 그 이후에도 서너 차례는 야단법석을 떨며 따라 다녔다. 그러더니 어느 때부터인가 저 스스로 걷는 강한 적응력을 보여 신통방통했다.

중독이 된 걸까? 아니면 산 꾼이 다된 걸까? 얼추 여남은 번 등산을 한 뒤로는 주말만 되면 등산을 가자며 먼저 설쳐댄다. 그렇게 설레발을 쳐도 들어주지 않으면 토라져 불뚝대기 일쑤이다. 심지어는 지난 10월 중간고사를 치르기 전의 토요일과 일요일 연거푸 이틀 동안 등산을 했다. 아마도 제 부모가 알았다면 방방 뛰었을 게다. 아이에게 시험공부는 시키지 않고 뚱딴지같이 산이나 데리고 다니는 푼수데기 같은 할아버지라고 힐난이 따를법 하지 않은가?

산을 다니며 무엇을 보고 배웠을까? 산을 오가며 만났던 다람쥐, 청솔모, 뱀, 개구리, 각종 산새와 곤충, 나비는 이제 친숙한 친구 같을 게다. 또한, 산행 길섶에 피어났던 벚꽃, 생강나무꽃, 개나리, 진달래, 영산홍, 싸리꽃, 칡꽃, 산나리, 구절초 등도 잊을 수 없으리라. 게다가 봄의 신록, 여름의 녹음, 가을의 단풍, 겨울의 나목을 제대로 기억한다면 자연을 아우르는 세계가 무척 풍요로움을 터득할 텐데.

아울러 가파른 비탈길을 오르내리며 뭘 느꼈을까? 아주 당연한 것이지만 높이 오르면 힘은 갑절로 들지라도 더 멀리 내려다보이며 산 아래 세상이 한층 아름답게 보인다는 사실을 깨우쳤는지 모르겠다. 산을 오르내리는데 욕속부달(欲速不達)은 만고불변(萬古不變)의 진리이다. 그러므로 힘들면 쉬면서 숨을 골라야 더 빨리 그리고 더 높게 올라갈 수 있다는 사실까지도 제대로 꿰었으면 좋겠다.

산을 다니며 체력 단련을 했던 효험일까? 손주는 지난 시월상달에 열렸던 학교 체육 대회 릴레이 종목에서 반대표로 뛰었었다. 제 얘기라서 신빙성을 보장할 수 없지만 자기가 반에서 달리기 일등이라고 자랑질을 해댔다. 기껏해야 남학생 열여섯 중에 일등일 뿐인데 말이다. 이번 섣달에는 학교의 2014년도 줄넘기 달인 대회에서 자그마치 3백 개를 넘게 하여 자기 반에서 당당히 1등을 했다는 얘기였다. 그렇게 우쭐대더니 드디어 학교장이 수여하는 우수상 상장을 받아와 사실임을 증명했다. 이런 일련의 일들은 체력이 튼튼하다는 사실을 방증하는 징표로 치부하련다.

초등학교라는 새로운 세상에 첫발을 내디딘 유진이가 혼란을 겪지 않고 잘 적응하며 강건하고 바르게 성장해 준 올해가 무척 고맙고 행복하다. 알싸한 겨울바람 때문에 본능적으로 잔뜩 웅크리고 걸을지라도 방학 내내 틈틈이 등산에 나설 참이다. 그렇게 조붓한 등산길을 조손이 앞서거니 뒤서거니 자분자분 걸으며 도란도란 나누는 얘기 속에서 꿈과 희망을 여퉈 쌓게 되리라.

2014년 12월 29일 월요일

컴퓨터 기초

유진이에게 단 한 번도 컴퓨터를 켜거나 끄는 절차나 정보검색을 비롯해 서핑(surfing)하는 방법을 알려준 적이 없다. 그런데도 내가 컴퓨터 앞을 벗어나거나 외출 시에 필요하면 어김없이 컴퓨터에 다가가서 원하는 조작을 자유자재로 한다. 서당 개 삼 년이면 풍월을 읊는다고 했던가? 태어난 직후부터 컴퓨터를 옆에 끼고 살아가는 할아버지와 함께 동거하며 어깨너머로 어렴풋이 깨우친 선떡부스러기 같은 알량한 지식이 그리 만들었으렷다.

컴퓨터와 인터넷에 익숙한 것은 좋은데 여기에 내포된 원초적인 문제가 심각하다. 제대로 된 교육 없이 얼치기로 독학한 때문에 가장 기본적인 컴퓨터 키보드 다루기부터 엉터리이다. 그런데 컴퓨터를 전공한 나도 최초에 타자기부터 익혔다. 그 습관 때문에 아직도 키보드를 다루는데 남우세스럽게도 독수리 타법(two fingered typing) 혹은 쪼는 타법(hunt and peck typing)을 벗어나지 못해 내 코가 석 자인 셈이기 때문에 유진이의 잘못된 버릇을 바로 잡아 줄 계제가 아니다.

원리나 법칙을 비롯한 인식의 문제는 훗날 얼마든지 바로잡을 수 있다. 하지만 기능의 문제는 천만의 말씀이요 만만의 콩떡이다. 그런 까닭에서 '세 살 버릇 여든까지 간다.'고 경고했으리라. 이런 맥락에서 이번 겨울방학에 유진이에게 주어진 최대 프로젝트는 컴퓨터 키보드 다루기 중에서 운지법(運指法 : fingering)이다. 키보드를 양쪽 열 개의 손가락을 이용해 과학적으로 활용하는 기본적인 기능교육은 어려서 바로 잡아야 한다. 지금 기회를 놓치면 영원한 얼치기이며 어정잡이 꼴을 면키 어렵다. 흔히들 얘기한다. '발돋움해서는 오래 설 수 없다'고 하여 기자불립(企者不立)이라 하고, '가랑이를 벌리고 걸어서는 제대로 걸을 수 없다'고 하여 과자불행(跨者不行)이라고 이르지 않던가?

겨울방학을 맞이하여 학교의 방과 후 프로그램이 안성맞춤이었다. 일주일에 월·수·금요일 오전 11시 10분부터 12시 10분까지(2015년 1월 5일- 3월 31일) 컴퓨터 기초를 가르칠 계획이라는 안내가 그것이다. 서둘러 담당 선생님께 전화를 했다. 내가 원하는 대로 운지법을 중심으로 교육한다는 얘기에 무조건 신청했다. 기본적으로 컴퓨터를 제대로 다룰 기본 소양만 갖추면 족하다. 오늘 그 첫 교육을 받고 방금 돌아왔다. 첫날인데 선생님이 잘했다면서 먹을 것을 줬다고 자랑하며 자기가 내 컴퓨터를 사용해야겠다면서 비켜나라고 성화가 대단하다.

전문가를 겨냥하는 공부가 아니기 때문에 컴퓨터를 켜고 끄며 키보드를 제대로 다룰 수 있으면 충분하다. 우리 주위에서 생활

하는데 자동차 공학에 손방도 원하는 곳을 어디든지 갈 수 있는 숙련된 운전자이면 충분하다. 그리고 한글 학자가 아니라도 수많은 언중(言衆)의 말이나 글을 이해하는데 막힘이 없고 자기의 생각을 말이나 글로 바르게 나타낼 수 있다면 만사형통이다. 컴퓨터도 마찬가지 이치이다. 하드웨어를 만들고, 소프트웨어 개발하는 것은 전문가의 몫으로 그들의 밥그릇에 연관된 문제이다. 따라서 어쭙잖게 단순한 사용자가 시시콜콜 따질 바가 아니다.

아날로그 시대에 태어나 디지털시대를 살고 있는 디지털 이주민(digital immigrants)들은 하루가 다르게 변하는 정보통신 문화를 따라잡기 버거워 쩔쩔매는 불협화음이 곳곳에서 감지된다. 이에 비해서 디지털 원주민(digital natives)에 해당하는 요즈음 아이들은 정규교육을 받은 바 없다. 하지만 어깨너머로 눈치껏 배운 지식을 바탕으로 컴퓨터나 스마트폰을 마음대로 주무르면서 필요한 정보를 찾고 동영상을 맘대로 골라보며 원하는 사람들끼리 거침없이 소통한다.

컴퓨터를 다루면서도 옆에서 보면 뭔가 정상을 벗어났거나 기준치에 미치지 못해 어색하면 안쓰럽고 불안하다. 그러므로 첨단기계를 다루는 데 나름대로 바른 법도를 따라야 격을 따지고 품위를 얘기할 수 있다. 매일 컴퓨터를 다루면서도 나처럼 한자(漢字)의 "바람풍(風)"을 "바담풍"이라고 발음하는 격의 얼치기를 닮지 않아야 한다. 다시 말하면 "바람풍"이라고 옳게 표현하는 세련된 디지털 원주민의 자격을 구비하기 위한 첫걸음인 키보드를 다루는 운지법을 제대로 익히기를 빈다. 이런 맥락에서 '하늘 높이 귀를 열고 눈을 부릅뜨라.'는 비이장목(飛耳張目)의 마음으로 세상을 살아갔으면 좋으련만 어떨지 모르겠다.

2014년 12월 29일 월요일

봄 마중

겨울방학

달포 가까운 유진이의 겨울방학이 내일 끝나고 모레면 개학이다. 시작 무렵엔 나름대로 알차게 이끌 다부진 각오였는데 얼마나 보람되게 보냈는지 곰곰이 짚어봐야겠다. 옆에서 제대로 인도해야 했음에도 불구하고 나의 일정이나 감기 문제로 아이에게 등한시 할 수밖에 없었던 불가피한 날들이 계획에 차질을 빚는 가장 큰 요인이었다.

초등학교에 입학한 뒤에 처음 맞는 이번 겨울방학엔 크게 두 가지를 접하도록 계획했었다. 우선 아이가 독수리 타법으로 컴퓨터 자판을 다루는 나를 닮아가려 해서 이를 바로잡아 체계적으로 배울 기회를 만들어 주기로 했다. 마침 학교에서 시행하는 방과 후 수업 담당 교실에서 방학 동안에 특강을 열어 매주 월·수·금에 한 시간씩(11시 20분~12시 10분) 배우도록 등록해서 실천에 옮겼다. 다음은 집에서 시간적 여유가 있을 때 제 할머니와 피아노 연습을 할 계획이었다. 제 아비와 큰아버지도 어릴 적에 그랬던 것처럼 기본적인 지식을 익히도록 겨냥한 것이다. 이렇게 아이가 피아노 앞에 자주 앉아 '띵동'댔던 때문에 오랜 잠에 빠져 있던 피아노가 기지개를 켜고 제 앞가림을 하는 것 같았다.

상대적으로 여유 시간이 많은 방학에 이런저런 목적의 여행이나 탐방이 필요한데 그러지 못했다. 기껏해야 아이와 박물관과 미술관을 찾았던 일이나 주위의 산을 등정했던 게 고작이었다. 제 할머니 역시 아이와 함께 영화관에 가서 페딩턴이라는 영화를 봤던 게 전부이기 때문에 나와 별반 다를 게 없으니 도긴개긴이다.

방학엔 여유로울 것으로 생각했었는데 실제로는 그렇지 못했다. 왜냐하면, 매주 닷새(월요일부터 금요일) 동안은 매일 1시간(1시 30분~2시 30분) 동안 학원에 다닌다. 그리고 매주 3일(월·수·금)은 오전부터 저녁 식사 직전까지 톱니바퀴처럼 아귀를 맞춰야 했다. 오전에는 컴퓨터 교육(11시 20분~12시 10분) 마치고 집에 돌아와 점심을 먹는다. 점심 후에는 앞에서 얘기한 학원을 다녀오면 3시 무렵이다. 그리고 잠시 쉬다가 태권도 수련(4시 30분~5시 30분)을 받고 돌아오면 6시 가까이 되었다. 한편, 화요일엔 일주일에 한 번 하는 G 학습까지 20분 정도 공부해야 한다. 그렇게 종일 허둥대다가 저녁을 먹고 나서 쉬고 나서 일기 쓰고 매일 스스로 학습하는 G 학습 공부를 하면 잠자리에 들게 마련이었다.

나름대로 틈새나 여유가 있는 날은 화요일과 목요일 그리고 주말이었다. 이때 나나 아이에게 별다른 일이 없으면 지금까지 배웠던 내용 중에 부족한 부분을 복습하거나 새로 배워야 할 내용 중에 구구단이나 한글 표기법 등을 익히도록 했다. 거기에 더해서 교과서 이외의 동화책을 거의 매일 한 권씩 읽히고 독후감을 쓰는 훈련을 시켰다. 그런데 내가 대외적인 일로 주말 나들이가 잦고 감기로 두 주일 정도 쉬었던 때문에 사실상 아이에게 도움을 줄 시간은 며칠에 불과했다.

아이가 2학년 진급하여 배울 교과서를 지난 연말에 받아왔다. 은근히 걱정이 되어 대충 넘겨봤다. 국어와 수학은 나름대로 정신 차리면 커다란 문제가 없어 보였다. 하지만 통합교과를 제대로 이해하고 진도를 따라가려면 만물박사가 되어야 가능할 성싶었다. 거기에는 육체적 특징과 건강, 각종 전문병원, 가족관계와 호칭, 다문화와 지구촌, 봄과 여름, 전래 동요와 여러 가지 놀이 등등 헤아리기 어려울 정도로 아이들이 과연 제대로 소화할 수 있을지 아득했다. 이런 내용을 공부하고 학교 평균 성적이 90점을 상회한다면 무조건 반복해서 학습하는 방법밖에 도리가 없지 않을까? 과연 이런 교과목이 소위 STEAM 교육의 취지에 합당한 것인지 헷갈렸다.

지난날 내가 초등학교 1학년 때 맞았던 그것에 비하면 엄청 다른 방학이 틀림없다. 그렇다고 하더라도 또래들에 견주어 뒤쳐지지 않는 방학이 돼야 했을 터인데 영 자신이 없다. 하지만 방학 내내 특별히 몸이 아팠다거나 부적응 현상을 보이지 않고 건강하게 지내다가 개학을 맞아 고맙고 위안이 될 따름이다.

2015년 1월 31일 토요일

동근이

유진이 친구인 동근이가 어제 점심 무렵부터 집에 와서 놀다가 오늘 오후에 자기 집으로 돌아갔다. 두 아이는 다섯 해째 친구로 지내는 사이이다. 어린이집을 거쳐서 유치원까지 네 해 동안 동문수학했고 현재는 서로 이웃한 초등학교에 다니고 있다. 하지만 같은 태권도장에서 함께 수련하는 도반이다. 둘은 공격적 이거나 직선적인 것을 싫어하는 유순한 성격으로 서로 베스트 프랜드(best friend)라고 섭수(攝受)*하는 사이이다.

며칠 전이었다. 동근이 어머니에게서 전화가 왔었다. 동근이가 개학하기 전에 유진이와 1박 2일 정도 함께 지내며 숙식을 하고 싶다는 얘기였다. 그동안 동근이 부모가 여러 차례 유진이에게 영화를 보여주거나 데리고 놀러 다녔었다. 그런 빚을 갚고 품앗이를 하는 마음으로 이번엔 우리가 동근이를 초대하여 하룻밤 재우면서 놀 기회를 만들어 주기로 했다.

요즘엔 태권도장에서 축구를 비롯한 구기와 줄넘기를 위시해서 로봇조립 같은 다양한 취미 활동도 겸한다. 마침 어제 오전에 태권도장에서 특별히 마련한 로봇조립 교육이 있어 그를 마치고 곧바로 우리 집으로 오도록 일찌감치 아귀를 맞춰 두었다. 먼저 살던 아파트에서 이웃했던 관계로 우리 내외와도 친숙한 사이인 동근이다. 그런 때문에 우리 집에서 놀며 숙식하는 것이 편편찮아 머쓱하거나 거리낄 게 없다.

점심 무렵에 두 아이가 신이 나서 '룰루랄라' 콧노래를 부르며 들이닥쳤다. 아이들이 좋아하는 짜장면을 시켜 주었더니 눈 깜짝할 사이에 게 눈 감추듯 먹어 치웠다. 그리고 둘이 찰떡궁합을 자랑하며 파워레인저 총 놀이나 게임을 하면서 희희낙락했다. 저녁 식사는 아이들이 좋아하는 불고기를 특별 메뉴로 곁들였었다. 밤에는 온 집안을 들쑤시고 다니며 낄낄거리고 놀다가 거실로 나와 텔레비전을 시청하며 휘젓기도 했다.

나는 어려서 남의 집에 가서 샤워나 목욕을 했던 기억이 없다. 그래서 지레짐작으로 조금은 걱정이 되어 긴장을 했다. 대략 8시를 조금 넘겼을 무렵엔 잠자리를 위해 씻겼다. 둘을 한꺼번에 욕실로 데리고 들어가서 간단하게 샤워를 시키던 것이다. 동근이가 머리 감는 게 자기 집과는 다르다고 했다. 아마도 자기 집에서 아버지나 어머니는 고개를 뒤로하는데 비해서 나는 바로 앉히고 샴푸로 씻기고 물을 뿌리는 게 생소하고 마뜩치 않았던 모양이다. 어쩌면 내 앞에서 발가벗고 몸을 내맡기는 게 쑥스러워 주저할지 모른다고 생각했던 기우를 말끔히 잊도록 자연스럽게 행동해 주어 고마웠다.

유진이가 집에서 가족이 아닌 친구와 함께 잠을 잤던 적이 없다. 그래서 반신반의하는 심정으로 잠자리를 마련했다. 유진이 방에 둘이 잘 이부자리를 펴주었더니 밤 10시쯤에 꿈나라 무지개다리를 건넜다. 밤 새 우리 내외가 번갈아 방문을 열고 확인하였는데 제대로 덮고 곱게 잤다. 그리고 오늘 새벽 아이들 방에 들어가 약간 차낸 이불을 제대로 덮어 주었는데 그게 탈이었다. 그때 두 녀석은 깨어나 소변을 보고 곧바로 기상했던 까닭에 꼭두새벽에 일어나 난리굿을 피웠다.

상상과 호기심을 불러일으키고 정신적 만족을 느끼는 최상의 방법은 영화 감상이 아닐까? 내일이면 개학인 때문에 달리 마땅한 시간 여유가 없어 아침 식사를 마치기 무섭게 아내가 두 아이를 데리고 극장으로 달려가 영화를 보여주었다. 극장을 다녀온 뒤에 알아봤더니 만화영화로서 빅 히어로(big hero)라는 영화였다. 아내는 기왕 아이들에게 서비스하는데 확실히 하겠다며 맥도날드 매장에 가서 취향대로 햄버거를 주문해서 점심으로 먹이고 돌아왔다. 집에 돌아온 녀석들의 기분이 한껏 고조되어 희색이 만면에 가득했다.

아이들 뱃속에는 어쩌면 거지가 몇 들어있지 싶다. 금세 무언가를 먹고 돌아서면서 배가 고프다는 하소연을 할 때마다 느끼는 마음이다. 영화관에서 돌아와 이런저런 놀이를 하던 녀석들이 출출하다고 야단법석을 떨어 라면을 끓이고 있는데 동근이의 부모와 동생인 나은이가 찾아왔다. 서둘러 세 아이에게 라면을 나눠 먹인 뒤에 돌려보냈다. 헤어지면서 두 녀석이 이구동성으로 하는 말은 "봄방학에 다시 만나자."였다. 나의 어린 시절을 더듬어 봤다. 아무리 생각해도 친구네 집에서 잠을 자며 놀았던 기억은 없었다. 그 대신에 6·25전쟁으로 피란을 오가며 겪었던 우중충하고 어둑한 기억이 꼬리를 물고 줄줄이 이어졌다.

2015년 2월 1일 일요일

* 섭수(攝受) : 관대한 마음으로 남을 받아들임

요괴워치

요괴워치에는 시계가 없었다. 유진이가 거의 반년 동안에 걸쳐 사달라고 끈질기게 조르던 요괴워치라는 장난감을 사주었다. 여태까지 귓등으로 흘리며 관심을 두지 않았을지라도 대충 어린이용 만화 패션 시계쯤으로 알고 있었다. 너무도 집요하게 파고드는 때문에 사 주는 쪽으로 가닥을 잡았다. 그래서 제 할머니가 시내에 볼일 보러 가는 길에 장난감 전문점이나 패션 시계를 취급하는 매장에 가서 사는 것으로 마무리 지을 요량이었다.

아무리 시내를 뒤져봐도 없다고 했다. 그래서 아내가 끙끙거리며 인터넷을 뒤져 어렵사리 판매처와 구매 방법을 알아냈다. 아이의 큰아버지에게 얘기해 쇼핑몰에 주문했는데 어제저녁 무렵에 도착했다. 투명 플라스틱으로 포장된 요괴워치를 들여다보고 깜짝 놀랐다. 어디를 봐도 시계가 보이지 않았다. 무척 궁금했지만 유진이가 학원에서 돌아와서 개봉할 때까지 기다렸다.

이름이 요괴워치인데 영문으로 표기된 제품 설명서를 들여다

보니 시계 기능은 없다고 애초에 선을 긋고 있었다. 이는 오직 투박한 나침반처럼 생긴 것을 손목에 차고 함께 제공되는 원형 메달을 끼우면 요괴의 목소리를 들으며 즐기는 완구(玩具)였다. 아직 자세히는 모르지만, 이런저런 메달을 바꿔 장착하면 200여 가지의 요괴 목소리를 들을 수 있나 보다. 그런데 메달은 일반 문구점에서 2개를 묶어 천 원에 팔고 있었다. 하지만 기껏해야 이런 놀이를 위해서 거금 9만 2천 원을 지급하고 사는 것은 무엇인가에 단단히 홀려서 낭비를 한 기분으로 당혹스러웠다. 이는 아이들 심리를 이용해 사기를 치는 게 아닐까. 그런 까닭에서 '쓸 데 없는 물건'인 파리변물(笆籬邊物)처럼 보였다.

요즘 아이들 놀이기구는 하나같이 값이 비싸 부담이 된다. 지난번 구매한 파워레인저 다이노포스 역시 상당히 값이 비쌌다. 게다가 이들은 일본 회사 제품으로 중국의 공장에서 생산했다. 가격이 만만치 않은 전자제품인 장난감이 대세이지만 사고력이 불필요한 채 단순히 버튼을 누르면 된다는 치명적인 단점을 극복할 방안이 없었다. 이러한 현상은 국내에서 생산한 장난감도 도토리 키 재기 격이었다. 심지어 딱지까지도 공장에서 찍어낸 제품이라서 고개가 갸우뚱해졌다. 그 옛날 딱지는 모두 직접 접었는데 말이다.

단순히 전자 버튼을 누르거나 스위치를 작동하는 장난감이 과연 아이들의 사고력을 기르고 어떤 상황에 적응력을 함양하는데 도움이 될 것인가는 의문투성이다. 지난날 어린이들이 나무와 낫 그리고 톱을 구해서 팽이를 깎고 닥나무나 삼(麻) 껍질을 벗겨서 팽이채를 스스로 만들던 것과 유사한 경우는 찾아보기 어렵다.

지난 어린 시절의 회상이다. 모든 놀이를 위시해서 장난감 재료나 도구(톱이나 낫 혹은 못)를 스스로 구해서 만들다가 손을 다쳐 피가 줄줄 흘러도 당황하지 않았다. 다치면 헝겊으로 대충 싸매고 나머지 작업을 계속했던 시절은 이즈음에 비하면 원시사회의 모습과 흡사하다.

완제품도 아이들에겐 흥분되고 즐거움이 따르는가 보다. 어제는 그렇게 원하던 요괴워치가 생기고 자기가 먹을 주전부리가 여러 가지 생겼기 때문인지 자기는 축복받은 아이라고 엔간히도 주절댔다. 게다가 아침 식탁에서 지난밤에 악몽을 꿨다고 걱정하기에 꿈은 반대이기 때문에 오늘 좋은 일이 생길 거라고 위로의 말을 해줬었다. 그런데 그 말 그대로 들어맞았다며 할아버지는 왜 그렇게 잘 아느냐는 반문에 유구무언일 뿐 달리 응대가 어려워 꿀 먹은 벙어리 노릇을 했다. 왜냐하면, 아이가 아침부터 심란해 할까봐서 얼렁뚱땅 둘러댄 말이 정확하게 들어맞은 우연에 대해 채신머리 없이 주워섬길 말이 없었기 때문이었다.

아이들에게 사고력을 기르고 꿈을 꾸며 무언가를 그리는 놀이로서 미지의 여백을 제공할 장난감이 나타날 가능성은 없는 걸까? 동양화에서 과감하게 남겨진 여백은 감상자에게 상상의 여지를 제공해 맛과 멋이 달라지듯이 아이들 장난감도 그런 철학을 담을 방법의 모색을 소원한다.

2015년 2월 14일 토요일

선행학습

유진이에게 선행학습을 시켜봤다. 조심스럽지만 올봄에 2학년에 진급하는 아이에게 1학기에 학습할 국어·수학·통합교과를 요약해서 미리 학습토록 했다. 내 머릿속에서는 '머리를 삶으면 귀까지 삶아진다.'는 팽두이숙(烹頭耳熟)의 이치를 되뇌며 시작해 본 첫걸음이다. 지난 겨울방학부터 최근까지 넘쳐나는 시간을 틈틈이 활용하면서 스스로 무언가를 꾸준하게 해나가는 방법을 터득하기 위한 방안의 일환으로 이루어진 야심 찬 프로젝트였다.

지난 여름방학엔 학교에서 부여한 과제를 해결하기도 벅찼다. 그런데 이번 겨울 방학엔 간단한 몇 가지 과제만 주어져 주체하기 어려울 만큼 시간이 남아돌았다. 그런 여유를 누릴 수 있어 아이를 데리고 박물관이나 미술관을 비롯해서 성터를 찾았었는가 하면 제 할머니가 영화관이나 백화점에도 함께 다니는 느긋함을 즐기기도 했다. 그래도 시간이 넘쳐나 효율적으로 이용할 방안을 모색하다가 2학년 1학기에 학교에서 배울 내용을 요약해서 학습

시켜 보려는 생각에 이르렀다.

요즈음 초등학교의 교육과정은 60여 년 전쯤 내가 접했던 교과 내용과는 천양지차를 실감한다. 따라서 그 시절 얘기는 오늘에 견줄 수 없을 만큼 수준이 낮고 엉성했었지 싶다. 그 단적인 예가 그 옛날엔 2·3학년 아이들도 책을 읽지 못하거나 단순한 덧셈도 못하는 경우가 허다했었다.

격세지감을 실감하는 차원이 다른 세계에 바탕을 둔 교육과정에는 교육의 수월성 확보를 위해서 스토리텔링(이야기체)이나 STEAM 개념을 도입했다. 그 때문에 교과목의 내용이나 구성과 전개 방법이 옛날과 사뭇 다른 양상이다. 따라서 자칫하다가는 "알아야 면장(面牆)*하지!"라는 말이 입에서 튀어나올 것 같다. 그래서 아이에게 내용을 학습시키기 이전에 내가 먼저 몇 번 거듭해서 읽고 정확히 취지를 이해하고 숙지해야 했다. 그런 뒤에 가장 빠르고 바르게 받아들여 자기 지식으로 만들 방법을 모색하는 쪽으로 접근을 시도했다. 다음 학기에 학습되는 교과목은 국어와 수학을 비롯해 통합교과이다.

이들 교과목 중에서 국어 교재는 '아, 재미있구나!'라는 단원으로 시작하여 '재미가 새록새록'이라는 단원까지 11개의 꼭지로 구성되어 있었다. 교과 내용은 시나 글에 포함된 흉내 내는 말이나 반복되는 말, 한 일이나 본 일을 비롯해 들은 것 같은 생활 밀착형 내용을 바탕으로 말과 글을 깨우치고 소통하는 바른 습관 함양을 꾀하려는 목표를 두고 있는 것으로 간추릴 수 있었다. 전체적으로 커다란 문제는 없었다. 하지만 참고서를 중심으로 볼 때 서술식 평가문제는 응용을 통한 사고력을 겨냥했다기보다는 기계적으로 암기하여 답을 적는 내용이 숱했다는 느낌을 지울 수 없었다.

수학 교과목은 세 자리 수, 여러 가지 도형, 덧셈과 뺄셈, 길이 재기, 분류하기, 곱셈 등의 6개 단원으로 구성되어 있었다. 전체적으로 어느 정도 집중하면 충분히 목표하는 학습 수준에 도달할 수 있어 보였다. 그러나 기본적인 내용에 사고력을 추가한 스토리텔링에 바탕을 둔 서술식 문제는 상당한 집중력과 원리를 깨우치지 못하면 따라잡기 어려워 보였다. 그리고 미지수가 포함되는 문제나 스토리텔링 형식의 응용문제는 단순한 해법이 아니라 단계적 접근으로 풀어나가야 하는 난해한 부문을 극복하는 게 문제이지 싶었다. 이는 일선에서 교육을 담당하는 선생님들에게 주어진 가볍지 않은 과제로 보였다.

통합교과는 모든 분야에 대해서 팔방미인이며 만물박사가 아닌 겨우 아홉 살 어린아이들에게는 상당히 어렵고 힘든 내용이 아닐까? 손주에게 요약해서 학습시키며 나도 평균 대여섯 번 반복해서 천천히 숙독하며 수시로 인터넷에서 지식 검색을 해야 했다. 나·봄·여름·가족이라는 4권의 책으로 구성된 교과목은 기가 막힐 정도로 다양한 내용으로 구성되어 있다. 이들 내용을 완벽하게 소화한다는 것은 상당한 무리가 다르지 싶었다.

인체 생물학적인 측면과 의학 기초지식을 요구하는가 하면, 꿈이나 소원을 정의해야 하고, 자연법칙이나 원리를 깨우쳐야 했다. 아울러 다양한 가족관계나 사회적 관습에 대한 기초지식이 필요했다. 또한, 곤충이나 식물에 대해서 상당한 지식을 요구하는 내용으로 구성되어 있었다. 게다가 봄이나 여름의 특징이나 환경문제도 달통해야 할 지경이었다.

거기에 더해서 지금까지 듣도 보도 못한 전래동요나 옛 풍습에 전해지던 도롱이나 죽부인이 나오는 과정이나 북한을 빠져나와 우리나라에서 살고 있는 가족을 "북한 이탈 이주민"이라고 정확히 표현해야 하는 문제 앞에서는 유구무언이 제격일 듯했다. 이런 일련의 사항에 대한 서술식 문제는 달달 외우는 방법 외에 사고력이나 응용력의 여지는 찾을 수 없어 스토리텔링이나 STEAM을 바탕으로 하는 교육과는 괴리가 있어 보여 씁쓸했다.

아이에게 선행교육은 무리라고 힐난이 따를 수도 있으리라. 하지만 한 학기 앞서 대략적인 선행학습이 학교의 정규교육 과정에서 어떤 결과로 나타날지 예의 주시하여 앞으로 지도하는 데 참고자료로 쓸 참이다. 결코, 공붓벌레를 겨냥한 조치는 절대로 아니다. 예로부터 '콩 심은 데 콩 난다.'고 하여 종두득두(種豆得豆)라 했거늘 뿌린 대로 거두리라. 그동안 선행학습 과정에서 집중을 하지 않는 아이에게 야단을 친 경우가 두 차례 정도 있었다. 그렇지만 큰 무리 없이 소화시켰던 사실이 무척 기특했다.

2015년 2월 16일 월요일

* 면장(面牆) : 논어의 제17편 양화편(陽貨篇)에 나오는 말이다. 공자가 아들 리(鯉)에게 수신제가(修身齊家)에 힘쓰라고 이르는 대목에서 나오는 면면장(免面牆)에서 유래했다. 여기서 면장(面牆)은 "담(牆 : 담장)에 얼굴(面)을 대고 있는 답답한 상황을 벗어난다(免 : 면할 면)"는 뜻의 "면면장(免面牆)에서 면(免) 자를 떼어내고 줄여서 쓰는 말"이다.

설날에 손주와 등산

을미년 설날 오후에 아홉 살이 되는 손주와 청량산 정상을 밟았다. 아침에 차례를 모시고 제 큰아버지 화실에 가서 놀다 와서 늦은 점심을 먹고 오후 3시 무렵에 집을 나서 6시쯤에 돌아왔으니 왕복 3시간 남짓한 길이었다. 어제 섣달 그믐날도 똑같은 등산길을 다녀왔기에 어린아이가 연이어 이틀 동안 힘든 등산을 했다.

훈풍이 불어오는 길목 어귀에 들어선 완연한 봄처럼* 포근한데도 설날 오후인 때문인지 발길이 뜸해 한산했다. 평소 같으면 오르내리는 등산객과 수없이 많이 스쳐 지나쳤을 게다. 그런데 오늘은 가뭄에 콩 나듯 어쩌다가 하나씩 만났을 뿐이다. 따라서 호젓하다 못해 쓸쓸하고 한적해 괴괴한 기운이 질펀하게 드리워진 분위기가 되레 정겨웠다. 그런 때문에 손주와 등산길은 한층 오붓했다. 능선으로 난 조붓한 등산로를 걸으며 서로에게 가까이 다가가 느낄 수 있었기에 이르는 얘기이다.

손주와 등산은 언제나 시간에 구애받지 않고 느릿느릿 걷는 게 불문율이다. 손주의 입장에서 보면 오늘까지 같은 등산로를 38번째 걷기 때문에 새롭거나 신기할 것도 없을법한데도 노상 초행길을 연상시킨다. 손주는 풀 한 포기 나무 한 그루 날짐승 한 마리 허투루 넘기지 않는다. 일일이 풀이나 나무 이름을 묻는가 하면 열매를 먹을 수 있는지 독이 있는지 물어대기 때문에 걸음을 멈추고 살피는 경우가 다반사다. 다행인 것은 내가 나무 종류나 이름 곤충을 비롯하여 날짐승에 대해 대강은 얼추 꿰고 있는 편이다. 따라서 극히 전문적인 질문을 제외하면 손주가 묻는 것에 대한 즉답이 가능하다. 그래서 아이가 답답해하거나 호기심이나 집중력을 잃지 않았을 게다.

어제와 오늘은 겨울잠에서 일찍 깨어난 다람쥐를 연이어 봤고 높은 나무 위에 지난해 지은 제법 큰 말벌집과 까치집에 유별난 관심을 보였다. 다람쥐를 발견하고 자연스럽게 겨울잠을 자는 곰이나 다람쥐를 위시하여 양서류 등에 대해 연관된 얘기를 나눴다. 그리고 까마득한 나무 위에 무언가 자루 같은 걸 발견하고 물었다. 말벌집이었다. 그로 인해 벌 종류의 얘기도 화제로 등장했다.

하산 길에서 까치 한 쌍이 지난해 살던 집 보수공사를 하는 장면을 보고 까치에 관해 얘기를 나눴다. 그 과정에서 칠석날 하늘에 놓는다는 오작교에 대한 전설을 비롯하여 그 옛날 이를 빼면 지붕 위로 던지던 풍습을 말이다. 우리 선조들은 까치가 하늘의 신과 땅 위의 인간 사이를 이어주는 역할을 한다고 믿었기 때문에 까치에게 "헌 이 줄게 새 이 다오!"라고 빌었다.

초봄의 안온한 날씨와 다를 바 없었다. 조용한 산등성이 능선에 낙엽이 쌓인 길을 걸으며 심심하다 싶으면 머리말 잇기, 가운데 말 잇기, 끝말잇기 등을 하기도 했다. 그러다가 그도 시들하면 손주가 요즈음 열심히 배우기 시작한 구구단 테스트로 하면서 낄낄 허허거리며 뒤죽박죽의 소통과 대화를 이어가며 즐겼다.

얼마 전부터 시작한 구구단은 순서에 따라 기계적으로 2~9단까지 좔좔 외운다. 그래도 아직은 완벽하지 않은 눈치이다. 왜냐하면 갑자기 "7×6=?", "9×5=?", "3×8=?"식으로 구구단 순서와 관계없이 마구잡이 뒤죽박죽으로 물으면 속으로 해당 단을 외워보고 답을 하는 꼴이 그를 뒷받침한다.

오늘이 무슨 날인가? 설날이기에 올해에 하고 싶거나 원하는 것을 말하고 마음속으로 빌라고 일렀다. 제 나름대로 눈을 깜빡이며 내심 생각하는 눈치를 보이다가 제법 심각해지더니 무언가를 빽적지근하게 비는 것 같았다. 하지만 무엇을 빌고 원했는지 물어보지 않았다. 다만 저 자신에게 절실한 무엇인가를 빌었으리라는 지레짐작을 하면서도 말이다.

계속 걸으며 손주에게 또 얘기했다. 조금 전에 '건강하고 학교생활 잘 할 수 있도록 해달라고 빌었느냐?'고 물어봤다. 그게 빠졌다는 얘기였다. 그래서 "올해는 유진이가 건강하고 무럭무럭 자라며 친구들과 사이좋게 지내면서 재미있는 학교생활을 하게 해 달라."고 또다시 빌자고 했더니 순순히 응했다. 그러면서 원하는 걸 빌려면 정지한 뒤에 눈을 감고 빌어야 하지 않느냐고 반문했다. 잠시 발길을 멈추고 눈을 감은 채 진지한 태도로 빌었다.

아홉 살 손주가 소원을 비는 마당에 무임승차하는 격일지라도 나도 무언가를 빌고 싶었다. 살아온 바탕이 적선지가필유여경(積善之家必有餘慶)이라는 꿈꿀 수 없었던 까닭에 허황된 바람은 버리기로 했다. 그래서 '아이가 건강하고 뜻하는 바 이루고 기쁘고 행복하라.'는 뜻의 여의길상(如意吉祥)을 빌었다. 게다가 하나 더 해서 올해는 나 자신이 좀 더 글다운 글을 썼으면 하는 욕심도 곁들이며 서산마루에 걸린 해를 등지고 휘적휘적 손주의 뒤를 따르는 하산 길 발걸음이 한결 경쾌하고 즐거웠다.

2015년 2월 19일 목요일

을미년 설날 저녁에

* 봄 춘(春) : 천자문(千字文) 속에는 "봄 춘(春)" 자가 포함되어 있지 않다. 그 이유는 천자문을 쓴 주흥사(周興嗣)가 더운 남쪽 나라인 양(梁)나라 사람이기 때문에 "봄을 제대로 몰라서 빠뜨렸다"는 믿기 어려운 얘기가 전설처럼 전해지고 있다.

통합교과

유진이가 2학년으로 진급하면서 정신 차리기 어려울 정도로 변화가 많은지 허둥댄다. 그런 아이를 옆에서 지켜보며 나름대로 도움을 주려고 힘을 쏟고 있다. 하지만 과연 제대로 힘을 보태 주는지 의문이다. 아이를 도울 요량으로 개학과 동시에 학교 홈페이지에 아이의 반을 접속해 봐도 뚜렷한 정보가 없어 접속을 중단했다가 어제 다시 접속했다.

남학생이 15명이고 여학생이 13명으로 모두 28명이며 담임선생님과 아이들이 함께 찍은 사진이 한 장과 닷새(3월 1·11·12·13·15) 동안의 알림장 내용이 올라와 있었다. 또한, 시간표가 게시되었다. 무엇을 얼마나 공부를 하는지 유심히 살폈다.

월·수·금은 4시간, 화·목은 5시간씩 학습하기 때문에 일주일에 22시간 학습하는 것으로 되어 있었다. 그런데 시간표 내용을 살피다가 기함하는 줄 알았다. 왜냐하면, 내 상식으로는 모든 과목이 비슷하게 배정되는 것으로 생각하고 있었는데 현실은 상상을 뛰어넘을 정도로 파격적이었다.

전체 22시간 중에 통합교과 11시간, 국어 6시간, 수학 4시간, 창조적 체험학습 1시간이었다. 내 딴에는 통합교과·국어·수학 과목에 각각 6시간 정도 배정되었으리라는 추측하고 있었다. 그런데 통합교과에 전체 수업의 절반을 배정했다는 사실은 가히 충격적이었다.

평소 통합교과 내용을 살펴보면서 나름대로 걱정을 많이 했다. 아무리 통합교과라지만 세상의 모든 내용을 적당히 끌어모아 하나의 과목이라고 이름을 붙인 것 같아 천재가 아닌 평범한 2학년 학생이 그 내용을 모두 소화한다는 것은 불가능하지 싶었다. 서로 다른 영역의 내용을 하나로 묶어 놓고 전체 수업시간의 50%를 배정하는 방법은 어떤 형태로든 개선 보완이 절실한 문제로 보인다.

교육철학이나 접근방법을 달리하는 정책을 바탕으로 하던 시절에 초·중·고·대학·대학원을 거치며 20년 남짓 공부를 했어도 특정한 학기에 특정 교과목의 수업시간이 전체 수업의 절반을 차지했던 황당한 경우는 없었다.

천하일색의 미인도 하루에 몇 번씩 대하면 싫증이 나서 끝내 외면하게 마련이다. 매일 평균 4시간 정도 공부하는데 그중에서 2시간이 같은 과목이 반복되면 어린아이들에게 얼마나 지겨울 것인가? 아무리 교과 내용이 과학적이고 합리적으로 구성되어 있어도 내 생각으로는 무리가 많지 싶다. 물론 이 같은 견해는 봉황의 뜻을 알 리 없는 세작의 단견일 수도 있다. 자고로 '이름이 크면 헐뜯는 사람도 많다.'는 뜻으로 명대다훼(名大多毁)라고 말하는 것처럼 맥(脈)도 모르고 침통(針筒)을 흔드는 어리석음을 배제 할 수 없기 때문에 덧붙이는 얘기이다.

2학년 1학기에 학습할 통합교과의 내용의 요약이다. 별책 4권으로 분권되었다. 첫째로 "나"라는 책은 나의 몸과 나의 꿈이라는 두 부문으로 편성되었는데 각각 11개의 소단원으로 구성되어있다. 둘째로 "가족"이라는 책은 친척과 다양한 가족으로 나누어 각각 10개의 소단원으로 이루어져 있다. 셋째로 "봄"이라는 책은 봄이 왔어요와 봄나들이라는 두 부문으로 구분하여 각각 10개의 소단원으로 구성되어 있다. 넷째로 "여름"이라는 책은 곤충과 식물을 비롯하여 여름 풍경으로 나뉘어 각각 12개의 소단원으로 되어 있다.

교육부의 표준 교사 지도서에서 어느 정도 수준으로 학습지도를 하라고 가이드라인을 제시하는지 정확히 모른다. 그런 연유에서 시중에 유통되는 학습참고서 수준을 감안하면 교육을 많이 받은 학부모라도 통합교과 내용 문제를 막힘없이 정확한 정답을 댈 사람은 거의 없지 싶다.

하나의 예이다. "가족"이라는 교재에서 나오는 가족관계 따지는 방법이나 가족 구성 형태 그리고 가족이 되는 방법 등은 어쩌면 성인들도 허둥댈 문제가 허다했다. 참으로 다양하고 방대한 내용을 구태여 한데 묶어야 하는지 궁금하다. 물론 나는 교육학이나 교과 교재 전문가가 아니기에 단언할 수 없는 노릇이기에 이런 견해는 조심스러운 개인적인 느낌의 피력일 뿐이다.

상대적으로 적은 시간 수가 배정된 "수학"의 경우 '교과 내용이 난이도 측면에서 상대적으로 쉬워졌는가?' 라고 묻는다면 선뜻 대답하기 어려울 듯하다. 왜냐하면, 수학 교재나 시중에 판매되고 있는 참고서를 대충 훑어보면 그 내용이나 수준은 그 옛날에 비해서 달라진 게 없는 데다가 STEAM이나 스토리텔링 개념 도입으로 한 단계 높은 종합적 사고와 능력을 요구하는 현실이다. 그럼에도 불구하고 수업 시간만 줄인다고 수학이 쉬워 취미를 가지게 하거나 자질이 향상될까에 대해 의문이 앞섰다.

어린아이들 입장에서 보면 교과서 외에는 한 번도 경험하거나 들어보지도 못한 노래를 비롯해 생소하기 짝이 없는 다종다양한 개념, 자연이나 계절의 변화와 그에 따른 생활상, 동물과 식물 그리고 곤충 등에 대해 이해만으로 해결되지 않을 성싶다. 상당한 부분은 달달 외우거나 지겹게 반복 학습을 해야 할 내용이 숱해서 문제가 있어 보였다. 단견인 때문인지 모르지만, 일주일 22시간 학교수업에서 전체의 절반인 11시간을 통합교과라는 단일 과목의 이름으로 공부하는 현실은 뭔가 아귀가 맞지 않는 것 같아 고개가 갸우뚱했다.

2015년 3월 17일 화요일

신학년 부적응 증상

2학년으로 진급한 유진이가 새로 마주한 교실·선생님·친구들과 같이 변화된 환경에 적응을 시작한 지 3주일째이다. 낯선 선생님이나 친구들과 면을 익히고 분위기에 적응하려고 애쓰는 눈치이다. 다소 내성적인 성격 때문에 하나로 동화되어 스스럼없이 행동할 만큼 낯을 익히고 친구들과 어울리며 나름대로 적응하지만 꽤나 허둥대며 갈지자(之)걸음을 걷나 보다.

새 학년이 되면 아이들의 학력 수준 평가가 시행되나 보다. 개학 후 둘째 주에 기초학습 진단평가가 국어·수학 과목에 걸쳐 실시되었다고 한다. 그렇지만 나는 투미하게도 평가가 있었는지 없었는지 인지하지 못한 상태로 지나갔다. 어찌 되었던 그 진단평가의 결과인 평가 결과 통지가 가정으로 배달되었다. 살펴보니 이번에 국어·수학을 시행했고, 두 과목 각각 100점 만점이며, 도달 수준 하한 점수는 60점인데, 평가한 결과 "도달"로 평가되었다는 내용이었다.

1학년 때는 교과서를 학교의 개인 사물함에 두고 다녀 살필 기회가 전혀 없었다. 그런데 2학년이 되면서 복습하거나 오답을 공책에 정리하려고 국어와 수학 교과서를 집으로 가지고 오는 날이 더러 있다. 그 때문에 유진이가 배우는 책을 들여다보면서 교과서에서 요구하는 질문의 형태나 대답 요령을 제대로 터득하지 못해 오답을 많이 내고 있음을 알았다.

평소 국어 교과서나 문제집을 읽고 이해한다거나 수학 문제를 해결하는 능력은 비교적 고르게 발달되어 있다고 생각해 왔다. 그럼에도 불구하고 아주 초보적인 내용에 대한 질문에 대해 답을 정확히 알고 있으면서도 표기하는 방법이 달라 오답으로 처리되는 경우가 숱했다. 그래서 답을 쓰는 요령에 대한 원칙을 일러주어 바로 잡도록 이끌고 있다. 따라서 앞으로는 상황이 많이 달라지리라는 희망적인 기대를 하며 태평가를 부르고 있다.

어제와 오늘의 일이었다. 학교에서 수시로 실시한 국어와 수학의 시험 결과를 가지고 왔다. 그 내용을 보고 기절초풍할 뻔했다. 생각보다 많이 틀렸기 때문에 오는 충격이었다. 그 내용을 자세히 살폈더니 십상팔구(十常八九)는 문제를 제대로 읽어보지 않아 저지른 실수투성이였다. 그 원인에 대한 여시아독(如是我讀) 결과이다. 조금만 집중하면 해결 가능한 문제로서 어처구니가 실수였다. 예를 들면 수학에서 이런 문제가 대표적인 본보기였다.

16. 시공초등학교에는 남학생이 176명, 여학생이 139명이 다닙니다. 남학생 과 여학생 중 어느 쪽 학생이 더 많이 다닙니까?

위 문제에서 나타난 숫자의 뜻을 모르는 아이가 절대로 아니다. 그럼에도 "여학생"이라고 답을 써서 틀렸다. 이는 문제를 제대로 읽지 않고 대충 답을 쓴 게 명명백백하다.

18. 규칙에 따라 수를 나열한 것입니다. □ 안에 알맞은 수를 써넣고, 규칙을 찾아 쓰시오.

155 - 205 - 255 - 305 - □ - 405

위의 문제에서 □ 안에는 '50씩 커지는' 규칙을 정확하게 파악하여 "355"를 바르게 써넣었다. 이렇게 썼다면 규칙을 쓰는 또 다른 답란에도 당연히 "50씩 커지는 규칙"이라고 써야 한다. 그럼에도 불구하고 뚱딴지같이 불쑥 "15씩 커지는 규칙"이라고 써서 틀렸다.

아이와 '하찮은 일로 실랑이를 하는' 식의 규각지쟁(蝰角之爭)을 벌이고 싶지 않다. 하지만 예(例)와 같은 유형의 실수를 거듭했다는 사실은 신중하지 못하고 덤벙댔던 때문이다. 따라서 문제를 대충 읽으며 생각 없이 기계적으로 시험에 응했다는 결론을 지을 수 있다. 어쩌면 새 학년이 되면서 새로운 환경에 적응하는 과정에서 나타날 수 있는 부적응 증상의 단면이 아닐까? 하여튼 이런 현상은 적응 과정의 문제로 치부하고 앞으로는 차분하게 정신을 집중하는 훈련을 반복해서 정상을 되찾도록 도와주어야겠다. 그렇다고 조선 시대 정약용 선생이 겪었다는 과골삼천(踝骨三

穿)*의 지경에 이르도록 공부에 매달리게 하고픈 생각은 애초에 없다.

2015년 3월 19일 금요일

* 과골삼천(踝骨三穿) : 정약용 선생의 수제자인 황상(黃裳)이 고희를 넘어서도 쉬지 않고 부지런히 초서(抄書)해가며 책을 읽는 모습을 보고 사람들이 그 나이에 어디다 쓰려고 그러느냐며 비웃었다. 이 물음에 그가 대답했다. 우리 선생님(정약용)은 귀향지에서 20년을 계시면서 날마다 저술에만 힘쓰다가 '복숭아뼈에 세 번이나 구멍이 났다.'는 뜻의 과골삼천(踝骨三穿)이라는 표현을 한데서 유래한 말이다.

까치집

텃새 까치에 대한 되새김이다. 유진이가 공부하는 책상 옆에 의자를 놓고 창문으로 내다보면 정면에 지난 음력 선달 경부터 까치 부부가 열심히 드나들며 지은 까치집이 클로즈업된다. 직선으로 100m쯤 떨어진 아파트 단지 내의 도로변에 심은 가로수인 낙우송과(落羽松科)의 높다란 메타스퀘이아(metasequoia) 나무에 지은 보금자리이다.

내가 사는 아파트가 도로의 바닥보다 상당이 높은 언덕 언저리에 자리했기 때문에 의자에 앉아서 바라보면 까치집과 정면으로 마주하게 된다. 그런데 메타스퀘이아의 높은 나무 꼭대기에 지은 것을 보면 올해는 여름에 큰 태풍이나 바람의 피해가 없을 모양이다. 왜냐하면, 태풍이나 바람이 심한 해는 까치가 예측하고 집을 낮은 곳에 짓는다고 하지 않던가!

원래는 지난해(2014년) 정월쯤에 까치 한 쌍이 찾아와 둥지를 지으려고 나뭇가지를 뻰질나게 물어 나르더니 무슨 연유인지 어느 날부터 중단한 채 봇짐을 싸 들고 어디론가 사라졌었다. 그렇게 한 해 동안 방치한 채 찾지 않다가 설(을미년) 무렵부터 다시 찾아와 열심히 집을 지으며 엔간히도 깍깍거렸었다. 그러더니 요즘에는 둥지를 완성시켜 알을 낳고 부화를 시작했는지 하루에 한 번 마주하기 어려워 적막강산 꼴이다. 그런데 이따금 드나드는 것을 보면 전입신고를 마치고 붙박이 터줏대감으로 눌러앉은 게 분명하다.

까치 부부가 이른 아침부터 저뭂이 깃들 때까지 금슬 좋게 나뭇가지나 깃털을 물고 와 집을 짓던 무렵 유진이와 나는 그들에 대한 얘기를 꽤나 많이 나눴다. 어린아이 눈에는 지상 20~30m 나무 위에 집이 무섭다고 하거나 비나 눈이 오면 어떻게 하느냐와 같은 자질구레한 의구심을 끝없이 질문했었다. 눈에서 멀어지면 마음도 멀어지게 마련이라 했던가? 요즈음 까치가 거의 눈에 띠지 않자 그들에 대한 관심 자연히 뜸해졌는가 보다. 유진이가 까치에 대한 얘기나 안부에 관심을 나타내는 일이 별로 없다.

까치에 대한 관심이 많을 때 손주에게 얘기해 줬다. 할아버지가 어린 시절 젖니를 빼면 지붕 위로 던지면서 '까치야! 까치야! 헌 이 줄게, 새 이 다오.'라고 빌었던 얘기와 그 유래를 들려주었다. 그 옛날 우리 조상들은 사람과 하느님 사이를 이어주는 역할을 까치가 한다고 믿어왔다는 사실을 말이다. 그 외에도 칠월 칠석(七夕)날이면 이 땅 위에 사는 까치와 까마귀가 하늘로 날아 가서 견우와 직녀를 위해서 다리는 놓았는데, 이 다리를 오작교(烏鵲橋)라고 불렀다는 전설까지도 들려주었다. 먼 훗날 제 책상 앞에 앉아서 할아버지가 들려준 이런 전설을 과연 기억할 수 있을까?

우리에게 까치에 대한 애정은 유별났다. 아침에 까치가 울면 손님이 온다고 믿었다. 그리고 가을에 감을 따다가도 까치밥으로 나무 꼭대기에 달린 몇 알을 남겨 두는 것을 미덕으로 여기는 인심이기도 했다. 그런가 하면 '까치 까치 설 날은 어저께고요. 우리 우리 설날은 오늘이래요.'라고 노래하며 어느 새보다도 친근한 대상으로 여겼었다.

급격한 개발과 산업화 과정을 겪으면서 조류의 서식환경이 대대적으로 파괴되어 피폐해졌다. 게다가 설상가상 격으로 맹독성 농약의 무차별적인 살포가 되풀이되면서 까치의 주된 먹잇감이 현격히 사라졌고 천적에 해당하는 맹금류인 솔개나 매가 자취를 감췄다. 그래서 까치는 생태계 먹이사슬의 가장 윗자리에 오르면서 농작물이나 과일을 마구 해침으로서 유해조류로 전락했다. 또한, 생존환경 파괴와 수목 남벌로 인해 집을 지을 나무가 마땅치 않은 현실이다. 이 때문에 전신주에 둥지를 틀어 단전 사고의 원흉이 되는 경우가 비일비재해지면서 한층 고약한 천덕꾸러기로 경원시하고 있다.

까치의 먹이 습성은 꽤나 괴팍하고 특이하다. 농작물이나 과일을 막론하고 제일 잘 익거나 충실한 것만을 골라 쪼아 먹거나 파먹는다. 그런 데다가 과일의 경우 한 번 파 먹다가 남은 것을 절대로 다시 먹지 않는 독특한 특성 때문에 피해를 더더욱 키운다.

그 옛날 익조로 알려져 국조(國鳥)로 지정될 만큼 사랑을 받던 까치이다. 하지만 서양에서는 일을 하지 않고 잘 익은 농작물이나 과일을 파먹는 게으른 새라고 하여 천대를 받아왔다고 한다. 오랜 세월 익조(益鳥)의 대표적인 새로 추앙받았고 사랑을 한 몸에 받으며 신성시 대접받았던 까치이다. 그런 터수에 근래에 이르러서는 유해조류로 낙인 찍혀 몹쓸 새로 대접을 받는 현실을 직시하며 절대적인 참이라는 진리가 존재할까 하는 의구심에 답이 막연하다.

2015년 3월 21일 토요일

잠자리에서 기상

새벽잠에 관한 한 우리 집에 극과 극을 달리는 둘이 있다. 그 하나는 날이 갈수록 새벽잠이 없어져 꼭두새벽부터 뒤척이다가 사위가 깜깜한 첫새벽에 잠자리를 박차고 일어나 어정거리는 나이다. 또 하나는 나와 정반대로 덕금어미*를 빼닮았는지 누가 업어 가도 모를 정도로 새벽잠이 많아 끌탕을 치는 아홉 살배기 유진이다.

내 어린 시절을 돌아본다. 대가족이었던 때문에 초등학교에 들어가면서부터 늦잠을 잤던 적이 거의 없었던 같다. 게다가 이른 시각에 아침 식사를 했던 까닭에 늦잠을 잘 수 없었다. 그뿐 아니라 호랑이 같은 할아버지가 계셔서 해찰을 하거나 게으름을 피우며 뭉그적거리다가는 불호령이 떨어지기 일쑤였다. 그래서 자연스레 잠자리에서 일찍 일어나는 게 버릇이 되었었다.

지금까지 늦잠 때문에 겪었던 어려움이나 문제는 전혀 없었다. 초등학교를 졸업하고 부모님 곁을 떠나서 타지에서 중·고·대학을 다니던 시절도 누군가가 아침에 깨워 주거나 시계의 자명종 없이도 늦게 일어나는 일이 없었다. 그런데 주위의 친구들은 늦잠으로 학교에 지각하거나 휴일 약속 시각에 늦어 곤혹스러운 일을 당하는 경우를 숱하게 목격했다. 이런 연유에서 아침에 스스로 일어나지 못하는 경우를 잘 이해하지 못해 갈등을 겪기도 했다.

나를 시험하려고 작심했음일까? 아니면 타고난 기질 때문일까? 다양한 방법으로 손주 유진이가 매일 아침 잠자리를 박차고 일어나도록 시도를 해봐도 아무짝에도 쓸데없는 짝사랑의 연민일 뿐이다. 처음엔 어려서 그러려니 했는데 아홉 살인 지금까지 조금도 변화의 조짐이 없다. 입때까지 별의별 다양한 방법을 동원했어도 제자리를 맴돌고 있다. 군에서처럼 매일 새벽 기상나팔이라도 불어야 할까 보다.

그 첫 번째 시도의 예이다. 기상할 시각에 맞춰 녀석의 머리맡에 앉아서 귀에 가까이 대고 사랑하는 유진이 일어날 시간! 어쩌고 주워섬기면서 아부성이나 사탕발림 멘트를 귀가 닳을 지경으로 날린다. 하지만 쇠귀에 경 읽기에 지나지 않는 일방적 구걸을 하다가 지쳐서 포기하고 만다.

그 두 번째 방법이다. 녀석이 덮고 자는 이불 속에 손을 넣어 발과 다리 그리고 팔과 몸통 등을 마사지하며 기상토록 종용해 본다. 그럴수록 더 깊은 잠에 빠져들어 거의 혼수상태에 닮은꼴로 축 늘어져 몸을 가누지 못하곤 한다.

그 세 번째 방법이다. 언젠가 이불을 확 걷어치우며 야단치는 것처럼 큰 소리로 일어나라고 얼러댔다. 그랬더니 자기를 미워한다고 눈물을 뚝뚝 흘리며 섧게 울며 트집을 잡아 되레 난감해 떫어도 묘방이 없어 입이 닳도록 꼬드겨야 했다. 예로부터 '아 다르고 어 다르다.'고 하여 어이아이(於異阿異)라고 이르지 않던가! 아무리 어린 손주라도 함부로 대할 일이 아니렷다.

아침 잠자리에서 기상 문제는 이리저리 궁리를 해봐도 묘책이 없어 '고양이 목에 방울 달기'인 묘두현령(猫頭懸鈴) 보다도 어려운 난제이다. 그런 때문에 첫 번째와 두 번째 방법을 섞어 괘씸죄에 걸려들지 않도록 어르며 대응하지만 탐탁하지 않다. 등교시키려면 아침 8시 20분경에 집을 나서야 한다. 그러려면 적어도 7시에 기상해야 하는데 깨우려고 밀고 당기다 보면 30분쯤 늦어진다. 매일 아침 이런 실랑이의 되풀이가 우리 집의 더덜이 없이 진솔한 풍경이다. 어쩌면 이런 현상은 어린 손주의 갑질이기에 참을성이 필요하다. 하지만 손주와 나의 관계는 '갑이 을이 되고, 을이 갑이 되는' 처지의 갑즉시을/을즉시갑(甲卽是乙/乙卽是甲)이 틀림없기에 묵묵히 반전시킬 기회를 엿보고 있다.

서둘러 씻겨 밥상 앞에 앉히면 또 하 세월이다. 입에 밥을 물고 하염없다. 점심이나 저녁은 지나치게 빨리 먹어 체할까 봐 느리게 먹으라고 완급을 조절시키기 바쁜 아이이다. 그런데 아침 먹는 속도는 울화통이 터질 정도이다. 협박에 공갈을 쳐도 부질없는 짓에 불과하다. 그렇다고 매몰차게 아침을 거르고 학교에 등교시킬 수도 없는 노릇이다. 한두 해 세월이 가면 자연스럽게 해결 되겠지 생각하고 어정쩡한 상태로 견디며 버티고 있다.

까마득한 옛 얘기지만 군대의 훈련소에서 새벽에 왕왕대던 기상나팔은 죽을 맛이었다. 그때 쥐구멍이라도 있다면 비집고 들어가 잠이나 실컷 자고 싶은 마음뿐이었다. 유진이가 그때 내 심정과 닮은꼴은 아닌지 모르겠다.

아침에 스스로 기상할 수 있도록 유도할 요량으로 가능한 매일 저녁 10시 이전에 잠자리에 들고 있다. 그런데 일찍 잠자리에 든 날이나 자정 무렵에 잠자리에 든 날의 차이가 없이 아침에 일어날 무렵엔 같은 모양새의 밀당이 되풀이되고 있다. 어떻게든지 시나브로 바꿔 언젠가는 스스로 기상토록 버릇을 길러주어야 할 터이다. 하지만 그것이 쉽지 않아 이 또한, 걱정이며 내게 지워진 녹록치 않은 짐이렷다.

2015년 3월 25일 수요일

* 덕금어미 : 게을러서 잠이 많은 사람을 놀리는 말.

봄 마중

3월의 마지막 토요일인데 우리 식구는 모두 일정이 빡빡했다. 평소 유진이가 학교에 가는 시각에 우리 식구는 몽땅 집을 나섰다. 나와 유진이는 청량산 등정을 위해, 아내는 대전에서 친구들 만나 1박 2일 머물 여정 때문이었다. 집을 나서 아파트 입구로 향하는 아내의 뒷모습을 지켜보다가 산 쪽으로 길머리를 틀었다.

날씨가 완연한 봄이었다. 평소 같으면 아침에 나서는 산길의 바람 끝은 꽤나 쌀쌀한데 오늘은 다른 행성의 날씨 같았다. 등산로 입구에 들어서면서 흐드러지게 핀 진달래를 보고 환호성을 지르던 유진이가 눈에 보이는 꽃 세상을 우리 집 정원이란다. 태어나 한 번도 정원이 있는 단독 주택에서 살았던 적이 없기에 과장이 심하다 싶었어도 귀여웠다.

오늘은 유진이가 43번째 청량산 등정하는 날로서 크게 두 가지 의미를 부여하려고 한다. 바다를 건너 찾아온 봄 마중이 그 첫 번째이다. 그리고 아직은 이르지만, 산꼭대기 능선길 옆에 새순이 돋아난 홑잎나물 뜯는 체험을 시키려는데 있다. 그런 이유로 평상시 산행에 소요되던 시간의 갑절이 걸릴 것으로 예상하고 따뜻한 보리차 두 병에 아이의 주전부리로 쿠키도 넉넉하게 준비했다.

예로부터 지식이란 첫째로 배우거나, 둘째로 듣거나, 셋째로 직접 눈으로 보고 익히는 방법이 있다고 일렀다. 그런 까닭에 가장 확실하고 쉬운 방법은 직접 체험하는 길이 분명하다. 이런 연유에서 산채(山菜)를 채취하는 체험을 직접 하도록 하려는 것이다.

오늘이나 낼쯤에 벚꽃이 꽃망울을 터뜨릴 기세이다. 하지만 고사리나 취나물 같은 전형적인 산나물은 아직도 '그림의 떡'을 뜻하는 화중지병(畵中之餠)에 지나지 않을 뿐이다. 그런 까닭에 그들을 채취하려면 조신하게 납작 엎드려 꽤나 기다리는 끈기 필요하다. 그런데 홑잎은 다른 나뭇잎에 비해 일찍 돋아나기 때문에 작은 싹일지라도 딸 수 있다. 그동안 매일 등산을 하며 오늘을 거사일로 택일해도 무리가 없는지 잘 살펴둔 터수였다.

내가 홑잎을 따려고 눈독을 들였던 곳은 청량산 정상을 지나 옛날 일본 강점기 시절 일본군의 방공포대 터 쪽으로 1km쯤에 위치한 바위너설 언저리였다. 그러나 집을 나서 산으로 올라가면서 한두 나무를 발견하면 다가가서 따기를 반복했던 때문에 원래 점찍어 두었던 곳에 이르니 거의 두 시간이나 걸렸다.

아직은 덜 핀 잎인 때문에 아주 작은 붓끝이나 이제 막 부화된 작은 새 새끼의 부리 정도인 것을 따려니 시간은 많이 소요되어도 채취량은 얼마 되지 않았다. 유진이가 처음엔 익숙하지 않아 낭창낭창 휘어지는 작은 키의 관목 아래 비탈에 서서 홑잎을 따는 것도 쩔쩔맸다. 그러나 조금 시간이 지나면서 문리를 터득하고 신이 나서 조잘대며 잘 땄다. 아마도 반 시간 가까이 조신하게 몰두했으니 열성을 다해 자연학습 옹골지게 한 셈이었다. 산채를 채취하는 최초의 경험치고는 알차고 영원히 기억에 남을 법도하다. 하기야 지난해 봄에는 교외에서 쑥을 뜯었던 알토란같은 경험도 여퉈둔 터이다.

아침 8시 20분 무렵에 집을 나섰는데 돌아온 시각은 얼추 오후 1시였다. 유진이가 배가 고프다고 하소연하여 얼른 샤워를 시키고 라면을 끓여 점심을 해결했다. 그리고 따온 홑잎 나물을 다듬어 팔팔 끓는 물에 살짝 데쳐 물에 내일 아침까지 담가 두었다가 꺼내 보관할 참이다. 아무리 식용 가능한 산채라도 알싸한 맛을 우려내려면 물에 담가두는 것이 최상의 방법이기 때문이다. 유진이의 소중한 경험이 오달지게 담긴 것으로 우리 식구가 세끼쯤 먹어도 모자람이 없을 양이기에 오늘 프로젝트는 대성공이다.

갑자기 더워진 날씨 때문인지 하산 길에 다시 만난 벚나무의 남쪽으로 뻗은 가지는 콩콩 소리가 날 정도로 화급하게 꽃망울을 터뜨리기 시작했다. 이 같은 기온이 지속된다면 불과 하루 이틀 뒤엔 벼락 치듯이 만개하지 않을까? 3월의 마지막 토요일 조손이 나선 봄 마중은 먼 훗날까지 추억의 곳간에 잘 갈무리 되어 또렷이 기억될 개연성이 높은 걸출한 선택이었지 싶다.

2015년 3월 28일 토요일

학부모상담

만우절인 오늘 유진이 담임선생님과 면담을 했다. 일주일 전쯤에 학부모 면담 신청서를 보내와 별다른 약속이나 제약이 없는 날짜와 시간(오늘 오후 3:00~3:30)을 기재하여 회신했었다. 그랬더니 선생님으로부터 원하는 대로 상담할 수 있다고 아이의 '알림장'을 통해 회답해왔었다(3월 27일). 세월의 변화에 걸맞게 면담 방법도 학부모가 편리한 대로 고를 수 있도록 세 가지를 제시하고 있었다. 첫째로 면담 날짜와 시간을 약속하고 학부모가 직접 학교에 찾아가는 방법, 둘째로 휴대전화로 상담하는 방법, 셋째로 이메일(e-mail)을 통해 상담하는 방법이 그것이었다. 이 중에서 첫 번째 방안을 택했다.

출산을 꺼리는 사회적 풍조로 인해 요즈음 모든 아이는 외동 아니면 둘 정도가 고작으로 공주나 왕자처럼 과잉보호를 받기 쉬운 현실이다. 그런 천방지축 악동들이 모인 초등학교 2학년의 교실 풍경은 지난해인 1학년에 비해 얼마나 변했을까? 물질적 풍요와 부모의 관대함 속에 무소불위의 권능을 당연한 것으로 누리고 자란 악의 없는 왈패들이다. 이 같은 아이들이 꾸미고 가꾸는 세상에서 겪는 심리적 변화의 모습이나 가치관의 재정립 과정을 엿듣고 싶은 마음으로 면담에 임했다.

유진이는 밝고 맑은 성격이지만 약간은 내성적인 면이 강해 어딘지 여성스럽다. 그런 때문인지 큰 목소리로 혼을 내거나 조금이라도 거친 말을 들으면 마음에 상처를 많이 받고 눈물을 뚝뚝 흘리는 게 예사이다. 그래서 친구들로부터 억센 행동이나 표현을 당한 경우 집에 돌아와 하소연을 자주 한다. 따라서 학교생활에서 이 같은 유형의 문제로 심적 갈등이나 상처를 받지 않을까 하는 우려를 도외시할 수 없었다.

담임은 박순덕 선생님으로 교직 경력이 많아 노련했다. 선생님은 우선 총론적으로 학교생활에 큰 문제 없이 잘 적응하고 있다며 결론부터 얘기해 주었다. 하지만 각론에 이르러 사소한 문제가 불거지기도 했던 것 같다. 선생님이 봐도 약간 내성적인 측면을 보이는데도 친구들과 어울려 지나치게 나대다가 꾸중을 듣기도 했다는 얘기였다. 그러면서 친구들이 자기에게 모욕적인 언사로서 "바보"라는 식의 말을 하면 참지 못하고 다투기도 한다고 했다.

선생님의 얘기를 들으며 한편으로는 자칫 무르게 대응하면 친구들에게 만만장이로 낙인찍힐 개연성을 무시하기 어려운 단면도 있었다. 이런 맥락이라면 유진의 행동은 나무랄 구석이 없지 싶기도 했다. 그래도 자기에게 모욕적인 행동이나 언사를 해대면 즉시 그러지 말라고 "경고"를 하고, 그래도 계속한다면 선생님께 말씀드려 해결하라고 존조리 타이르기로 작정했다. 왜냐하면, 자고로 '손바닥도 마주쳐야 소리가 난다.'라고 하여 고장난명(孤掌難鳴)이라고 이르지 않던가! 하지만 공격적이거나 비뚤어진 비정상 행동이 아니기에 그다지 염려할 바가 아니라는 결론에 이르렀다.

상담과정에서 처음 10여 분 동안은 선생님의 교육철학과 가치관에 따른 아이들 지도 원칙과 방침을 비롯해 그동안 살펴온 얘기를 잠자코 듣는 입장을 견지했다. 그런 후에 나름대로 선생님이 참고 될 사항에 대한 얘기를 드렸다. 선생님이라고 해도 나와 상당한 나이 차가 있기에 나잇값을 하기 위해 할 얘기를 간추려 메모해서 A4 용지 1매에 프린트해 갔었다. 상담과정에서 횡설수설하거나 중언부언하는 결례를 피할 요량이었다.

내 사랑하는 손주의 담임선생님 앞이기에 어느 자리보다도 언행에 신경을 써 예의에 어긋나지 않도록 유념했다. 그 옛날 중국의 노자(老子)가 도덕경(道德經)에서 이른 말까지 되뇌기까지 했다. "족함을 알면 욕되지 아니하고(지족불욕(知足不辱)) 멈출 줄 알면 위태롭지 않으리니(지지불태(知止不殆))"를 생각하며 절제하도록 노력했다.

자고로 '진짜 금은 도금하지 않는다.'고 하여 진금부도(眞金不鍍)라고 일렀다. 먼저 제 부모가 유학하던 곳인 캐나다의 밴쿠버에서 태어났으며, 특기 사항으로서 한자 실력급수 7급·8급 획득, SBS 스페셜 307회 출연, 내가 유진에 대해 쓴 책 '8년의 숨가쁜 동행' 등의 사실을 간략히 얘기했다. 다음으로 유진의 취미 혹은 관심사로서 청량산 정상에 43회 등정, 곤충이나 작은 동물에 대한 교육을 여러 해에 걸쳐 시켜서 징그러울 정도로 잘 다루는 사실, 태권도를 3년째 계속 수련한다는 내용도 얘기했다. 한편, 특이 사항으로서 편식 경향과 매운 음식 못 먹는 것과 긴장하면 먹은 음식을 잘 토한다는 사실까지 더덜이 없이 이실직고(以實直告)했다. 이외에도 아이의 지도에 도움이 되도록 우리 가족의 내력에 대해서도 짤막하게 말씀드렸다.

상담 날짜가 시작되기 며칠 전 일이었다. 학교 명의로 선물을 받지 않으니 청정한 학교 문화를 이룩하기 위해 협조해 달라는 문자 메시지가 휴대전화로 날아왔다. 그런 터수이기에 음료수 한 병 준비 없이 상담에 임했다. 게다가 선생님의 자존심을 위한다는 면피성의 알량한 생각에 면담에 임하면서도 빈손으로 학교를 찾아온 속내를 입에 담지 않았다. 그래도 인정머리 없는 노인네라고 치부하거나 좁쌀영감으로 자리매김하지 않았으면 좋겠다. 그것은 비록 현직에서 물러난 종이호랑이일지라도 딴에는 평생을 교육 현장의 지킴이로서 살아온 긍지와 자존심을 스스로 내팽개치지 않으려는 심산의 발로이기도 했다.

2015년 4월 1일 수요일

우정의 밤

유진이의 등을 떠밀어 외박하라고 했다. 세 해째 수련을 받는 태권도장에서 여는 '우정의 밤'이라는 행사에 참여해 오늘 밤부터 내일 아침까지 외박하라고 데려다주고 왔다. 기껏 하룻밤 지내고 돌아오는 행사임에도 자질구레한 준비물과 옷을 넣은 가방 하나에 참가한 친구들과 밤에 나누어 먹을 음료수 이십여 개를 아이가 들고 갈 수 없어 태권도장까지 동행했다. 아이는 친구들과 모여서 함께 저녁 식사를 할 예정이라서 도시락도 지참해 갔다. 그런데 나와 아내는 이른 시간에 저녁 식사를 마치고 아이의 집합 약속시간에 맞춰 집을 나섰다.

여태까지 해마다 그 행사가 개최되었어도 지나치게 부담스러울 것 같아 외면해왔었다. 하지만 올해 아홉 살이기에 한 번쯤 집을 떠나 또래의 친구들과 어울리며 밤을 새우면서 공동생활을 하는 체험이 나름대로 가치가 있으리라는 생각에서 참가시켰다. 여기에는 '우물 안 개구리'인 정저지와(井底之蛙)에게 넓은 세상을 향해 조금씩 외연을 넓혀 주려는 뜻도 담겨 있다. 또한, 해가 지면 그를 떠나보내야 달과 별이 보이는 법이라고 이르지 않던가!

수련 중인 태권도장에서는 계절에 따라 눈썰매장, 수영 교실, 줄넘기 교실, 피구특강 같은 이벤트를 무료로 개최하여 다양한 경험을 쌓을 수 있도록 배려하고 있다. 이번 행사는 같은 도장에서 동문수학하며 수련하는 도반들이 하룻밤 함께 부대끼면서 서로를 이해하며 공존하는 방법을 터득하고 배우는 과정이다. 도장의 안내문 일부이다. "단 하루지만 부모님을 떠나 스스로 하루를 보내면서 배우게 되는 독립심과 자존감을 통해 부모님의 소중함 고마움과 감사함. 그리고 새로운 환경에 대한 적응력을 키울 수 있는 소중한 시간"이라고 행사의 취지를 천명하고 있다.

봄은 역시 역동적인 계절인가보다. 어제는 유진이가 학교에서 1·2학년이 집단으로 학교 뒤편에 위치한 청량산 임도를 1km 남짓 걷다가 돌아오는 우정등산(友情登山)을 했다. 그리고 오늘과 내일은 1박 2일로 태권도장에서 친구들과 합숙하는 우정의 밤 행사가 이어짐을 축하해야 할까 아니면 위로해야 할까? 득실을 꼼꼼하게 따지지 않고 무조건 어울려보라고 기꺼이 등을 떠밀어 보기로 했다.

참가비는 없으며 활동에 편안한 자유 복장 차림이면 된다. 그런데 참여하는데 준비물은 저녁 도시락, 간식, 이불, 세면도구, 필기구 등이다. 저녁 7시에 모이는 때문에 식사가 불가능할 뿐 아니라 공동생활에서 함께하는 식사도 중요한 교육의 단면이라는 견지에서 도시락을 준비하도록 했지 싶다. 게다가 한참 잘 먹을 아이들이 여럿이 어울려 밤을 새우면서 주전부리는 불가결한 요소이리라.

일단 행사에 참가시키기로 결정하고 나서 생각하니 지참해야 할 필수 품목인 이불이나 담요가 마땅하지 않았다. 그렇다고 집에서 평소에 덮고 자는 두껍고 큰 것은 부적합하지 싶었다. 이런 연유에서 제 할머니가 어제 급히 백화점과 캠핑용품점을 뒤져 외형이 그럴싸한 침낭(슬리핑백)을 하나 사 왔다.

첨단 소재로 만든 제품인 때문인지 둘둘 말아 전용 주머니에 넣으니 어린아이들이 들고 다녀도 부담 없는 무게와 부피였다. 게다가 간단하게 지퍼로 여닫으며 드나들 수 있어 어린아이들이 사용하는데 부담이 없어 보였다. 어젯밤 거실에 펼쳐놓고 지퍼를 여닫아 보면서 들어갔다 나오는 연습을 수없이 되풀이시켰다. 그렇게 사용법을 어느 정도 익혀 맹탕이 아니기에 오늘 저녁 저 혼자서도 너끈하게 사용할 수 있을 게다.

초등학교에 진학한 뒤에 처음으로 우리의 품을 떠나 한뎃잠을 자면서 친구들과 즐기는 행사이다. 여기에 세면도구 지참은 당연하다고 하더라도 필기구를 반드시 준비하라는 안내엔 고개가 갸우뚱해진다. 무엇을 위해서 필요한 걸까? 그에 담긴 참뜻은 내일 오전에 아이가 돌아왔을 때 물어보면 자연스레 의문이 풀리리라.

아이가 점점 성장하면서 '모든 걸 직접 챙기'는 만기친람(萬機親覽)은 어불성설이다. 첫술에 배부르지 않을 것이다. 시나브로 맞이할 이런 기회를 통해 조금씩 지평을 넓히고 깊게 열며 성장하는 계기가 되었으면 하는 바람이다. 어른들이 만든 온실 속에서 곱게 자라는 연약한 화초이기보다는 눈곱만큼이라도 자신을 위한 외연을 넓히는 길이 소중하다고 여기기에 하는 얘기이다.

욕심은 이처럼 드높은 경지를 넘보고 있다. 그렇지만 매일 밤마다 적어도 대여섯 번은 차낸 이불을 끌어다가 덮어줘야 한다. 이런 현실을 고려하면 오늘 밤 탈 없이 보내고 웃는 낯으로 내일 집에 들어설 것인지 좌불안석으로 걱정이 꼬리를 문다.

2015년 4월 3일 금요일

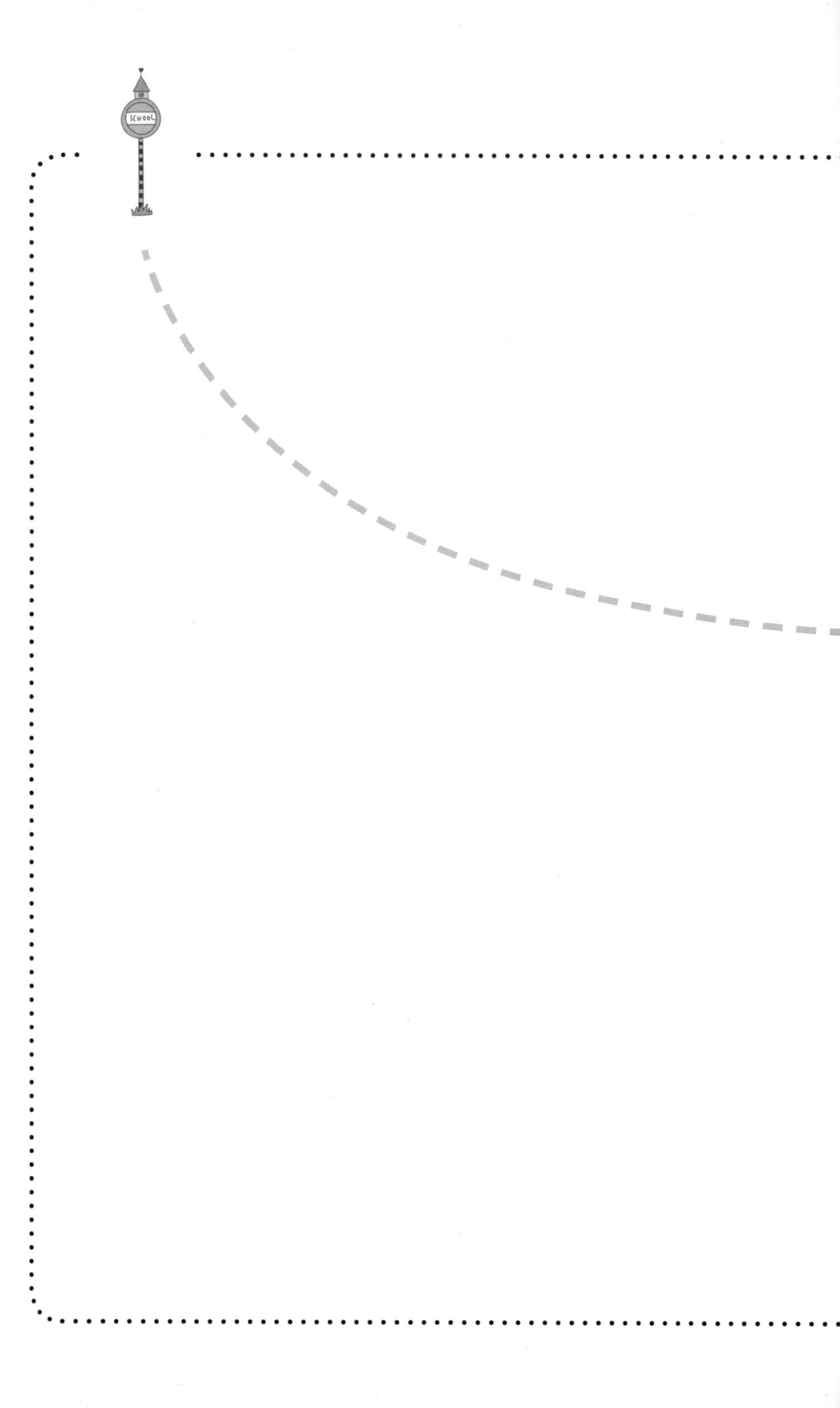
SCHOOL

Ⅵ

손주가 주는 용돈

실내화

실내화 세탁에 이골이 났다. 매주 한 번씩 손주의 실내화를 세탁해 온 지가 어느덧 네 해째로 이제는 프로를 뺨칠 정도로 익숙해진 솜씨를 자랑한다. 유치원을 다니던 두 해와 초등학교에 입학하고 나서 두 해째이기에 정확히 말하면 삼 년 남짓한 세월의 이력이 쌓인 셈이다. 매주 금요일이면 집에 돌아온 아이의 가방을 뒤져서 바로 세탁해두었다가 월요일 등굣길에 들려 보낸다.

애초에는 하기가 싫어 아내에게 떠넘겼었다. 그런데 아내가 집안에서 할 일이 많을 뿐 아니라 '자기가 하기 싫은 일은 남에게도 시키지 말라.'는 뜻의 기소불욕물시어인(己所不欲勿施於人)이라는 말이 마음에 걸려 은근슬쩍 내 몫으로 당겨 꿰찼다. 지금은 정해진 일처럼 매주 금요일이면 실내화를 세탁하는 일이 습관화 되어 자연스럽다. 하지만 처음에는 귀찮다거나 잊어버리고 지나가 벼락 치듯이 서둘러 세탁해 가스레인지 옆에 세우거나 헤어드라이기로 말리는 야단법석을 떠는 촌극도 감내했었다.

특히 유치원에 다니던 두 해 동안은 앙증맞은 하얀 운동화를 실내화로 신었던 때문에 잘 마르지 않아 곤혹을 치르며 허둥댔던 경우가 심심치 않게 발생했다. 그러나 초등학교에 입학한 지난해부터 실내화 재질이 헝겊이 아닌 합성수지 재질의 제품으로 대체되면서 세탁 후 건조시켜야 하는 걱정에서 자유로워졌다. 비누나 세제를 이용해 솔로 문질러 더러워진 실내화를 세탁해서 몇 분만 엎어두면 물기가 말라 땅 짚고 헤엄치기보다 쉬워졌다.

손주의 실내화를 세탁하면서 지난날의 내 경험을 회상해 봤다. 6·25전쟁 휴전 무렵에 초등학교에 입학하여 60년대에 대학을 졸업할 때까지 학교에서 실내화를 신었던 기억이 도통 없다. 학교에 가면 신고 갔던 신발을 신발장에 넣고 교실에서는 맨발로 다녔었다. 지금보다 훨씬 열악한 교실 환경인데 말이다. 게다가 교실 청소 당번이 되면 우물이나 수도에서 양동이에 물을 받아 와서 걸레를 빨아 교실 바닥을 수없이 닦고 또 닦기도 했다. 그래도 깨끗할 리 없었던 교실에서 맨발이나 양말을 신은 채로 하루 종일 밟고 다녔으니 요즈음 기준으로 생각하면 위생 상태는 엉망진창으로 낙제 수준이었지 싶다.

그 시절 교실 청소의 또 다른 유형의 얘기이다. 좀 유별난 담임선생님을 만나면 집에서 남아도는 양초를 학생들에게 가지고 오게 했다. 그리고 자기 반의 모든 학생이 일제히 교실이나 복도 바닥에 양초를 문지르고 마른걸레와 빈 병으로 문지르고 문질러 윤이 나면서 반질반질하게 만드는 경우도 드물지 않았다. 아마도 요즘 아이들에게 그렇게 시킨다면 당장 학부모들의 민원 등쌀이 배겨날 도리가 없어 언감생심이었을 것이라는 생각에 이르면서 씁쓸하다.

아이들을 키우거나 학교에 보내면서 자질구레한 손길이나 보살펴야 할 일이 한두 가지일까? 그중에 매주 금요일이면 의무 방어전을 치르듯이 실내화를 세탁하고 수시로 적당한 시간의 틈새를 살펴 일상적인 나들이 운동화를 세탁해 건조시키는 일도 포함된다. 이런 일들은 소소할지라도 게을리하거나 잊고 있었다가는 낭패를 당하기에 십상인 성가신 일이 틀림없다.

햇수로 네 해째 손주의 외출용 운동화와 실내화를 수시로 세탁하면서 아이가 날로 무럭무럭 성장하고 있음을 언뜻언뜻 실감하기도 한다. 유치원에 입학했을 당시 처음 사 왔던 실내화는 조막손 크기로 앙증맞았었다. 그런데 한 해 두 해 세월이 지나면서 조금씩 성장을 거듭한 아이의 덩치에 걸맞게 실내화도 큰 것으로 바꿔야 했다.

해가 바뀌면 새것으로 바꿔 신겨야 할 이유가 없다. 하지만 한 해가 지나면 신기하게도 실내화의 어딘가가 해지거나 찢어지고 바닥에 구멍이 나서 자연스럽게 폐기 처분하고 새것을 마련해 주어야 했다. 그런 이유에서 이제까지 네 번이나 새로운 실내화로 갈아 신겼다. 이렇게 새로운 실내화로 바뀌는 과정이 되풀이 되면서 조금씩 커진 실내화는 지금은 거의 군함 정도로 커졌다. 이런 변화는 아이의 덩치가 그만큼 커졌다는 사실을 웅변하는 증좌이기도 하다.

언젠가 아이들 실내화를 전문으로 하는 매장 앞을 지났던 적이 있다. 같은 이름의 실내화도 남녀의 구분, 방한용 따위와 같이 별의별 모양과 형태가 즐비했다. 하지만 손주가 사내아이이고 남녀에 둥지를 틀었기 때문에 구태여 방한용이나 고급스러운 고가의 제품은 낭비라고 생각되었다. 그래서 실용성을 감안하여 합성수지 제품을 신기고 있다. 내가 보기엔 그것도 넘치고 넉넉하다고 여겨진다. 아울러 풍요로운 세상에 태어나 어두운 구석 없이 밝고 맑게 자라나는 아이들이 부럽다는 생각이 고개를 들고 주억거린다.

2015년 4월 5일 일요일

손주가 주는 용돈

어제 아침 서울 나들이를 위해 현관문을 열고 나서려고 할 때였다. 유진이가 황급하게 외쳤다.

"할아버지, 잠깐만!"
"왜?"
"또다시 무조건 잠깐만이라고 외치고 방으로 들어갔다."

웬 수선인가 싶어 엉거주춤 현관문을 한 손에 쥐고 우두커니 서 있었다. 하기야 시간에 쫓기는 형편이 아니기에 느긋한 심정이었다는 표현이 맞을성싶다. 그렇게 얼마나 시간이 지났을까? 유진이가 방에서 나오면서 대뜸 눈을 감으라고 했다.

순간적으로 뚱딴지같이 무슨 해괴한 수작일까 하는 의구심이 들어도 꿍꿍이속을 짚어 낼 재간이 없어 잠자코 주문에 따랐다. 내게 다가오더니 와이셔츠 주머니에 무언가를 쑤셔 넣고 능청스럽게 손으로 다독였다. 그리고 눈을 뜨라고 이르며 내뱉는 얘기가 상상을 초월했다.

"할아버지! 오늘 서울 가서 배고프면 맛있는 것 사 먹어."

"뭔데?"

"응! 내 용돈 중에서 만원을 할아버지 쓰라고 주는 거야…"

"유진아! 할아버지 돈 있어!"

"그래도 내가 주는 거야!"

순간 명치끝이 뭉클하고 코끝이 찡했다!

언제, 아이가 이렇게 컸을까?

비록 부자처럼 여퉈둔 재산은 없을지라도 아이가 보는 앞에서 돈 걱정이나 궁상스러운 티를 냈던 적이 결단코 없다. 불필요한 낭비를 제외하고 아이가 무엇인가를 원하면 필요성이나 타당성을 감안해 들어줬었다. 그런 과정에서 궁색한 티가 줄줄 흘렀거나 함부로 말하여 마음의 상처를 입혔던 적이 있었던가? 순간적으로 머릿속은 복잡한 데도 불구하고 내 미간에는 미소가 번졌다. 이것도 이심전심으로 전해지는 염화시중(拈花示衆)의 미소일까 하는 생각이 일었다.

겨우 아홉 살 손주가 나들이에 나서는 백두옹의 할아버지가 배고플지 모른다는 생각을 하게 된 이면에는 두 가지 가정이 가능하리라. 첫째로 할아버지는 빈한해서 나들이 길에 굶어야 할 형편이라는 사실을 간파하고 측은지심(惻隱之心)의 적선일 것이다. 진정 아이에게 내 진면목이 이렇게 각인 되었다면 주변머리 없는 한심한 모습으로 비친 게 명백하다. 둘째로 아이의 마음이 따뜻하고 정이 많아서 먼 길 나서는 할아버지에게 무언가를 해주고 싶은 마음에서 건넸을 경우이다. 이같이 가진 것을 나누고 도움을 주려는 고귀한 심성이라면 그 마음을 영원히 간직하도록 이끌어야 할 일이다.

할아버지를 생각하는 손주의 애틋한 마음과 달리 어제 서울 나들이는 고속버스 연착으로 중간에 쉬면서 차 한 잔 제대로 마실 여유가 없었다. 그 때문에 점심은 아예 거른 채 겨냥했던 문학행사에 빠듯하게 시간 맞춰 얼굴을 내밀었다. 행사를 마친 뒤에 서둘러 저녁 식사를 끝낸 뒤에 잠시 숨을 고르다가 심야 고속버스로 마산에 도착하여 오늘 새벽 2시경에 집에 돌아왔다.

손주가 보여준 행동에 감동을 많이 받아 종일 가슴이 따뜻했고 마음이 훈훈해 점심을 걸러도 배고픈 줄 몰랐다. 손주의 순간적 행동이 주는 공명에 감동하며 그 옛날 '까마귀 새끼가 자란 뒤에 어미에게 먹이를 물어다 준다.'는 반포지효(反哺之孝)와 흡사한 효를 받았던 부모의 심정을 어림해 보기도 했다.

코끝이 시큰하고 뭉클한 감정을 문학 행사 자리에서 더덜이 없이 곧이곧대로 자랑하고 싶어 눙치거나 입을 다물 수 없었다. 마침 행사장에서 축사를 부탁했다. 이때다 싶어 공식적인 축사를 하기 전에 오늘 아침 손주가 내게 파란 배춧잎 한 장을 주며 나눴던 얘기를 입에 담았다. 이는 팔불출(八不出) 행동을 자청하며 기꺼이 천치 노릇을 한 꼴이었다. 이런 즐거움이 있어 '말똥에 굴러도 이승이 좋다.'고하여 수와마분(雖臥馬糞)이라는 말을 했을까?

어제의 유진이 행동을 보면서 '윗물이 흐리면 아랫물도 맑지 못하다.'는 뜻의 상탁하불정(上濁下不淨)의 참뜻을 되새겨 보고 있다. 눈물겹도록 고맙고 흐뭇해서 손주가 준 그 돈을 쓰지 못했다. 오늘 아침에 일어나서 손주의 용돈 지갑에 손주 몰래 넌지시 찔러 넣고 무척 고마웠다고 인사했다. 그런 줄도 모르고 그 돈으로 무엇을 사 먹었느냐고 꼬치꼬치 캐물었다. 적당히 둘러대며 얼렁뚱땅 대답하고 손주의 표정을 살폈더니 나보다도 더 즐겁고 밝은 표정이었다. 늘 오월동주(吳越同舟)의 찰떡궁합을 자랑할 수 없을지라도 조손의 동행이라는 여정에 살가운 정의 여울이 더욱 넓고 깊어져 가고 있음의 방증이지 싶어 흐뭇하고 미쁘다.

2015년 4월 19일 일요일

현장 체험학습

오늘 유진이가 현장 체험학습을 다녀왔다. 학년마다 대상 장소가 다르며 1·3·5학년은 어제였고, 2·4·6학년은 오늘 가는 것으로 되었다. 유진이는 2학년이기 때문에 김해클레이아크미술관으로 갈 것이라는 안내문을 받았었다.

지난 3월 중순경 학교의 안내문에서 오늘쯤 현장 체험학습을 실시할 예정임을 고지하고 신청을 받았었다. 그 계획 준비 과정에서 이번 달 10일 참가비 18,000원이 스쿨뱅킹통장에서 인출되었다. 각 반마다 대형 관광버스를 1대씩 배정하는 관계로 참가비 대부분이 교통비에 충당되지 싶다. 그런 때문에 아무리 하석상대(下石上臺)의 묘수를 동원해도 미술관 입장료나 도자기 만들기 체험에 소요되는 재료비는 전체 경비 중에서 극히 일부인 1,000원 안팎으로 유추된다.

어제 선생님의 통지문에 따르면 일정의 대략 다음과 같다. 오전 9시 무렵에 학교에서 출발하여 귀가는 오후 3시 30분경으로 예정하고 있었다. 학교에서 준비물로 예시한 내용은 도시락, 간식, 미니돗자리, 물, 음료수, 물티슈 작은 것, 휴지, 쓰레기 수거용 봉투, 멀미하는 경우 각자 멀미약 먹고 오기 따위이다.

한편, 주의사항을 더덜이 없이 그대로 옮기면 다음과 같다. ① 음료수 가방에 쏟아지지 않은 것으로 ② 도자기 만드는 체험 활동이므로 간식 먹을 시간이 많지 않으니 먹을 수 있는 만큼 조금만 보내주세요 ③ 모든 물건 특히 외투, 모자에 반드시 이름 써오기를 고지하고 있었다.

지난해 봄에는 세월호 참사 사건으로 취소되었었다. 그리고 가을에는 반성에 위치한 경상남도수목원으로 갔었다. 그때 모자를 잃어버려 어제 할머니가 새로 하나 사 와서 모자의 안쪽에 붙어 있는 상표에 한유진이라고 유성 펜으로 이름을 써두어 분실에 대비했다.

어젯밤 유진이 행동은 지난 세월 소풍 전날 내가 벌였던 모습을 기록한 필름을 되돌려 보는 듯했다. 준비물과 먹거리를 가방에 넣었다가 꺼내기를 몇 번인가 되풀이하며 부산을 떨었다. 게다가 "준비물인 돗자리를 펼치고 중간 부분에는 음식을 차려 놓고 네 모서리에 친구들이 앉으면 되겠다."라고 중얼거리기도 했다. 또한, 음료수와 주전부리 중에서 어떤 것을 빼고 넣을 것인지 종잡을 수 없을 만큼 이리저리 짜 맞추며 궁리를 해대는 꼴이 까다로운 미적분 문제를 푸는 모양새와 흡사했다.

내일 도자기 만들기 체험에서 무엇을 만들면 좋겠냐고 나와 제 할머니 의사를 물어왔다. 미술관에 가서 네가 만들고 싶다고 생각되는 것을 열심히 만들면 되기 때문에 지금부터 걱정할 일이 아니라고 일러주었다. 그랬더니 자기가 만든 것을 나중에 집으로 보내 준다고 했다는 얘기였다. 그 때문에 꼼꼼하게 잘 만들어 사용할 수 있도록 하겠다고 다짐했다. 하지만 과연 그 결과가 어떻게 나타날지 잠자코 지켜볼 일이다.

김밥에 돗자리를 비롯해 자질구레한 준비물을 주섬주섬 쓸어 담은 가방이 꽤나 묵직했다. 이삿짐 같은 가방을 두 어깨에 메고 집을 나선 유진이 손을 잡고 학교 정문까지 배웅하면서 가벼운 얘기를 주고받으며 은근슬쩍 격려를 해주었다. “할아버지! 오늘 체험학습이 아니라 소풍 가는 기분이야!”라고 했다. 자기가 학급에서 나눈 하나의 모둠 대표라는 얘기였다. 그런 까닭에 오늘 모둠 친구들은 자기가 가지고 간 돗자리를 펴고 앉아서 음식을 나누어 먹기로 약속했다고 자랑했다. 결국, 소풍의 다른 형태가 현장학습인데 오락가락하는 모습을 지켜보며 그 옛날에는 소풍을 원족(遠足)이라고 부르던 생각이 떠올랐다.

오후 3시 30분경에 돌아왔다. 피곤한 기색이 완연했다. 무엇을 보거나 만들었느냐고 물어도 시큰둥하다. 마지못해 도자기를 만드는 체험에서는 컵을 만들었다는 대답이었다. 한편, 미술관에 전시된 작품도 꽤나 감상을 했었나 보다. 작품 이름을 연인 산수·어둠의 벽·진흙 구조물과 같은 것을 열댓 개 정도 메모장에 적어 와서 열심히 설명을 해댔다. 그런데도 도대체 어떤 모양의 작품을 얘기하는지 감이 잡히지 않고 뜬구름 잡기였다.

현장 체험학습에서 늦게 돌아온 관계로 오늘 3시부터 한 시간 동안 공부하는 학원은 어쩔 수 없이 결석을 했다. 돌아와서 20여 분 쉬다가 4시에는 태권도장에 보냈다. 오늘 훈련하는 모습의 사진 촬영이 예정되어 피곤함에도 불구하고 빠질 수가 없었다. 그러고 보니 아이들도 어른 이상으로 분주하고 여유가 없이 톱니바퀴가 맞물려 돌아가는 빠듯한 생활을 하는 셈이다.

생뚱맞게도 철혈재상으로 알려진 독일의 비스마르크의 촌철살인(寸鐵殺人) 일갈로 알려진 '어리석은 자는 경험을 통해서 배우고, 현명한 자는 역사를 통해서 배운다.'라는 명언이 떠올랐다. 경험을 통해서 단편적인 지식을 얻거나 깨우치기보다는 역사적인 자료를 모아 둔 김해클레이아크미술관 같은 곳을 구경하고 도자기의 참모습과 역사적 자취를 바르게 인식하는 계기가 되었으면 좋겠다. 아울러 오늘 경험한 도자기 만들기 체험학습이 오래오래 추억의 곳간에 오롯이 갈무리 된다면 좋으련만!

2015년 4월 22일 수요일

유진이의 여덟 번째 생일

유진이가 올해 우리 나이로 아홉 살로서 오늘이 여덟 번째 생일이다. 아침에는 등교 문제로 생일을 축하한다는 말을 건네고 미역국을 먹는 것으로 간단히 가름했다. 학교에서 돌아와 놀다가 저녁 식사 시간에 케이크에 촛불을 켜고 생일 축하 노래를 부르며 특별히 장만한 음식을 먹는 공식적인 행사를 치렀다.

제 아비가 아이의 생일에도 마산에 내려올 수 없어 우리 내외와 유진이 셋이서 조촐하게 맞이했다. 얼마 전의 얘기이다. 자기 생일에 가족이 모두 모였으면 좋겠다고 자기 바람을 넌지시 피력했다. 하지만 제 아비는 생업에서 자유로울 수 없어 뜻대로 되지 않았다.

요즘 아이들은 옛날에 비해 딱 부러지게 자기가 원하는 일이나 받고 싶은 선물을 확실하게 밝힌다. 유진이도 선물을 미리 정해 은근슬쩍 암시하고 어른들의 대응을 지켜보는 모양새였다. 그 첫째로 요괴메달 한 박스를 청했었다. 그러나 며칠 지나며 그것을 취소하고 인터넷을 뒤지더니 터닝메카드 테로라는 변신 장난감으로 바뀌었다. 그렇게 품목을 바꾸더니 제 할머니와 상의하여 지난 월요일인가 인터넷으로 주문했는데 아직 도착하지 않았다. 두 번째 요구는 아이스크림으로 만든 생일 축하 케이크였다. 낮에 제 할머니가 사다 두었다가 저녁 식사 때에 촛불을 켜고 축하 행사를 마친 뒤에 준비한 음식을 먹으며 즐거운 시간을 보냈다.

며칠 전 유진이와 잠자리에 들어서의 일이다. 대략 10시 무렵에 함께 잠자리에 누워 하루를 복기하며 내밀한 얘기를 주고받던 중간에 불쑥 내게 물었다.

"할아버지!"
"왜?"
"내 생일에 친구들 초대하면 좋겠어!"
"누구를 초대할 건데?"
"우리 반 친구들"

순간적으로 복잡해졌다. 반 친구들을 초대한다면 우선 우리 집이 좁고 음식을 준비하는 문제를 비롯해 여러 가지가 간단치 않아 선불리 확답할 사안이 아니었다.

"유진아!"
"응"
"친구들 초대하는 문제는 어려울 것 같다."
"우선 우리 집이 좁아 친구들을 많이 초대할 수 없지 않니?"

"그리고 할머니가 혼자서 음식을 준비하기 어려울 것 같단다."
"그렇기 때문에 친구들 초대 문제는 내년쯤에 다시 생각해 보자!"
"아! 그렇구나!"

라고 얘기하면서 아쉬운지 "친구들을 초대하면 선물을 많이 받아 좋을 텐데"라고 중얼거리며 제안을 흔쾌하게 철회했다. 단순히 지나가는 말로 너스레를 떤 것 같아도 나름대로 많이 되새김한 질문이었을 게다. 아마도 지난주 토요일 오후에 같은 반 친구인 민규가 친구들을 초대했었다. 그날 민규네 아버지 태권도장에 신나게 놀면서 신났던 기억이 그런 생각을 하게 만들었으리라. 그런 마음을 이해하면서도 아이의 청을 들어주지 못하고 어물쩍 다음 기회 운운하며 넘기는 것이 어리보기 할아버지일지라도 맘에 걸린다.

태어난 직후부터 우리 내외 품으로 와서 오늘에 이르기까지 큰 탈 없이 운상기품(雲上氣稟)의 끌끌한 도령으로 자라준 고마운 아이다. 이런 이유에서 하늘이 주신 축복이며 행운으로 만일 유진이가 함께 살지 않는다면 우리 집은 얼마나 삭막하고 쓸쓸할까? 유진이로 인해서 우리 내외의 이야기가 이어지고 웃음이 끊이지 않으며 잔잔한 정이 살아서 숨 쉬는 따스한 가정의 모습을 띤다. 아주 어릴 때부터 함께 동행했던 때문에 늘 어리다는 생각을 떨치기 어렵다. 하지만 어느덧 아홉 살의 멋쟁이로 자라준 늠름한 자태를 넘겨다보며 세월의 흔적을 더듬는다.

유진아! 다시 한 번 너의 생일을 축하한다. 그리고 의지(志)와

옳음(義)과 청렴(廉)을 비롯해서 애정(愛)을 두루 갖춘 백절불요(百折不撓)의 품성을 지니도록 힘쓰면서 건강하게 무럭무럭 자라려무나. 그게 너에 대한 바람이란다. 아울러 할아버지와 할머니는 너와 함께 살아가는 하루하루가 무엇과도 바꿀 수 없는 소중한 행복이며 고마움이란다.

2015년 4월 23일 목요일

선택적 복지와 급식비

이번 달 들어 처음으로 유진이의 급식비 36,960원이 스쿨뱅킹 통장에서 인출되어 나갔다. 자세한 내막을 따져보지 않았지만, 급식비 기준은 끼니 당 1,960원으로 산정하여 매월 급식 일의 차이가 있기 때문에 이번 달 청구금액에서 몇 천 원 차이를 보이는 수준에서 증감이 있을 것으로 예측된다.

지난 한 해는 보편적 복지라는 취지에서 무상급식이었다. 예로부터 '권력이란 안개처럼 사라진다.' 하여 권서여무(權逝如霧)이며 인자무적(仁者無敵)이라 일렀거늘 올해는 도지사와 교육감이 정책적 견해 차이를 좁히지 못하고 협상을 통한 상생과 공존의 철학을 저버린 채 선별적 복지정책이 불가피한가 보다. 이런 경우 '고래 싸움에 새우 등 터진다.'는 뜻의 경전하사(鯨戰蝦死)라는 말을 떠올리는 게 사리에 맞는지 모르겠다. 그래도 이 사태는 결코 '엉터리 의원이 사람 죽인다.'는 용의살인(庸醫殺人)격의 감정싸움이 아닐 것이다. 어찌 되었던 그런 연유에서 수익자 부담 원칙에 따라서 대부분 가정의 아이들은 급식비를 부담해야 한다. 급식비에 대해 다양한 견해가 있을 수 있다. 하지만 일정한 소득 이상의 계층은 개인적으로 부담하는 선별적 복지가 합당한 방향이라고 믿는다.

매월 급식비 부담은 가정 경제에 부담이 될 소지가 있다. 그렇다고 아무에게나 무상으로 급식을 하는 것은 낭비로서 전형적인 포퓰리즘(populism)을 따르는 그릇된 정책이 분명하다. 그럼에도 불구하고 정치인 중에서는 무조건 무상복지라고 서동부언(胥動浮言)을 식은 죽 먹듯이 해대는 경우가 숱하다. 좀 더 대국적인 견지에서 볼 때 선별적 급식으로 여유가 생긴다면 그 여유 자금으로 최하위 소외계층 어린이를 돕는 게 훨씬 합리적이기 때문이다.

누군들 조건 없이 무상으로 베푸는 복지정책을 마다할까! 하지만 아직 우리는 모든 국민이 아프면 무상 진료를 해주고, 무상으로 급식을 하며, 출산비용을 감당해주고, 일정한 나이가 되면 무조건 노령수당을 줄 만큼 국부(國富)가 축적되어 있거나 복지재원을 여퉈둔 부자 나라가 아니기 때문에 보편적 복지는 무리이다.

모호한 담론만 난무하는 상황에서 무책임한 정치인들에게 나라의 복지정책을 무조건 맡기면 나라의 곳간은 거덜 나 파탄의 국면으로 치달을 개연성이 다분하다. 복지정책은 한 번 꺼내 들면 다시 거두어들이거나 줄이기 어렵다. 그뿐 아니라 복지정책이야말로 땅을 짚고 헤엄을 치는 격으로 정치인이 개인적인 재산이나 노력 없이 선거에서 표를 끌어 모를 수 있는 손쉬운 방법이다. 이 때문에 복지정책의 마력을 경험했던 정치인은 마약 중독자처럼 끝없는 복지 타령의 늪에 빠질 중독성이 다분하다.

최근 들어 우리는 무상복지 얘기를 많이 한다. 세계 어느 나라가 조건 없이 무상복지를 채택할 수 있을지 모르겠다. 그리고 따지고 보면 무상복지가 세상에 어디에 존재할 수 있을까? 냉정하게 따져보면 하늘에서 떨어졌거나 땅속에서 솟아난 재원이나 사회사업가가 기부한 돈으로 운용되는 게 아니다. 결국, 무상복지 타령은 '웃음 속에 칼을 감추고 있다.'는 뜻의 소리장도(笑裏藏刀)의 참뜻을 곰곰이 되새겨 봐야 할 화두이다.

모든 복지는 하나같이 우리가 낸 세금을 재원으로 출발하기 때문에 무상이라는 말은 어불성설로 허튼소리에 지나지 않는다. 이런 맥락에서 낭비적인 무상복지는 누군가 세금을 더 부담해야 함에도 불구하고 허울 좋게 나팔을 불어댄다. 이제 겨우 국민 소득 3만 달러 운운하는 형편에 소득 10만 달러 시대나 누릴 법한 호사스러운 복지를 펼치려 함은 위험하기 짝이 없는 사상누각(砂上樓閣)이며 신기루 좇기일 뿐이다. 그렇다고 모든 복지정책을 별무가관(別無可觀)이라고 몰아붙이며 폄훼하고픈 마음은 아니다.

생활이 빠듯한 계층일지라도 자기 아이 공부시키면서 먹이는 점심값을 흔쾌히 감당함으로써 생기는 여유를 소외계층을 위해 쓴다면 얼마나 훈훈하고 살맛 나는 일인가! 우리는 아프리카 어린이나 북한 어린이 생존권은 생각해도 국내의 소년·소녀 가장이나 형편이 어려운 조손가정 어린이 등은 외면해 왔던 게 아닌지 곱씹어 볼 일이다. 게다가 인권을 말하면서도 버려진 영유아를 외국으로 많이 입양시키는 우리의 현실을 어떻게 설명해야 할까?

현재 서울과 부산을 비롯한 몇몇 광역시에는 지하철이 있다. 이들 지역에서는 다른 도(道)·시(市)·군(郡) 지역에 비해 문화적 혜택이 상대적으로 많고 생활 형편도 여유가 있는 편이다. 그럼에도 불구하고 만 65세 이상이 되면 누구를 막론하고 무상으로 지하철을 무제한 탈 수 있다. 그만큼 교통비 혜택을 본다는 얘기이다. 하지만 여타지역 노인들은 대체수단이 없기 때문에 버스나 기차 요금을 꼬박꼬박 지급하는 차별을 받는다. 그런데도 이런 불합리한 현실에 대해서 정치권이나 행정당국에서 개선 보완하려는 움직임은 전혀 없다. 다른 부문의 무상 정책을 꺼내 들고 나팔 부는 것처럼 정치적 이득이나 표를 끌어모으는데 별 도움이 되지 않기 때문이 아닐까?

여유가 있거나 힘이나 능력이 있는 경우 지나친 겸손이나 공손은 비례(非禮)가 분명하다. 하지만 아무리 접어주고 생각해도 우리의 부(富)는 아직 태부족이다. 그러므로 보편적 무상복지가 시기상조라고 해도 나라를 비하하거나 국민을 깔보는 비례가 절대로 아니다. 흔히 지나치게 과한 칭찬인 과찬(過讚) 역시 비례라고 한다. 아직 훨훨 드높이 그리고 멀리 날 수 없는 처지인데 복지 폭탄을 퍼붓듯이 무상복지 전도사처럼 노이즈 마케팅(noise marketing)을 해대는 모리배들도 따지고 보면 국민에 대하여 비례를 저지르고 있음을 자각했으면 좋겠다.

2015년 4월 24일 금요일

단기방학

단기방학의 여유를 즐기는 것일까. 계절의 여왕이라는 오월 초하루 아침은 여느 날에 비해 조용하고 한껏 여유로워 아내와 유진이는 아직까지 잠자리에서 꿈나라 여행을 즐기고 있다. 이는 오늘부터 닷새 동안 손주의 단기방학으로 누리는 느긋해진 생활의 단면이다.

그 옛날에 농번기에 일손을 도우라는 취지에서 농번기 방학을 하던 관습에 유사한 성격일까? 오월 초하루인 오늘 근로자의 날(May Day)과 내일 토요일과 모레 일요일 그리고 화요일이 공휴일인 어린이날인 관계로 월요일은 징검다리 휴일 사이에 끼어있다. 여기서 근로자의 날인 오늘과 다가올 월요일을 휴무로 하면 자연스럽게 닷새를 연이어 쉴 수 있는 단기방학이다.

며칠 전의 일이다. 학교의 방과 후 수업인 컴퓨터 교실 선생님으로부터 문자 메시지가 왔었다. 방학 기간에 컴퓨터 교실 수업을 쉬는 게 좋은지 아니면 계속해야 하는지 선택하여 응답해 달라는 내용이었다. 방학은 학생들 쉬라는 뜻인데 무슨 얄궂은 얘긴지 싶어 전화를 했다.

담당 선생님 얘기는 이랬다. 해당 교육에 참여하는 학생의 학부모 30% 이상이 원하면 이번 방학 기간에도 정상수업을 해야 하기 때문에 의견을 수렴하고 있다는 설명이었다. 나는 두말할 것 없이 쉬어야 한다고 대답하고 당연히 쉬는 것으로 여겼다. 하지만 많은 학부모 생각은 나와 반대였던 모양이다. 그래서 금요일인 오늘(5월 1일)과 다음 월요일(5월 4일)은 컴퓨터 교실 수업을 위해 학교에 나오라는 안내장을 보내왔다. 그 때문에 방학인데도 학교에 가서 방과 후 수업을 해야 한다. 이게 무슨 방학인가? 차라리 단기방학을 하지 말든지 아니면 철저하게 휴교하는 게 아귀가 맞을 성싶다.

어제던가 어떤 일간신문의 내용이다. 맞벌이 부부나 워킹맘(working mom)들은 이 방학이 달갑지 않고 당황스럽다는 보도였다. 그동안 아이들을 맡겨둘 곳이 마땅치 않아 곤혹스럽다는 얘기였다. 생각해 보면 집에서 혼자 놀다가 끼니를 챙겨 먹을 계제가 못 되는 어린이들의 부모는 난감할 뿐 뾰족한 묘책이 따로 없을 것이기에 충분히 이해가 되고도 남을 상황이다. 이렇게 '일에 파묻혀 헤어나지 못하는' 경우를 뜻하는 매두몰신(埋頭沒身)의 딱한 형편에 처한 부모라면 단기방학 실시를 재고해 달라고 빌었을 것이다. 예부터 이르는 '마음속으로 간절히 바라지만 감히 청하지 못한다.'는 뜻의 불감청고소원(不敢請固所願)의 심정으로 말이다. 어쩌면 단기방학의 문제는 간단명료한 것 같은데 실타래처럼 얽히고설킨 현실의 상황을 샅샅이 훑어보면 여론을 수렴한다는 것이 녹록치 않은 난제인가 보다.

어찌 보면 이런 짧은 방학은 학생이나 학부모가 제대로 된 대책 마련도 없이 주어져 어정쩡하게 보내는 경우가 더 많지 싶다. 학교에서 공적인 수업만 하지 않을 뿐 방과 후 교실은 여전히 수업을 계속한다. 게다가 사교육인 각종 학원은 역시 평소와 다름없고 학부모 역시 평소와 같이 일터에 나가야 한다. 그러므로 여행이나 일상과 다른 생활계획은 원천적으로 제한될 수밖에 묘책이 없다. 따라서 상당 부분 그 의미나 뜻이 퇴색되어 무늬만 그럴싸한 방학이다. 이런 맥락에서 근본적인 관점에서 적정성이나 타당성을 존조리 따져볼 필요는 없는 걸까? 이런 생각은 결코 '하찮은 일로 실랑이를 한다.'는 와각지쟁(蝸角之爭)의 시비를 입찰하려는 의도가 아니다.

게다가 학교의 알림장 내용은 방학을 편한 마음으로 보낸 수 없게 하는 무거운 내용이 혹처럼 덧붙여져 있다. 이번 방학이 끝나고 일주일쯤 뒤인 이달 중순으로 접어들 무렵(13일) 국어·수학 교과목의 학업성취도 평가(시험)를 시행한다는 내용이 그것이다. 새 학년이 되어 배운 내용의 대분분이 시험 범위에 포함되는 것으로 고지하고 있다. 이런 상황에서 그 시험에 초연할 학부모들이 얼마나 될까? 나는 직접적인 부모가 아닌데도 손주에게 어찌 대응토록 이끌 것인지 나름대로 고민이 깊어진다.

하여튼 금쪽같은 방학이다. 그렇지만 우리 가족의 사정은 멀리 여행을 떠날 계제가 아니다. 설상가상(雪上加霜)으로 이번 달 세 번째 일요일(17일)엔 유진이가 김해에서 태권도 공인승품심사를 받기 위해 원서를 접수해 둔 상태이다. 이 때문에 평소에 수련하던 월·수·금요일 외에도 토요일 오전 특별 수련을 받는 관계로 하루하루 일정이 빡빡하다.

연록의 가녀린 잎사귀나 새싹에 살짝 스치기만 해도 푸른 물이 뚝뚝 떨어질 것 같은 싱그러운 신록의 계절이다. 하지만 무미건조한 나날을 보내야 할 유진이에게 무엇을 해 줄 수 있을까? 젊은 부모들처럼 과단성을 발휘하여 신속하게 의사결정을 하고 실천에 옮기지 못하는 주제이기에 좌고우면(左顧右眄)을 거듭하다가 끝내 제자리걸음만 되풀이하는 경우가 숱이다. 그럴 바엔 마음 비우고 아침저녁으로 아파트에 인접한 산책길인 임도라도 함께 걸어야겠다. 신록이 무르익어 싱그러운 길을 거닐다 보면 아이도 푸르른 대자연을 닮아 밝고 맑은 심성을 지니게 될 거라는 인과(因果)와 득실을 곰곰이 어림으로 따져보다가 마음을 굳힌다.

2015년 5월 1일 금요일

특별한 레고 선물

끈기와 인내의 승리이다. 유진이가 목요일 밤부터 자투리 시간이 날 때마다 레고 블록(5~12, 60046 모델) 조립에 지극정성을 쏟아붓더니 드디어 어제 토요일 저녁 무렵에 완성하여 여봐란듯이 전리품을 자랑했다. 처음 이 레고 블록을 선물 받았을 때 제대로 조립을 하지 못해 몇 날 며칠 끌탕을 치며 끙끙대다가 내팽개치고 징징댈 공산이 큰 애물단지 하나가 번지수를 잘 못 찾아 들었다고 생각한 터였었다.

지난 월요일쯤이었지 싶다. 저녁 식사를 마치고 꽤 시간이 지났을 때 아내가 전화를 받고 밖으로 나갔다. 한참 뒤에 커다란 박스 하나를 들고 들어오며 유진이를 불렀다. 그리고 '해'할머니가 덴마크 현지에서 유진이 선물로 사 온 것이라고 했다. 그리고 이어지는 말이 내 귀를 의심케 했다. '해' 여사는 귀국해 마산에 도착하는 길에 제일 먼저 우리 집에 들러 유진이 선물을 주고 자기 집으로 간다는 얘기에 깜짝 놀랐다. 옛말에 '먼 친척보다 가까운 이웃이 낫다.'고 하여 원족근린(遠族近隣)이라더니 무척 감사할 따름이었다.

'해' 여사는 아내의 친구로 나도 한 번 얼굴을 뵈었다. 지난해 아들이 회사에서 덴마크 지사로 발령을 받아 떠나면서 아예 그 나라로 이주했고 했다고 한다. 그런데 최근 아들 내외와 손녀를 보려고 '해' 여사 부부를 비롯해 가까운 친척들이 그룹으로 여행을 떠날 것이라는 얘기를 아내에게서 들은 적이 있었다.

호사다마였을까? 함께 여행길에 나설 가족이 팀을 구성하고 항공권을 비롯해서 현지의 호텔과 교통수단 따위까지도 완벽하게 예약하고 상당 부분의 대금을 지급했다고 들었다. 그런데 출발을 일주일 정도 앞두고 '해' 여사가 아파트 계단에서 발을 잘 못 디뎌 발목에 골절상을 당해 급히 병원서 수술을 하고 깁스를 했다는 소식이었다. 그 때문에 여행 계획은 풍전등화(風前燈火)의 위기를 맞아 물거품이 될 지경에 이르렀던가 보다.

가족 여행을 떠나기로 했던 때문에 쉬 포기하기 어려웠던가 보다. '해' 여사는 용기를 내어 집도의(執刀醫) 허락을 받고 깁스를 한 채 휠체어를 타고 덴마크를 다녀오던 길에 우리 집에 먼저 들렀으니 이 얼마나 고맙고 송구한 일인가! 여태까지 몸이 불편한 사람이 휠체어에 의지해 항공기를 타고 여행하는 모습을 간간이 봤지만, 발목이 골절되어 수술하고서 일주일도 지나지 않은 상태에서 먼 나라 나들이를 다녀오는 경우는 처음 들어봤다.

전후 사정을 생각하면 귀하고 고맙기 이를 데 없는 선물이었다. 하지만 평소 아이의 행동을 미루어 짐작할 때 그 레고를 혼자서 조립하는 것은 매우 어렵고 버겁다는 생각이 앞섰다. 선물을 받는 날 즉시에 조립을 하겠다고 방방거리며 설쳤다. 며칠 뒤에 단기방학이 되어 시간 여유가 많을 때 조립하라고 한편으로는 윽박지르고 다른 한편으로는 은근슬쩍 회유하며 가까스로 미뤄 두었었다.

블록은 모두 여섯 개의 팩으로 나뉘어 담겨있었다. 영어로 깨알 같이 인쇄된 안내서를 자세히 살펴보니 다음과 같았다. “1”이라고 쓰인 봉지에 담은 부품은 자동차, “2”라고 쓰인 봉지는 자그마한 건물을 조립하는 것이었다. 그리고 “3·4·5·6”이라고 쓰인 봉지를 차례로 조립하여 전체를 하나로 맞추면 제법 큰 경찰구조헬기가 되었다. 한데, 그 헬기를 조립하는 매뉴얼을 보니 심란하고 난감해 아득하다는 생각에 눈앞이 깜깜했다.

지난날 유진이는 다른 블록이나 로봇을 조립하면서 조금 복잡하거나 어렵다 싶으면 한쪽으로 슬쩍 밀어붙여 놓기 일쑤였다. 그리고 누군가 도움의 손길을 기대하며 거들떠보지 않는 경향이 있었다. 그런데 이번에는 확연히 다른 모습을 보였다.

목요일이었다. 학교에서 돌아와 내일부터 단기방학이라며 레고 조립을 하겠다고 했다. 저녁 식사 뒤에 텔레비전 뉴스를 보고 있는데 레고블록 박스를 꺼내 오더니 “1”이라고 쓰인 봉지를 꺼내고 해당 매뉴얼을 펼쳐 놓고 혼자서 중얼거리며 뚝딱뚝딱 거리더니 순식간에 자동차 조립을 마치고 은근히 뽐냈다. 그러려니 했는데 이튿날인 금요일 낮에 “2”가 쓰인 봉지와 매뉴얼을 펼쳐 놓았는가 싶었는데 자그마한 건물을 순식간에 완벽하게 조립해 깜짝 놀랐다. 언제 저런 능력이 길러졌을까 싶었기 때문이다.

어제 토요일 오전에는 태권도 수련을 받고 와서 곧바로 제 할머니와 영화관에 가서 어린이 영화(노아의 방주 -남겨진 녀석들-)를 보고 오후 3시경에 집에 돌아왔다. 그리고 오후 4시경부터 레고 블록을 꺼내 와서 "3·4·5·6"이 쓰인 봉지를 차례로 개봉하여 매뉴얼에 따라 조립해 나갔다. 간간이 제 할머니의 도움을 요청하는가 싶더니 한 시간 조금 더 지났는데 조립을 마쳤다. 그런 모습이 대견했던지 제 할머니는 완성된 자동차·건물·경찰구조헬기를 휴대전화로 촬영하여 '해' 여사에서 전송하며 고마움을 전하기도 했다. 한편, 완성품은 실제를 방불케 했고 탄탄했다. 유진이 혼자서 조립이 불가능하리라고 선부른 단정을 했던 속단이 무척 부끄러웠다.

유진이가 막힘없이 레고 블록을 조립해 나가는 모습이 대견해 새삼스럽게 유시유종(有始有終)의 참뜻을 새겨보게 했다. 그동안 유치원 다니던 어린 자태나 사고 수준을 생각해 왔는지 모른다. 이제는 훌쩍 커버려 어엿한 아홉 살이라는 사실을 제대로 받아들이지 못했었다. 어제 밤늦은 시간 잠자리에 들기 전에 조립한 헬기와 자동차와 건물을 가지고 놀고 있던 아이를 일부러 불러 내 품에 안아 봤다. 어리고 야들야들하던 아이는 어디로 가고 뼈대가 억세진 사내아이가 내 품을 벗어나려 버둥거려 무척 낯설었다. 신록이 무르익어가는 오월이다. 나이나 키와 몸무게를 따져 무엇하리오. 아이는 푸르른 녹음의 싱그러움과 어우러져 하나로 동화되어 쑥쑥 성장해 가고 있는데……

2015년 5월 3일 일요일

손주의 카네이션 선물

손주가 건네는 카네이션은 특별했다. 우리 내외는 저녁 식사를 하려던 식탁에서 유진이로부터 카네이션 한 송이씩 받아들고 가슴이 뭉클하고 코끝이 찡해 쩔쩔매며 허둥댔다. 너무도 고맙고 기특해서 지나칠 정도로 포옹하고 다독이며 고마운 마음을 전했다. 아내 역시 감동해서 네가 있어 행복하다는 얘기를 여러 번 되풀이했다.

어제 유진이가 태권도장을 다녀온 뒤의 저녁 무렵이었다. 정리할 글이 있어 컴퓨터와 씨름을 하고 있을 때 옆으로 다가왔다. 그리고 뜬금없이 물었다.

"할아버지! 내일이 어버이날이야?"

"그렇단다."

"그럼, 카네이션 사야겠네?"

"왜?"

"할아버지와 할머니 드려야지.

“내일 큰아버지나 우리 아버지가 사 오겠지?”

“글쎄다!”

“만일 아무도 사오지 않으면 내가 사 올게. 내가 낮에 학원 옆 하버드 문구에서 카네이션 꽃 봐 두었거든.”

‘응! 그렇게 하려무나.’라고 무심코 대답했었다.

약속했던 사실을 까마득하게 잊고 있었다. 오늘 낮에 학교에서 돌아와서 수업시간에 만든 감사의 카드를 슬며시 내밀었다. 거기에는 이렇게 쓰여 있었다. 문법적 오류나 어설픈 구석을 깡그리 무시한 채 카드 내용을 그대로 옮긴다.

MOM and DaD I love
절 태어나게 해 주셔서 감사합니다.
절 사랑해 주셔서 정말 감사합니다.
저를 건강하게 키워 주셔서 감사합니다.
건강하세요.

학교에서 돌아와 조금 쉬다가 학원에 가면서 자기는 천 원짜리 돈이 없으니 2천 원만 빌려 달라고 했다.

“무얼 하려고?”

“어제 얘기 했잖아!”

더 묻지 않고 천 원짜리 지폐 두 장을 건넸다.

내게서 돈을 건네받으며 ‘할아버지에게 빌렸으니 갚아야지!’라고 했다. 그리고 제 용돈 지갑을 찾아와서 신사임당이 그려진 지폐 한 장을 꺼내더니 '그동안 빌린 거 갚는 거야.'라고 말하면서 디밀었다. 나는 한사코 사양했다. '용돈은 잘 보관했다가 꼭 필요한 것 살 때 써야 한다.'고 일렀다. 알았다며 학원으로 가면서 '할머니에게는 비밀이다.'라고 했다. 그 취지는 할머니에게 어메이징 이벤트(amazing event)를 하겠다는 의도이었으리라. 그러마고 시원스레 다짐해 주었다.

학원에서 돌아와 카네이션 두 송이를 제방에 몰래 감췄다. 저녁에 할머니와 내게 각각 한 송이씩 줄 거라면서… 그리고 학원에서 어버이에게 주려고 만들었다는 감사의 카드를 내밀어 살피니 완전 영문으로 표기되어 있었다. 제 얘기로는 영문 제목(Dear Grandma and Grandpa)만 선생님이 도와주시고 그 외의 내용을 자기가 썼노라고 박박 우기지만 믿기지 않는다(실은 책의 내용을 교묘하게 편집한 내용이었다). 원문의 내용이다.

Dear Grandma and Grandpa!
Thank you for being the best
grandparents and always taking
care of me.
I Love when we go on a picnic.
I Love You.
Thank you so much.
From Blue(Blue는 아이의 잠정적인 영어 이름임)

그러고 보니 우리 부부는 찬밥과 더운밥을 가릴 처지가 아니기에 해불양수(海不讓水) 격인 꼴이다. 그럼에도 불구하고 이번 어버이날엔 유진이에게 두 개의 카드와 천금같이 귀한 카네이션 꽃 한 송이까지 받았다. 그러니 이보다 더한 축복과 행운이 어디에 또 있을까? 무엇보다도 아홉 살배기가 큰 아비나 아비가 잊고 지나쳐버린 카네이션을 사 다가 할아버지와 할머니에게 드리겠다는 따스한 마음이 눈물겹게 고맙고 감동으로 다가왔다.

응석받이에 지나지 않을 아홉 살 아이다. 어버이날에 제 큰아버지나 아비가 카네이션을 사오지 않으면 자기가 대신하겠다는 생각을 어떻게 했을까? 만약의 경우를 대비해서 하루 전에 문방구에서 카네이션을 팔고 있다는 사실과 가격까지 확인해 두는 철저한 성격은 어른들로 따라 하기 힘든 일이다. 엄청 큰 거래라면 전문적인 주릅*이 중간에서 다리를 놓아 정보를 얻을 수 있을 터이지만 문방구에서 하루 이틀 판매하는 카네이션은 그럴 수 없는 노릇이다. 게다가 할아버지에게 천 원짜리 지폐를 얻어서 산다는 사실이 편치 않아 자기 용돈에서 5만 원 권 한 장을 내게 선뜻 건네는 반듯한 셈법은 아무리 생각해도 영특하고 미쁘다. 그런 손주가 베푼 잔풀호사*로 우리 내외는 어버이날을 흐뭇하고 행복하게 보냈다. 유진아! 사랑한다. 그리고 네가 있어 자랑스럽고 든든하단다.

2015년 5월 8일 금요일

* 주릅 : 흥정을 붙여주고 그 대가로 돈을 받는 것을 직업으로 하는 사람. 예를 들면 집을 소개하는 중개사를 '집주릅'이라고 할 수 있다.
* 잔풀호사 : 지나친 호사

딸기농장 체험

유진이가 오늘 딸기농장 체험을 하고 돌아왔다. 태권도장에서 산청의 재배 농가를 찾아가 직접 딸기를 따고 먹으며 상당한 양을 집으로 가지고 왔다.

태권도장에 모여 산청에 있는 딸기농장까지는 얼추 2시간 소요되는가 보다. 9시 무렵에 출발했는데 11시경에 농장에 도착했다고 태권도 관장의 메시지가 할머니의 휴대전화로 왔었단다. 잘은 모르지만 대강 20명 안팎의 어린이들이 참여하여 오가는 길에 게임도 즐기는 소풍이나 가벼운 나들이 엇비슷한 분위기였지 싶다.

아이들은 하우스 안에서 탐스럽게 익어 빨간 딸기를 직접 따면서 실컷 먹으며 즐기는 경험을 만끽했던 모양이다. 생전 처음으로 따보는 딸기가 신기했고 맛도 상상 이상으로 뛰어났었나 보다. 그리고 냇가에 돗자리를 펴고 둘러앉아서 앞앞이 가지고 간 점심을 나눠 먹은 다음에 냇물에 들어가서 물놀이를 하면서 송사리 같은 물고기도 잡았던 즐거움으로 효과 만점이었던 것 같다.

딸기농장에 가는데 별다른 준비가 필요 없는 줄 알고 있었다. 그런데 어제 태권도장에서 돌아온 뒤에 제 할머니에게 내일 점심 도시락을 어떻게 싸 달라고 주문을 해댔다. 아닌 밤중에 홍두깨 격인 얘기에 놀라 할머니는 황급히 마트에 달려갔었다. 이것저것 소용에 닿는 식재료와 준비물을 얼렁뚱땅 구매해 가지고 오는 야단법석을 떨었다.

오늘 아침의 일이다. 다른 날에 비해 깨우기 쉬웠다. 서둘러 일어나서 밥 먹고 준비하여 딸기농장 가야 한다고 다그쳤기 때문이다. 하지만 제 할머니는 평소 아침에 비해 일이 곱절로 많았다. 점심으로 초밥을 준비하고 주전부리용 과자 부스러기를 비롯한 자질구레한 준비물을 챙기는 일이 꽤나 성가셨을 터이다. 하지만 유진이 덕에 나까지 아침에 초밥을 먹는 즐거움 한껏 누렸다. 원님 덕택에 나팔 분 격이라고나 할까?

일찍 등산길을 서둘렀다. 그동안 무심코 지나쳤는데 오늘 여유를 가지고 길섶을 자세히 살폈다. 어느결에 아카시아 꽃이 활짝 피었고 산 정상 언저리 능선에 자리 잡은 이팝나무 꽃도 흐드러지게 피었다. 그런가 하면 나뭇잎은 연록에서 푸른색으로 서서히 변해가는 자태가 완연했다. 이런 계절에 시골의 딸기농장을 찾는 길은 꿈길 같을 터이다. 하지만 아이들이 과연 이 아름다운 봄의 향연을 제대로 느끼며 완상할 수 있을까 하는 생뚱맞은 생각을 지울 수 없었다.

오후 4시쯤에 현관문을 어렵사리 열고 들어서며 히죽거리는 모습을 보고 깜짝 놀랐다. 준비물 가방을 양어깨에 메고 손에는 집에서 가지고 갔던 플라스틱 통에 딸기를 가득 담은 것에다가 세

숫대야 같은 플라스틱 그릇 두 개를 맞물려 흘러넘칠 정도로 담은 딸기를 들고 쩔쩔매면서도 싫거나 지친 기색은 아니었다. '크게 풍년이 든 해'인 대유지년(大有之年)도 아닐 터인데 참가한 모든 아이들에게 그렇게 많은 딸기를 주면 농장 주인이 크게 손해를 볼 것 같다는 오지랖 넓은 걱정이 앞섰다. 하여튼 풍작으로 가격이 하락한 연유인가 아니면 후덕한 인심 덕인지 정확히 알길 없다. 그 연유가 어디에 있던 딸기를 과도하게 많이 주어 되레 빚을 진 기분으로 마음이 편편치 않았다.

요즈음은 비닐하우스 재배로 대부분의 과일들은 제철보다 한 계절 앞서 먹는 경우가 허다하다. 그래서 노지의 자연환경에서 자라서 열매가 익어 수확하는 시기가 언제인지 헷갈린다. 우리가 즐겨 먹는 딸기 또한, 그런 부류이다. 그런데 비닐하우스 안에서 재배한 과일들은 제철에 햇볕 잔뜩 쬐고 실하게 여문 것들에 비하면 어딘지 모자란다는 느낌은 아쉬움으로 남는다.

올해 들어서면서 정해진 틀을 살짝살짝 벗어나는 경험을 맛보도록 은근히 내몰고 있다. 시나브로 주어지는 그런 기회를 통해 생소한 세계를 엿보며 새로운 지식이나 문리를 터득하고 서서히 외연을 넓혀나가길 바라는 마음을 담은 계산된 획책이다. 하지만 내가 겨냥하는 대로 긍정적인 효과가 나타날 것인지 확신할 수 없다. 그래도 이런 유사한 경험을 쌓을 기회가 주어진다면 과감하게 참여시켜 미지의 세상을 향해 주저하지 않고 마음을 여는 진취적인 성격의 아이로 성장토록 유도해 나갈 참이다.

2015년 5월 9일 토요일

태권도 승품심사

일요일인 오늘 유진이가 김해에 가서 국기원의 태권도 '1품' 승품심사를 받았다. 딴에는 잘했다고 이죽거리지만 액면 그대로 받아들여도 되는지 미심쩍다. 심사시간이 오후 늦게 배정되어 점심 식사를 마치고 오후 1시 30분까지 태권도장에 모여서 단체로 갔었다. 태권도에 발을 들여놓은 지 세 해째로 매주 월·수·금요일마다 1시간씩 수련을 받아왔다. 그동안 도장에 보내면서 별다른 욕심이 없어 승급이나 승품 등은 관심 밖의 남의 일로 여겨왔다.

대략 달포 전쯤 태권도장에서 승품심사를 받아도 좋을 만큼 기본기를 갈고 닦는 수련을 했단다. 그런 때문에 특별히 불참할 연유가 없다면 심사를 받아 보라는 얘기였다. 그에 따라 필요한 서류를 작성하고 소정의 심사비를 도장으로 보내 접수를 의뢰했었다.

승품심사 신청서류를 접수하고 태권도에 대한 개괄적인 사항을 알아볼 요량으로 국기원 홈페이지에 접속해 적시한 태권도 소개 글과 조우했다. 거기에는 "태권도는 손과 발을 사용하여 방어와 공격에 필요한 기술을 습득하고 동작의 아름다움을 체험하며 심신을 단련함으로써 인격의 완성을 추구하는 한국 전통 무예 스포츠이다."라고 명기하고 있었다.

그 외의 잡다한 내용을 살펴볼 심산이었다. 하지만 내가 원하는 내용을 찾기 어려워 인터넷에서 이리저리 서핑하며 건져 올린 조각 지식의 퍼즐 맞추기 결과이다.

요즈음 국기원에서 기본적으로 정한 띠의 규칙과 다르게 다양한 게 분명해 보인다. 띠의 색깔이 흰·빨강·주황·노랑·초록·파랑·밤색·보라 따위를 비롯해서 심지어 15~16가지인 경우도 있다고 했다. 이는 자정이 필요한 부분으로 지나친 상술이라는 뼈아픈 지적도 보이는 현실을 감안하면 수련장이 오염된 흔적이지 싶어 씁쓸했다.

수련 정도에 따라 1급부터 10급의 단계를 거쳐서 1품부터 4품의 수련과정을 지나 1단부터 8단까지의 등급으로 나뉘는 것 같았다. 여기서 1급부터 10급까지는 도장 단위로 운용되는 것 같았다. 그리고 그 상위 등급인 품에서 단까지는 국기원이 관리하는 것으로 이해되었다. 여기서 1품부터 5단까지 승품·승단 심사는 대한태권도협회를 통해서 17개의 시도태권도협회에 위임해서 관리했다. 그리고 6단부터 8단까지는 국기원에서 직접 관리하며, 9단의 경우는 국기원에서 특별 심사를 거쳐 승인한다고 되어 있었다. 한편, 유급인 1품의 승품심사에서는 태극1장에서 태극8장의 품새의 경연을 통해 합격 여부를 결정하는지 매일 시간 날 때마다 컴퓨터를 켜 놓고 동영상을 되풀이해 살피면서 동작을 따라 열심히 연습을 해왔다. 몰두하는 꼴이 전장에서 파부침주(破釜沈舟)의 각오로 결전 의지를 다지는 결연한 자세를 보였다.

아이에게 체육을 전문으로 교육시키거나 선수로 만들고 싶은 생각은 없다. 다만 튼튼한 체력의 기초를 다져 건강을 지키고 불의의 공격을 당하는 상황에서 자신을 지킬 수 있는 능력을 길렀으면 좋겠다는 바람에서 태권도와 연을 맺게 했다. 이 같은 맥락에서 운동을 하면서 기회가 닿는다면 승품·승단심사를 통해 그동안 갈고 닦으며 담금질한 결과를 객관적으로 평가받아보는 것도 나쁠 게 없다는 생각에서 심사에 응하도록 결정했다.

유진이에게 태권도를 수련케 한 이유와 동일한 생각에서 제 아비에게도 태권도를 시켰던 적이 있다. 초등학교 입학 무렵부터 태권도장에 보내기 시작해 4학년 봄의 일이었다. 어느 날인가 아내가 아파트 단지 내의 채소 가게에 갔더니 그 집 아들로서 유진이 아비 친구인 아이의 얼굴이 시퍼렇게 멍이 들었더란다. 그래서 너 어쩌다가 얼굴을 그렇게 다쳤니 하고 물었더니 그 아이 어머니가 "모르셨어요?"라고 하더란다.

그 아이와 유진이 아비는 같은 반 친구로 학교에서 장난을 하다가 돌려차기를 한 것이 얼굴에 맞아 시퍼렇게 멍이 들었다면서 자초지종의 얘기를 들었다고 했다. 하도 어이가 없어 그런 일이 있으면 연락 좀 해주시지 그랬냐며 죄송하다고 백배사죄하고 왔다는 얘기였다. 그런데 성격이 무던했던 그 엄마는 아이들이 서로 장난을 하다가 실수로 그렇게 된 것이기에 탓할 바가 못 된다고 되레 안심을 시키더라고 전했다. 그 사건을 전해 듣고 이유 여하를 따지지 않고 다음 날부터 단호하게 태권도를 끊었다.

기왕에 시작한 운동이기 때문에 초등학교를 마칠 무렵까지는 계속 시켜볼 참이다. 그렇지만 과연 어느 시점까지가 적기인지 가늠하기 어려운 문제가 분명하다. 노자(老子)의 도덕경(道德經)에서 이르지 않던가. '족함을 알면 욕되지 아니하고(知足不辱 : 지족불욕), 멈출 줄 알면 위태롭지 않으리니(知止不殆 : 지지불태)'라고 말이다. 이는 인간의 헛된 욕망을 경계하는 말이지 싶다. 유진이의 태권도 시작과 끝 지점을 슬기롭게 헤아릴 혜안을 내가 가졌다면 더할 수 없는 축복일 터이다. 그런데 애석하게도 매사에 대해 마음의 눈은 칠흑 같은 어둠 속을 헤어나지 못하고 지혜는 미망(迷妄)의 언저리를 맴돌 뿐인 내가 낯설다.

2015년 5월 17일 일요일

* 승품심사 합격 : "태권도 품증 1(No. 21669706)"로 2015년 5월 30일 국기원장 명의로 발행된 것을 유진이가 받아왔다. 그리고 지난 6월 10일부터 유진이의 띠가 달라졌다. 길이가 165cm 정도에다가 폭 4cm인 띠의 절반 2cm는 빨간색이고 나머지 2cm는 검정색으로 되어 있다. 한편, 띠의 한쪽 끝에는 태권도장 이름인 '한진태권도예절관'이, 다른 한쪽 끝에는 '한유진'이라는 글자가 금색으로 새겨져 있다.

손주의 오월

오월은 진정 꿈의 계절일까. 신록의 끝자락 햇살이 눈부시고 날씨는 어쭙잖은 여름이 잔뜩 주눅이 들어 꽁무니를 뺄 만큼 무덥다. 어느결에 계절적으로 아름다운 봄 고개를 넘어 초여름의 언저리 길목에 들어섰지 싶다. 싱그러운 꿈의 계절임에도 어린이들은 즐거웠다기보다는 버거워 허우적댔던 나날이 아니었을까? 4월 말 경 체육대회를 마치고 이달에 들어서서며 닷새(5월 1일~5일)의 단기방학으로 리듬이 끊어져 허둥대며 끌탕을 치다가 다시 개학을 맞았다.

매주 화요일은 받아쓰기 시험이 있었고*, 수요일엔 일기검사가 실시되었으며, 간간이 학교에서 지정한 필독도서나 자유 선택 도서를 읽고 그 결과를 '2015학년도 신월 으뜸제(학교에서 자체로 제작한 책)'에 꼼꼼하게 적바림하는 과제가 연이어 주어졌다. 따라서 받아쓰기, 일기 쓰기, 독서 결과 정리 등에 사실상 매일 매달려 끙끙거려야 했다. 그 외에도 어린이날, 어버이날, 스승의 날 등이 줄줄이 꼬리를 물고 숨 가쁘게 내달린 달이었다. 또한, 수시로 시행하는 예비시험과 중순에 치러진 학업성취도 평가로 편할 날이 없었다. 심지어 오늘은 학교에서 공개수업까지 했다.

그뿐이었으면 좋으련만! 그 외에도 몇 가지가 어깨를 무겁게 짓눌러 설상가상 격이었지 싶다. 세 해째 수련을 하는 태권도장에서 국기원의 승품심사(17일)를 받으라는 조언에 따르기로 했었다. 그 때문에 4월 중순부터 매주 토요일 오전에는 추가적인 특별 수련을 받았다. 그 외에도 한 번의 토요일(5월 7일)엔 태권도장에서 주관하는 산청의 딸기밭 체험까지 참가했었다.

2학년이 되면서 환경이 바뀌고 배움의 범위가 넓고 깊어지며 다양해진 때문일까? 헷갈리고 적응하기 어려워 갈지 자(之) 걸음을 하며 혼란을 겪었나 보다. 처음엔 흘러가는 대로 놔두고 지켜봤다. 월초 예비시험에서 국어와 수학을 상상 이상으로 틀린 시험지를 들고 왔었다. 100점 만점에 75점을 맞은 적도 있었다. 그 오답 내용을 자세히 살펴보니 제대로 문제를 읽지 않거나 문제 풀이를 했던 곳에 쓴 답을 옮겨 쓰는 과정에서 황당한 실수로 엉뚱한 답을 기재함으로써 발생한 대형 사고였다.

조용히 존조리 일렀다. 시험을 볼 때 모르거나 배우지 않은 것은 틀려도 창피하거나 거리낄 게 없다. 그렇지만 잘 알거나 이미 배운 내용을 실수로 틀리는 것은 신중하지 못해서 발생하는 것으로 반드시 고쳐야 한다며 타일렀다. 그리고 시험 중에 잘 모를 때는 문제에 주어진 예문을 천천히 읽어보면 거기에 정답이 있다고 알려주었다. 이러한 사실을 기출문제(旣出問題)를 통하여 입증시키려고 깜냥대로 애를 쏟았다. 그런 뒤에 다시 치른 시험의 결과는 안정의 기미가 엿보여 안심했다.

뛰어난 두뇌를 가진 천재와는 거리가 먼 장삼이사(張三李四)의 평범한 아이이다. 그래서 지나친 욕심이나 쓸데없이 까마득한 기대는 하지 않고 제 앞가림이나 반듯하게 하도록 이끌어 보기로 했다. 지난 중순에 국어와 수학에 대하여 실시한 "2015학년도 1학기 1차 학업성취도평가 통지표"를 어제 집으로 가지고 왔다.

통지표에는 점수나 전체석차, 반 석차 등의 표기 없이 학습 성취의 수준만을 나타내고 있었다. 국어와 수학 교과목을 각각 5개 영역으로 구분하여 성취의 수준을 상(80% 이상), 중(60% 이상-80%미만), 하(60% 미만)로 구분하는 절대적 기준에 따라 표시하고 있었다. 이런 까닭에 각 교과목의 학교 전체평균이나 반 평균을 위시해서 심지어 자신의 점수도 알 길 없었다. 그 평가에 따르면 손주는 두 교과목 합해서 10개 영역 중에서 9개의 영역은 '상'으로, 1개 영역은 '하'로 표기되어있었다.

'하'로 표기된 영역은 국어의 "읽기(글의 내용을 자신이 겪은 일과 관련지어 말할 수 있다)"이다. 추측컨대 공교롭게도 이 영역의 문제가 틀렸던 때문이지 싶다. 평소 책을 읽고 요점을 파악하거나 문맥을 정리하는 재주는 글을 쓰는 나를 능가할 정도이다. 이런 관점에서 예측하지 못한 의외의 결과에 어안이 벙벙할 따름이다. 흔히들 비 온 뒤에 땅은 더 굳어진다고 한다. 이를 계기로 이 영역을 주의 깊게 챙겨 볼 참이다.

매월 수학과 국어·통합교과의 학습지 한 권씩 구해서 손주가 공부하는 데 참고하고 있다. 코흘리개 시절 내가 참고했던 전과 지도서와 수련장을 출판하던 회사에서 만들어 낸 참고서이다. 아마도 지난날 추억을 반추하다가 자연스레 손주에게도 D출판사의 참고서를 골라 주었을 게다. 그런데 이번 달은 다양한 행사나 일 때문에 아직도 그 내용을 제대로 훑어보도록 이끌지도 못한 채 엉거주춤하게 남은 월말을 세고 있다.

약동의 계절이며 신록의 향기가 온 누리에 가득한 5월임에도 정작 주인공들은 잡다한 굴레에 휘둘려 이끌리며 지동지서(之東之西) 하다가 기진맥진했던 고달픈 나날의 연속이 아니었을까? 다른 달에 비해 유난히 행사가 많았던 때문에 진정 어린 손주의 가슴엔 이번 5월이 어떻게 각인 되었을지 엄청 궁금하다. 싱그럽고 여유로우며 아름다운 기억으로 가득 채워져야 할 터인데. 그럼에도 불구하고 되레 현실이 지겹고 힘겨워 우중충하게 채색되지 않았으면 좋겠다. 예로부터 어려움이 있을지언정 '말똥에 굴러도 이승이 좋다.'면서 수와마분(雖臥馬糞)이라고 하지 않던가. 조금은 어렵고 힘들어도 살만한 이 세상이기에 동그랗고 반듯한 계절의 여왕 5월로 가슴속에 새겨지기를 소망한다.

2015년 5월 28일 목요일

* 받아쓰기 시험 : 유진이의 2학년 1학기 받아쓰기 시험은 재시험까지 합하면 모두 18회에 걸쳐 7월 21일에 종료되었다. 매회 10문제씩 출제되어 100으로 채점했기 때문에 총 180문제로 1,800점이 만점인 셈이다. 그런데 전체 문제 중에서 아쉽게도 1문제가 틀려 1,790점을 맞았으며, 이에 대해서 본인이 매우 아쉬워했다. 한편, 2학년 2학기에도 매회 10문씩 13회에 걸쳐서 받아쓰기를 했는데 2문제를 틀려서 총 1,300점 만점에 1,280점을 획득했다.

2학년의 여름방학

오늘부터(7월 24일) 내달 30일까지 손주의 여름방학이다. 자연스럽게 지난 반년을 되돌아본다. 우선 제대로 다듬어지지 않아 왈패 같은 머슴아이를 담금질하며 조련하여 의젓한 도령으로 만들어준 선생님들의 노고에 감사드린다. 따지고 보면 어제와 다를 바 없는 오늘이다. 그럼에도 불구하고 빡빡한 일정에서 자유로운 시간을 맞을 수 있다는 막연한 기대 때문일까? 무척 신나는 표정으로 귀가해 희희낙락이다. 주어진 과제나 감당해야 할 몫을 감안한다면 방학이라고 마냥 들떠 허공을 겅중겅중 나는 기분이 아닐 터인데 말이다.

어제의 숙제였다. 2015년 여름방학 계획 달력과 여름방학 생활 계획표를 만들어서 오늘 제출해 검사를 받으라는 내용이었다. 아이와 밀당을 해가며 자기가 지켜나갈 수 범위 내에서 느슨하지 않도록 두 가지를 작성토록 이끌었다. 예를 든다면 매일 무언가를 조금씩 공부하되 학교의 수업시간표처럼 빡빡하지 않도록 유념하면서 주말인 토요일과 일요일은 자유시간과 부담 없는 놀이 위주로 시간을 배정했다. 예측하지 못한 돌발 상황이 발생하더라도 유연하게 수용할 완충 지대를 대비해 두려는 의도가 담겨있다.

학교의 유인물에 따르면 2학년 공통 숙제는 첫째로 일기 쓰기, 둘째로 책 5권 이상 읽기, 셋째로 매주 월요일과 화요일에 교육방송(EBS) 시청하고 'EBS 여름방학 생활 방송 기록장' 기록하기가 주어졌다. 그리고 선택과제로서 예시된 전체 13가지 과제 중에서 2가지 과제를 선택해서 수행하고 그 결과를 제출하도록 되어 있었다. 선택과제로 한자 공부하기와 가족이 함께 여행하고 체험학습보고서 쓰기인 여행으로 마음 살찌우기를 하기로 잠정적인 방침을 세웠다.

요즈음 아이들 방학이란 게 참으로 묘한 구석이 있다. 학교에서 방학을 했기 때문에 쉬면서 호흡을 고르고 여유를 즐길법한데도 현실적으로 그런 기대는 환상에 지나지 않는다. 실제로 학교 울타리 안에서 시행되는 방과 후 수업은 평소대로 시행되고, 울타리 바깥의 학원들도 변함없다. 그들 예이다. 한 주일에 3번시키는 태권도장의 수련이 여전하고, 월요일부터 금요일까지 5일 동안 보내는 학원도 변함없다. 아니 학원에서는 평소 매일 1시간 수업하는 정규시간 외에 방학 특강을 개최하겠단다. 12일 동안 하루에 3시간씩 총 36시간의 추가수업을 강행한다는 얄망궂은 계획을 통보해왔다.

학교의 방학 숙제에 각종 과외에다가 지난 학기 부족했다고 생각되는 부문에 대한 복습이 요구된다는 점을 감안한다면 진정 쉴 수 있는 편안한 날이 없다. 그렇다고 모든 걸 과감하게 내려놓거나 내팽개치고 자유인이 되라는 선언을 부추길 중뿔난 용기가 없다. 예순 해도 넘는 그 옛날 나의 방학이 지금보다 훨씬 행복했다는 생각이다. 정녕 물질문명과 디지털 문화가 발달한 오늘의 아이들은 과연 행복할까?

생활통지표를 가지고 왔다. 그 옛날에 비하면 지금의 초등학교 저학년 생활통지표를 보고는 아이의 학습수준 가늠이 헷갈리고 어렵다. 2학년의 경우다.

교과목 영역은 국어·수학·바른생활·슬기로운 생활·즐거운 생활 등 5과목으로 나뉘어 있었다. 그리고 이들 5과목을 모두 19개 항목으로 나누어 상·중·하로 평가하고 있었다. 상·중·하라는 평가가 어떤 의미인지 불분명했다. 그런데 국어 과목의 '읽기(글을 읽고 중요한 내용 찾기)'와 수학 과목에서 '확률과 통계(정해진 기준에 따라 사물 분류하기)'가 '중'으로 평가되어 있었다. 참으로 아이러니하다. 글을 쓴다고 얘기하는 나보다도 독서 후에 요점을 잘 찾아내 놀라게 만드는 경우가 숱하다. 또한, 사물에 대하여 정해진 기준에 따라 분류하는 능력이 출중하여 아이에게 도움을 청하는 경우가 숱한 처지인데 '중'으로 평가되어 알쏭달쏭하다.

한편, 출결 상황으로 수업일수 101일로서 결석·지각·조퇴가 한 번도 없기 때문에 개근이었다. 그리고 '창의적 체험 활동 상황'란에는 자율 활동(29시간), 동아리 활동(23시간), 진로 활동(4시간)으로 표기되어 있었다. 하지만 이들 시간 수가 어떤 기준에 따라 산출되었는지 알 수 없다. 아울러 이 내용은 어떤 의미를 부여하고 어떻게 참고하여 지도할 자료인지 미궁에 빠진 기분이었다.

손주의 생활통지표를 보고 느낀 솔직한 심정의 피력이다. 지금은 초등학교이기에 시시콜콜 따지고 분석하지 않지만 아마도 중학교 과정쯤이라면 스스로 느끼고 자극을 받아 판단하라는 뜻에서 이런 취지로 독려했을 것이다. "지금 잠을 자면 꿈(夢)을 꾸겠지만, 지금 공부를 하면 꿈(願)에 한 발짝 더 가까이 다가갈 것이다."라는 취지의 쓴소리를 말이다.

지난날을 돌이켜보면 방학은 늘 신나고 설레었던 시간으로 회상의 곳간에 차곡차곡 쟁여져 갈무리 되어있다. 그 같은 기대와는 달리 언제나 아쉽고 미진했던 게 방학의 숨겨진 민낯 같다. 그래서 넘보기 거추장스러운 꿈이나 사상누각(沙上樓閣) 같은 허황된 계획은 버릴 요량이다.

매일 밤 잠자리에 들면 확인하는 말이 있다. "할아버지는 이 세상에서 누구를 제일 사랑해?" 늘 같은 대답이다. "유진이!" 그러면 내 손을 꼭 잡고 편안히 잠드는 아이다. 이런 금쪽같은 아이와 창원국동크루즈 관광유람선을 타고 마산만 연안 크루즈 여행도 해보고, 하루쯤은 경전선이나 동해안선 또는 동해남부선 열차라도 타 볼 참이다. 먼 훗날 추억의 샘물을 퍼 올릴 때 어느 구석에선가 어린 날의 곱고 아름다운 편린으로 반짝반짝 빛날 값진 체험을 켜켜이 쌓게 하려고 말이다. 유진아! 방학이다. 무겁고 어려워도 툴툴 털고 하늘 높이! 그리고 좀 더 멀리, 푸르른 창공 넘어서까지 훨훨 비상해 보렴!

2015년 7월 24일 금요일

마산 연안 크루즈

촌놈 유진이 생전 처음으로 배를 타봤다. 마산항 제2부두를 출발하여 마산만의 시작점인 막개도를 지나 한참 내 닫다가 진해 쪽 남도와 모도 해상쯤에서 크게 반원을 그리며 회항해 되돌아오는 1시간 30분 여정이다. 마산 연안 크루즈 여행은 어찌 보면 무척 단조로운 정경인 듯해도 아기자기한 섬과 해안이 어울려 새록새록 정이 가는 나들이 길이다.

원래 마산만은 내륙 깊숙이 자리 잡은 내만(內灣)으로 마산항으로 진입하려면 호리병의 병목처럼 조붓하고 긴 항로를 따라 들어와야 한다. 이처럼 좁은 까닭에 크루즈 유람(cruise sightseeing)을 즐기려고 배를 띄우면 바다의 수면을 거의 가득 채우는 기분이 든다. 이 때문일까? 수영을 전혀 못 하는 나도 갑판에서 바다로 뛰어들어 몇 번만 팔을 휘저으며 발로 물장구를 친다면 어려움 없이 해안가에 다다를 것 같은 어처구니없는 환상을 불러일으킨다.

창원국동크루즈호는 2014년 3월부터 운항을 시작했다. 선박의 무게는 747톤, 승선정원 799명, 전장 52.54미터, 너비 10.5미터의 3층 규모이다. 1층은 공연장, 2층은 회의실, 연회장, 매점, 3층은 VIP룸, 노래방, 전망대로 꾸며졌다. 이 크루즈 유람선을 매일 3회(11시, 12시, 14시) 운항하며, 특별 이벤트로 매일 저녁 선상 라이브카페가 열리고, 금요일과 토요일은 디너크루즈(dinner cruise) 펼쳐지는 것으로 알고 있다.

최근 어떤 모임에서 단체로, 손주의 여름방학 숙제를 위한 가족 여행길로 택해 연거푸 두 번이나 마산항 연안 크루즈 여행을 즐겼다. 전자의 경우는 편안한 자세로 무리를 따르며 즐기는 게 역할의 전부였다. 하지만 후자인 오늘의 경우 손주가 의문스러워할 소소한 잡학의 영역에서부터 과학적인 부문까지 두루 꼼꼼하게 예습해야 했다. 그런 때문에 마산항의 역사에서부터 지리적 특수성, 여름의 적조의 발생 원인까지 광범위하게 자료를 들추고 챙겨 다양한 질문 공세에 대비했다. 며칠 고생을 톡톡히 했던 때문에 별 탈 없이 마쳤으니 할아버지의 면이 깎이지 않은 것 같아 다행스럽다.

입추(立秋)인데도 불볕더위는 꺾일 기세는 도통 보이지 않았다. 아침부터 푹푹 찌면서 땀방울이 솟구쳐도 손주의 여름방학 숙제를 위한 마산항 크루즈 유람은 피할 수 없는 필수과제였다. 우리 내외와 손주가 집을 나서 승용차로 몇 분 달려 마산항 제2부두에 도착해 미리 예매한 표를 담당자에게 건네고 승선했다. 1층과 2층의 냉난방에 잘된 실내는 거들떠보지도 않고 3층 전망대로 향했다. 시종일관 시야가 사방으로 탁 트인 곳에 똬리를 틀고 앉아 손주가 묻는 내용을 설명하거나 쉽게 대답하려고 택한 선택이었다. 손주는 배를 처음 타기 때문인지 흥분된 속내를 감추려 하거나 달뜬 목소리를 숨기려 들지 않아 언행이 평소와 사뭇 달랐다.

부두를 떠난 배는 돝섬과 두산중공업 사이의 바다로 지나는 동안에 두산중공업과 그 앞의 해안에 펼쳐진 제5부두에서 선적되고 있는 수출 화물에 대해서 조목조목 얘기해 주었다. 그리고 돝섬을 지나기 바쁘게 오른쪽엔 가포 신항이 눈에 들어왔다. 거기에 외국으로 수출을 위해 줄줄이 늘어선 승용차와 포클레인 같은 중장비에 대해 이야기하다 보니 어느덧 마창대교가 손에 잡힐 듯이 다가왔다. 이때다 싶어 손주를 데리고 2층의 뱃머리 끝으로 가서 난간을 잡고 까마득하게 높은 하늘에 걸려있는 마창대교를 바라 보며 궁금해하는 대교와 바다에 대해서 조곤조곤 들려주었다.

바다의 수면을 응시한 채 미동도 하지 않으려던 손주가 두 가지 질문을 했다. 하나는 왜 바닷물이 붉은색이냐는 것이었다. 그리고 또 하나는 배가 지나는 왼쪽인 진해만 쪽에 왜 빨간 풍선(빨간색의 부표(浮漂)) 같은 것을 밧줄에 매달아 끝없이 울타리처럼 만들어 놨느냐는 것이었다. 전자에 대해서는 '물이 너무 맑으면 큰 고기가 살지 못한다.'는 뜻의 수청무대어(水淸無大魚) 때문이라고 견강부회(牽强附會) 할 수 없는 노릇이었다. 그래서 곧이곧대로 날씨가 더워지며 생기는 적조 현상의 이유를 천천히 알려주었다. 그리고 후자의 질문인 빨간색 부표는 민간인들의 배가 그 부표 안쪽으로 들어오지 말라는 뜻으로 설치한 것이다. 이는 땅 위에서 울타리나 담장과 같이 경계를 표시하며 해군이 관리하는 지역 의미라는 사실을 주지시켰다.

손주의 질문에 답하며 함께 도란도란 얘기를 나누다 보니 오른쪽에 막개도라는 작은 바위섬이 나타났다. 언제 봐도 이 섬에 세워진 원형 탑 모양의 하얀 등대는 퍽 인상적이다.* 이 섬에서부터 마산 항구까지가 마산만(馬山灣)이다. 다시 말하면 바깥바다에서 마산항으로 진입할 때 이 섬에서부터 마산만의 시작이라는 의미이다. 이런 사실을 들려주는데도 손주는 개가 머루를 먹듯이 엄벙덤벙 고개를 끄덕이며 스리슬쩍 넘어갔다. 하지만 과연 이해했을지 믿음이 가지 않았다. 막개도를 지나 한참을 달리던 크루즈 유람선이 왼쪽으로 크게 원을 그리며 180도 회전하여 출발지인 마산항으로 되돌아갈 채비를 했다.

귀항을 위해 뱃머리를 돌리며 진해 쪽으로 남도와 모도가 저만치 아른거렸다. 그들 섬 부근으로 눈을 팔다 보니 해군 잠수 특전사령부 관할 지역 언저리를 지나는 중이었나 보다. 빨간 부표가 일 열로 늘어선 저쪽 해안의 해군 접안 시설에 살짝 모습을 드러낸 시커먼 잠수함 두 대가 군대의 전유물이라는 맥락에서 묘하게 한가로운 느낌이었다.

바깥바다에서 마산만으로 들어오며 투영되는 마산항은 전형적인 배산임수의 영지가 분명했다. 왼쪽 가포 신항에서 시작하여 서항 매립지, 월포동과 중앙동 및 남성동과 산호동을 거쳐 수출자유무역지역과 봉암동 그리고 바다 건너편의 적현동과 두산중공업을 비롯해 귀산동 해안선의 경관이 수려하고 오밀조밀해 정겹기 이를 데 없다. 꿈꾸는 동화 나라의 따스함과 온유한 기운이 온통 맘을 뺏지만, 진취적인 기상이 아쉽다는 느낌은 나만의 생뚱맞은 착

각일까?

부두를 출발해 원래의 위치로 돌아오기까지 거의 뱃머리 파수꾼을 자처하던 손주를 어르고 달래 1층과 2층의 냉방이 잘된 선실로 이끌어도 '쇠귀에 경 읽기'인 우이독경(牛耳讀經) 격이었다. 그렇다고 생고집을 피거나 몽니를 부리는 행동과는 거리가 멀었다. 더위에 아랑곳하지 않고 선수를 지키거나 갑판의 난간에 붙어 서서 바다에 푹 빠졌던 손주가 하선하면서 툭 던진 얘기였다.

적조 현상으로 우중충해진 바다가 불만스러웠는지 맑고 푸른 바다로 크루즈 여행을 다시 가자며 꽤나 야무진 제안을 했다. 나는 더럭 겁이나 얼결에 중얼거렸다. 이 여름엔 호랑이보다 더 무서운 더위 때문에 절대로 가능한 꿈이 아니라고 말이다. 삽상한 가을로 접어들거나 살을 에는 듯한 설한풍이 윙윙대는 겨울이 되면 생각해 보리라는 알쏭달쏭한 말로 얼렁뚱땅 얼버무리며 손주의 가족여행 여름방학 숙제는 막을 내렸다.

마산문학, 제39집, 2015년 12월 12일, 마산문인협회

(2015년 8월 8일 토요일)

* 등대 : 색깔에 따라 의미가 다르다. 기본적으로 흰색 등대는 '등대의 왼쪽이 위험하니 오른쪽으로 가시오.', 빨간색 등대는 '등대의 오른쪽이 위험하니 왼쪽으로 가시오.'라는 의미가 담겨있다.